불온한 교사
양성 과정

별도의 표시가 없는 한 교육공동체 벗이 생산한 저작물은 크리에이티브 커먼즈 [저작자표시-비영리-변경금지 4.0 국제라이선스]에 따라 이용하실 수 있습니다.
http://creativecommons.org/licenses/by-nc-nd/4.0

불온한 교사 양성 과정

ⓒ 박복선 외, 2012

2012년 12월 3일 처음 펴냄
2016년 4월 18일 초판 4쇄 찍음

글쓴이 | 홍세화, 진웅용, 조영선, 정용주, 이형빈, 이상대, 이계삼, 안정선, 박복선
기획·편집 | 이진주, 설원민, 김도연
출판자문위원 | 이상대, 박진환
디자인 | 박대성
종이 | 화인페이퍼
인쇄 | 보진재
제작 | 세종 PNP

펴낸이 | 김기언
펴낸곳 | 교육공동체 벗
이사장 | 임덕연
사무국 | 최승훈, 이진주, 설원민, 김기언, 공현
출판등록 | 제2011-000022호(2011년 1월 14일)
주소 | 서울시 마포구 성미산로1길 30 2층
전화 | 02-332-0712, 070-8250-0712
전송 | 0505-115-0712
홈페이지 | communebut.com
카페 | cafe.daum.net/communebut

ISBN 978-89-966034-7-4 03370

이 도서의 국립중앙도서관 출판시도서목록(CIP)은 서지정보유통지원시스템 홈페이지(seoji.nl.go.kr)와 국가자료공동목록시스템(www.nl.go.kr/kolisnet)에서 이용하실 수 있습니다.
(CIP제어번호 : CIP2012005389)

불온한 교사
양성 과정

홍세화
진웅용
조영선
정용주
이형빈
이상대
이계삼
안정선
박복선

교육공동체벗

차례

불온한 교사 양성 과정 사용 설명서   6

기초편

"선배 잘못 만나 불온해졌다고? 이제 시작이야!" 12
반전된 불온성의 한계 _ 홍세화

교육이 노예를 양산한다/ 공공의 가치를 배우지도, 익히지도 않는 학교/ 주입식 교육에 거세된 주체/ 지배 계급의 욕망까지 암기하다/ 노동을 모르는 예비 노동자/ 선배 때문에 반전된 세계관, 그러나 미성숙한 진보/ 포함된 자가 '장벽'을 강고하게 만든다

"무능해도 괜찮아" 40
능력주의와 책무성을 넘어 '체제 속의 이방인' 되기 _ 이형빈

악의 평범성, 언어의 불가능이 사유의 불가능으로/ 교사는 능력주의 전도사/ 능력공개념 – 내 능력은 내 것이 아니다/ 끝없는 자기 착취를 요구하는 책무성의 늪/ 이방인의 눈으로 시대의 아픔에 응답하라/ 학교를 그만둘 수 있다는 마음으로 살아가기

"교사가 되고픈 신규, 공무원이 되라는 선배" 76
신규 교사는 어떻게 능숙한 경력 교사가 되는가 _ 정용주

'힐링'은 모든 문제를 개인화한다/ 자기계발 이데올로기에 포섭된 학교개혁운동/ '교사형 인간'을 찍어 내는 교원양성기관/ 신규 교사를 경력 교사로 만드는 여섯 개의 아비투스/ 보수주의라는 총체적 아비투스의 형성

실전편

"좋은 교사 셋이면 학교가 바뀐다" 114
배려와 존중의 교사 문화 가꾸기 _ 안정선

교사로서의 시작, 실패한 5년/ 좋은 교사 셋만 있으면 문화가 바뀐다/ 동료와의 만남은 문제 해결의 시작/ 다시 소모임을 만들자/ 공부하자, 모여서 공부하자/ 존중받는 아이들이 교사를 존중한다/ 배려와 존중이 부족한 교사 사회/ 연구하는 교무실, 수다스러운 교무회의로/ 희망이 없다. 그래서 보듬어야 한다

"프로페셔널? 매 순간 쩔쩔매는 교사가 되고 싶다" 142
꼰대 탈출 프로젝트 _ 조영선

놀라움과 충격의 연속체, 학교/ 학생인권에 빠지다/ "교육복지도 두발 자유도 너의 몫은 아니"라는 교사들의 메시지/ 입시에 목매는 교사 VS 입시에서 자유로운 아이들/ 창의적인 수업이라 포장하고 놀아 보자/ 참교육도 거절당할 수 있다/ 기관의 일부가 아닌 개인으로 만나기

"싸워야 한다면 나처럼, 이~쁘게" 176
발랄하게 싸우는 법 _ 진웅용

불온한 DNA, 가난/ 교사가 불온해도 되려나? 중립의 허상/ 어느 날 불온이 운명처럼 찾아왔다/ 싸움의 비기, 발랄과 명랑/ 혁명은 춤이다/ 불온 교사 필독서

"무관의 평교사에겐 팔지 않은 영혼의 힘이 있다네" 200
승진의 길로 가지 않고 당당하게 살아가기 _ 이상대

교사는 능숙해지지 않는다/ 절대 복종을 내재한 승진 구조의 폭력성/ 승진, 아이들로부터의 도피/ 교사의 눈과 귀와 코를 달다/ 일상을 재구성하는 노장의 힘/ 글쓰기로 아이들과 연대하라/ 동료와의 만남으로 미래를 가꾸다/ 교사는 부지런히 싸우는 사람

"더 이상 유보할 '희망'은 없다" 236
교육 불가능의 사회에서 교사로 산다는 것 _ 이계삼

민중교육을 선택하다/ 교육, 그 신비롭고 뜨거운/ '희망'이란 말로 책임을 유보해 온 교육개혁/ 교육이 불가능하다/ 기대의 체제에서 빠져나와 일상을 재조직해야

"두려움을 버리면 길이 보인다" 266
경계를 넘나드는 재미 _ 박복선

'꼴통'은 어떻게 '의식화 교사'가 되었나/ 의식화 교육, 길을 잃다/ 해직이 선물이 되다/ 무너진 학교에서 길을 묻다/ '대안교육' 판에 들어가다/ 생태주의에서 길을 찾다

심화편

불온한 교사 양성 과정 사용 후기   304

불온한 교사 양성 과정
사용 설명서

*불온한 교사 양성 과정을 사용하기 전에 반드시 사용 설명서를 읽고 상황에 맞게 정확히 사용해 주십시오. 사용 설명서를 읽지 않아서 생기는 부작용은 책임지지 않습니다.

제품 규격 및 사양

제품명 불온한 교사 양성 과정

사이즈 305쪽

색상 white

내용 red

사용 대상 학교가 이상한 건지 내가 이상한 건지 혼란스러운 교사, 교장 · 교감 생각만 하면 심박수가 올라가고 얼굴이 화끈거리는 교사, 한때 교무실에서 한 '벌떡' 했으나 불온성의 노화로 영혼에 보톡스가 필요한 교사

보관상 주의 책꽂이에 묵혀만 두면 폭발할 수 있음

시작하기

한국 사회 최고의 '범생이' 교사들에게 불온을 강요하는 책이 나왔다. 착하고 온순하기로는 으뜸인 교사들에게 불온이라니!

하지만 불의한 시대, 잘못된 질서에 맞서는 것은 잘못이 아니다. 이 책을 보면 학교를 둘러싼 세상이 얼마나 불의한지 알 수 있다. 초·중등교육에서는 암기식 교육을 하면서 민주공화국의 주체를 형성하지 않는다. 그렇게 경쟁에만 길들여진 채 교대, 사대에 들어가면 교원양성기관은 순종적인 '교사 타입' 인간들만 찍어 낸다. 교사가 되면 유능한 교사로 인정받기 위해 자기계발의 화신이 되어야 한다. 교육은 불가능하고, 승진 좀 하려면 영혼을 팔아야 한다. 그 사이에 정규직 교사는 '포함된 자'로서 비정규직을 앞장서서 배제한다. 이런 사회에서 불온하다는 것은 최소한의 양심과 상식을 지니고 있다는 의미와 다르지 않다.

이 책은 교육공동체 벗에서 지난 8월부터 10월까지, 세 달여에 걸쳐 진행한 동명의 강의를 묶은 것이다. '새내기 교사와 예비 교사를 위한 불온한 교사 양성 과정'이라는 이름을 달고 시작한 이 강의는, '제목이 너무 센 거 아냐?' 하는 편집부의 우려와 달리 전 강의가 모두 조기 완판(!)되는 사태가 이어졌다. 참가자들은 크게 두 종류였는데, 강의 제목에 이끌려 제 발로 찾아온 경우와 '나쁜 선배'의 꼬임에 빠져 멋모르고 온 경우다. 어떤 이유로 왔건 이들은 모두 불온 게이지를 한껏 높인 채 학교로 돌아갔다.

사용하기

이 책은 모두 3편으로 구성돼 있다. 각 편마다 '학습 목표'와 '학습 대상', '학습 팁'을 게재해 사용자들이 자가진단 뒤 자신에게 필요한 부분을 골라 읽을 수 있도록 배려했다. 기초편은 불온 담론의 근거를 찾는 '이론편'이다. 한국 교육의 현실과 교사의 사회경제적 지위 변화, 교사양성과정과 교육을 둘러싼 정책 및 제도, 노동 환경 등을 살펴봄으로써 교사가 왜 불온해야 하는지를 설명한다. 다소 딱딱하고 어려울 수 있지만 본래 첫 만남에선 서로를 알아가기 위한 공력이 드는 법이다. 실전편에는 실습 예제들이 담겨 있다. 머리로는 불온의 원리를 이해하고 있지만 무엇을 어떻게 해야 할지 모르겠는 이들을 위한 장이다. 강사들의 이야기를 한 편의 영화처럼 그려 보며 불온에 대한 실천적 감을 익히길 권한다. 마지막으로 심화편은 '실천'이라는 말보다 '결단'이라는 말이 어울릴 만큼 실습 예제의 난이도가 상당하다. 부양해야 할 가족이 있는 이에게는 쉽게 권하지 않지만, 불온한 교사라면 이 이상以上의 이상理想은 품어야 하지 않나 싶다.

활용하기

이 책을 읽다 보면 따라 해 보고 싶은 것들이 있을 것이다. 하지만 책장을 덮은 뒤에도 그 마음을 지속하기는 쉽지 않다. 혼자서 하는 결심은 오래 가지 못한다. 가장 좋은 것은 주변에 동료를 만드는 것이다. 가능하면 학교 안에서, 동료 교사들과 그 마음을 공유하길 권한다. 독서모임을 하는 것도 좋은 방법이다. 함께하는 교사들에게 이 책을 선물한 뒤 첫 모임을 한다면 아주 훌륭한 출발이 될 것이다. 그 이후에 무슨 책을 읽을지는 진웅용 선생의 글 "싸워야 한다면 나처럼, 이~쁘게" 편에 나오는 '불온 교사 필독서'를 참고하면 된다. 그렇게 꾸려진 모임은 이계삼 선생이 말한 '언어공동체'이자 이상대 선생이 말한 '사랑방'으로서 불온의 전진기지가 돼 줄 것이다.

주의하기

그동안 '잘못 만난 선배'를 만난 적이 없어서 불온의 길에 빠지지 않았던 '착한' 교사들에게는 충격의 강도가 다소 셀 수 있다. 또한 일단 읽고 난 후에는 불온하지 않았던 과거로 돌아가고 싶어도 그럴 수 없다는 점에서 이 책은 한미FTA의 역진방지조항과 유사하다. 그러니 개봉 전에 숙고하길(너무 신자유주의적인가).

후속 제품 및 A/S

'불온한 교사 양성 과정' 시즌1, 2에 참가했던 이들이 후속 모임을 이어 가고 있다. 교육공동체 벗 카페 → 불온한 교사 양성 과정 게시판 cafe.daum.net/communebut을 통해 엿볼 수 있다. 불온한 교사 양성 과정 시즌3, 시즌4도 기획 중이다. 시즌10까지 듣다 보면, 어느새 수강생이 아니라 강사의 수준에 올라가 있을 것이다. 불온한 학부모/학생 양성 과정도 준비 중이다. 이름 하여 '불온한 3주체 양성 과정'이다. 불온해지는 가장 확실한 방법은 교육공동체 벗의 조합원으로 가입하는 것이다. 평생 A/S 보장한다. 亡하지만 않는다면.

— 교육공동체 벗 편집부

- 학습 목표

불온의 개념과 원리를 이해한다.

- 학습 대상

불온의 길에 처음 접어들어 기초를 튼튼하게 닦고 싶은 초심자.
한때는 나도 그러했었다고, 불온을 빛바랜 추억으로 간직하고 있는
역전의 용사(불온을 사진첩 속에 고이 끼워 놓기엔 아직 이르다).

- 학습 팁

중요한 공식은 암기해 두면 좋다.

반전된 불온성의 한계

"선배 잘못 만나 불온해졌다고? 이제 시작이야!"

홍세화 협동조합 가장자리 이사장, 장발장은행장

1979년에 무역회사 해외 지사 근무 차 유럽으로 갔다가 '남민전' 사건이 터져 귀국하지 못하고 파리에 정착했습니다. 이후 관광 안내, 택시 운전 등 여러 직업에 종사하면서 망명 생활 중 1995년 자전적 고백 《나는 빠리의 택시운전사》를 발간했습니다. 2002년 귀국해 〈한겨레〉 기획위원, 《르몽드 디플로마티크》 한국판 편집인, '학벌 없는 사회' 공동대표, '진보신당' 대표, 마포 '민중의 집' 공동대표를 지냈습니다. 저서로는 《악역을 맡은 자의 슬픔》, 《빨간 신호등》, 《쎄느강은 좌우를 나누고 한강은 남북을 가른다》, 《생각의 좌표》 등이 있습니다.

'불온하다'라는 주제로 같이 얘기를 나누게 되다니, 참 불온하죠? (웃음) 프랑스에서는 루이 16세 때 금서가 있었습니다. 18세기 프랑스에서 불온하다고 이름 붙인 금서는 두 종류였는데요, 하나는 자유와 평등같이 당시 신분적 질곡에 대해 저항적인 계몽사상이 담긴 것이었고 또 하나는 노골적인 남녀의 연애에 관한 것이었습니다. 우리말로 하면 남녀상열지사가 되겠죠. 이 중에 자유, 평등과 관련된 내용이 우리 사회에서 '불온'이라는 개념을 설명할 때도 중요한 것 같습니다.

한국에도 이명박정권 들어서 군대에 반입 금지된 도서가 있습니다. 국방부에서 2008년에 몇 개의 책을 '불온하다'는 이유로 군대에 반입할 수 없도록 했어요. 이것이 헌법에서 보장한 양심의 자유, 학문의 자유, 표현의 자유를 위반하는 것이라고 해당 출판사들이 법원에 제소를 했는데 1심에서 패소한 상태지요. 어쨌든 그 당시 제가 강조했던 것은, 국가에서 불온하다고 하는 책들이 어떤 책인지 사람들이 알았으면 좋겠다는 거였어요.

불온 도서 목록에는 제가 공저로 참여한 《왜 80이 20에게 지배당하는가》도 있었고, 심지어 좌파 경제학자도 아니고 케인스주의자에 가까운 장하준 교수의 《나쁜 사마리아인들》도 있었어요. 신자유주의에 대한 반대에 지나지 않은 이 책을 불온하다고 할 정도라면 정말 몰상식하다는 건데, 그 얘기는 바꿔 말하면 지금 한국 사회에서 '불온하다'는 것은 대단한 것도 아니고 그저 '상식적인 것'이라는 의미 아니겠어요. 마오쩌둥이 강조하던 조반造反(창조적 반대, 창조적 반란)이 결국 지금 한국 사회에서는 불온성이 아닌가 싶어요. 불온이라는 말에서 떠올려 본 것들을 교육 문제와 관련해 두 가지 측면에서 말해 보지요.

교육이 노예를 양산한다

저는 공부를 잘해서 스무 살 때까지 잘나갔어요. 정말 잘나갔습니다. (웃음) 그땐 전혀 불온하지 않았는데 스무 살 때, 정말 선배를 잘못 만나서 불온한 길로 들어섰습니다. 그리고 두 아이가 세 살, 여섯 살 되던 해에 프랑스로 가게 됐지요.

프랑스 공교육은 만 세 살부터 시작됩니다. 그러니까 제 아이들은 유치원부터 초·중·고등학교, 대학교, 대학원까지 모두 프랑스에서 다닌 겁니다. 저는 한국의 학벌사회에서 불온하지 않은 특혜층 학생으로서 한국 교육을 경험했다면, 프랑스에서는 가난한 이주노동자, 이방인의 처지에서 두 아이를 통해 프랑스 공교육의 혜택을 받게 됐습니다. 그런 상반된 경험 덕에 제가 오늘 우리 교육이 어떤 잘못된 토대 위에 놓여 있는지를 말씀드릴 수 있는 거죠.

근대 국가의 학교라고 하면 인류의 역사 발전 과정에 비추어 두 가지를 기대하게 됩니다. 하나는 시민혁명을 거친 부르주아 민주주의사회 아래 응당 있어야 할 근대식 학교의 모습입니다. 나머지 하나는 주체 형성에 대한 것이지요. 우리 학교는 근대 학교의 모습을 갖고 있나요? 자본주의사회에서 주체 형성을 하고 있습니까? 결론부터 말하자면 우리 학교는 근대 학교도 아니고, 주체 형성도 하지 못하고 있습니다. 불온과는 전혀 반대인, 지배체제에 자발적으로 복종하는 시민을 길러 내고 있지요.

에티엔느 드 라 보에티의 저서 《자발적 복종》은 프랑스에서 마키아벨리의 《군주론》만큼이나 널리 읽히는 고전 중의 하나입니다. 16세기에 쓰인 아주 작은 저작인데요, 여기서 말하는 '자발적 복종'이라는 개념이 대단히 중요합니다. '불온'이라는 것은 주체적 자아로서 자발적 복종을 거부하는 것입니다. 결국 라 보에티가 말하고자 했던 것은, 노예는 노예이기 때문에 어쩔 수 없이 복종하지만, 자발적으로 복종하는 자는 자신이 노예이면서도 노예인지 모른다는 것입니다. 그런 측면에서 지금 한국 교육은 이 체제의 노예이면서 노예인지조차 모르는, 자발적으로 복종하는 노예를 양산하는 시스템이죠.

프리모 레비라는 이탈리아의 유대인이 있습니다. 반反나치 활동을 하다 체포돼 수용소에 갇혀 죽을 수밖에 없는 운명이었는데 우연이 겹쳐서 구사일생으로 살아남은 사람입니다. 하지만 그는 68세에 결국 자결을 하죠. 그의 저작 중에 《이것이 인간인가》라는 책이 있습니다. 인간에 대한 비판을 담고 있는 책인데, 그 안에 이런 얘기가 있습니다. "비인간적인 명령을 부지런히 수행한 사람들을 포함한 이런 추종자들은 (몇몇 예외를 제외하면) 타고난 고문 기술자들이나 괴물들이 아니라 평범한 인간들이었다는 점을 기억해야 한다. 괴물들은 존재하지만 그 수는 너무 적어서 우리에게 별 위협이 되지 못한다. 일반적인 사람들, 아무런 의문 없이 믿고 복종할 준비가 되어 있는 기술자들이 훨씬 더 위험하다." 그 말이 담고 있는 위험성은 바로 한나 아렌트가 말한 '악의 평범성'과도 연결됩니다. 바로 우리 교육이 자발적으로 복종하는 노예를 양산해, 체제에 맞서고자 하는 불온한 사람들에 대한 차이를 인정하지 않고 그들을 기계적으로 적대화하는 데 일조하고 있습니다. '위험한 보통 사람'을 낳고 있다는 거지요.

더 나아가 자본주의사회에서는 교육을 통해 '존재를 배반하는 의식'을 형성하게 됩니다. 철학의 고전 명제 중에 '존재가 의식을 규정한다'는 말이 있죠. 어떤 사회적 존재인가에 의해 의식이 규정된다는 것인데, 우리는 주입식 교육을 통해 존재를 배반하는 의식을 형성하게 됩니다. 노동자들이 노동자의식을 형성하기는커녕 반反노동자의식을 갖고, 농민들이 반反농민의식을 갖고 있습니다. 그것도 적지 않은 자기 돈을 들여서 자신을 배반하는 의식을 형성하지요.

제 이야기가 좀 지나치게 들릴지도 모르겠습니다. 선생님들이 동의하든 동의하지 않든 저는 불온한 사람으로서 불온한 시각으로 상황을 보고 말씀드리는 것입니다. 제 이야기가 불편하냐, 그렇지 않느냐는 선생님들이 가진 불온성의 잣대에 의해 측정이 되겠죠. 어쨌든 철저하게 논리적으로 얘기해 봅시다.

공공의 가치를 배우지도, 익히지도 않는 학교

우선, 기본을 중시할 필요가 있습니다. 대한민국은 민주공화국입니다. 헌법 제1조 1항이지요. 그럼 대한민국 국민을 민주공화국의 구성원으로 형성하는 것이 대한민국 공교육의 일차적 소명입니다. 그런데 제가 볼 때 대한민국 학교는 민주공화국의 학교인 적이 없었습니다.

학교가 민주시민을 형성하기 위해서는 공간 자체가 민주적이어야 합니다. 우리가 흔히 얘기하는 교육의 세 주체, 즉 학생, 학부모, 교사가 학교라는 공간의 주인이어야 하죠. 근데 누가 주인입니까. 일본 제국주의 시절부터 국가권력의 충실한 마름 역할을 하면서 단위 학교에서는 봉건 영주로 군림해 온, 이른바 관리자라는 이름으로 임용된 교장에 의해 학교가 관리됩니다. 국가주의 교육을 관철하기 위해서 말입니다. 이렇게 우리 교육의 문제점은 교육의 세 주체가 전혀 주체가 아닌 현실에서부터 출발합니다. 민주적인 공간이 아니지요.

또한 근대식 학교가 실제로 민주공화국의 학교가 되려면 민주적인 시민의식과 공공성의 가치를 공유하는 곳이어야 합니다. 그런데 놀라운 것은 한국 사회 구성원들이 학교교육에서 그렇게 많은 지식을 암기하면서도 'Republic'의 어원이 무엇인지는 암기하지 않는다는 사실입니다. 'Republic'의 어원은 'res publica', 즉 공적인 일이라는 것이에요. 이 말의 반대는 사적인 일이겠죠. 역사적으로 이 '공화국'이라는 것은 군주가 세습적으로 국가원수가 되는 군주국의 반대 개념입니다. 공화국은 군주의 사적인 일이 아니라 인민의 공적인 일이 중심이 되는 국가라는 겁니다. 그래서 공화국의 핵심은 인민 모두에게 해당되는 일, 즉 공익, 공공성의 가치입니다. 그런데 한국 학생들은 학교에 다니면서 민주공화국의 구성원다운 민주시민의식을 형성하지도 않거니와 공익의 가치를 '습習'하지도 않습니다.

'습'하지도 않는다는 것은 이런 겁니다. 제 아이는 고등학교 때까지 학비를 내지 않았습니다. 오히려 신학기가 되면 국가에서 돈을 줍니다. 프랑스는 9월이 신학기인데, 학년 초에 학생 한 명당 얼마 정도가 필요한가 추산해서 그 돈을 신학기 수당이라는 이름으로 부모 계좌에 넣어 줘요. 10여 년 전에 30여만 원씩 들어왔습니다. 대학에 들어간 다음에는 돈을 좀 내는데, 지금 둘째아이가 내고 있는 돈이 1년에 390유로, 우리 돈으로 55만 원 정도 됩니다. 그중 35만 원 정도는 대학원생으로서 내는 건강보험료예요. 즉 무상교육, 무상의료의 혜택을 받고 있는 셈이죠. 아이들이 학교에 돈을 가져갈 일이 없습니다. 그것이 바로 공공성을 습하게 된다는 의미입니다.

그런 습이 한국에 과연 있나요. 이게 없으니까 심지어는 돈이 없는 사람들도 증세에 반대합니다. 국가로부터 혜택을 받아 본 경험이 없거든요. 군대에나 끌려가 봤지요. 그게 바로 공공성이 죽어 있는 사회의 모습입니다. 국가의 역할 자체가 없는 거죠. 오로지 국가는 통제하고 관리하는 존재일 뿐입니다. 그런 점에서도 민주공화국의 학교가 아니라는 겁니다.

1894년에 관립소학교, 1900년에 중학교가 이 땅에서 시작됐습니다. 그 얘기는 곧, 우리 학교의 틀이 정착된 시기가 일제 강점기 35년간이라는 겁니다. 그렇기 때문에 우리 학교에 자발적 복종이 있는 것은 어쩌면 너무 당연한 것이죠. 학교 자체가 병영의 구조를 가진 것도 바로 그 이유입니다.

제가 프랑스에서 참 희한하다 생각했던 것들이 있습니다. '학교가 왜 이렇게 작고 운동장이 없나', '왜 애들 줄을 안 세우나' 하는 것들이에요. 우리는 학교에 가면 제일 먼저 앞으로나란히부터 배우잖아요. 근데 제 아이들은 학교 다니면서 한 번도 줄을 서 본 적이 없어요. 운동장이 없으니까 교단도 없고, 교단이 없으니까 교단 위에 올라가 훈화할 일도 없고. 학교도 전부 집에서 가까웠어요. 유치원은 걸어서 3분 거리, 초등학교는 좀 멀어서 10분 거리, 중·고등학교는 걸어서 7분 거리였죠. 유치원부터 초·중·고교까지 동네에 조그맣게 있다는 얘기예요. 그래서 애들은 주로 점심을 집에 와서 먹었어요. 밥 먹고 다시 타박타박 걸어서 학교 가고.

내가 다닌 학교는 크고 운동장도 있었는데 프랑스 학교는 왜 이렇게 작고 운동장도 없나 궁금했어요. 그러다가 나중에 제가 다닌 학교와 너무나 닮은 곳을 프랑스에서 만나게 됐습니다. 운동장도 널찍하고 교단도 있고, 들어가는 입구에 수위실도 있어요. 거기가 어디였는지 아세요? 군사학교였습니다. 그때 좀 멍했습니다. 머리를 한 대 얻어맞은 느낌이었어요. 군국주의 일본이 어떤 목적으로 학교를 설계했을까, 사실 조금만 생각해 봐도 알 수 있잖아요. 국가에 자발적으로 복종하는 신민을 만들기 위해서는 군사학교가 제일이죠. 게다가 식민지 백성인데 말할 것도 없잖아요. 일본 궁성을 향하여 천황에게 충성을 맹세하는 절을 하게 하고, 일찍부터 총알받이를 만들기 위한 군사훈련을 시키고……. 국가주의 교육을 철저하게 관철시키려면 이런 과정들은 너무나 당연한 것이었어요.

문제는 1945년에 일본으로부터 독립한 후 1948년 이른바 민주공화국을 선언했으나 그것이 그야말로 선언에 불과한 허깨비였다는 겁니다. 가장 큰 문제는 일제 부역 세력을 청산하지 못했다는 점이에요. 일제 때야 아이들을 사유하는 주체로 기를 이유가 없었죠. 기계적으로 충성하는 존재만 필요했으니까요. 하지만 이제 민주공화국을 선언했다면 적어도 주체를 형성하는 교육을 해야 하는데 그게 사라졌어요. 민주공화국이라고 하는 인류 역사 발전 과정을 통해 획득한 정신, 가치 체제의 성과물을 가져왔으나 내용은 전혀 없이 껍데기만 가져온 거죠. 그러다 보니 민주공화국의 학교가 되지 못하고 군국주의 학교가 그대로 남아 있는 겁니다.

혹시 프랑스에 가시게 되면 각급 학교를 유심히 살펴보세요. 유치원부터 대학까지 교문 옆에 세 개의 단어가 새겨져 있는 걸 볼 수 있습니다. 뭘까요? 그렇습니다. 자유, 평등, 박애죠. 바로 삼색기로 표현되는 프랑스 국가의 이념입니다. 이 세 단어가 프랑스의 모든 학교에 작게라도 새겨져 있습니다. 프랑스 공교육의 현장인 학교가 프랑스 국가의 이념을 강조하는 건 너무나 당연한 거죠. 프랑스의 이념인 자유, 평등, 박애의 가치를 공유하도록 하는 것, 그것이 프랑스 공교육의 일차적 소명이니까요. 그렇다면 우리의 학교 역시 민주공화국의 주체를 형성하는 곳이어야 하고, 그러기 위해 민주적 시민의식과 공공성의 가치를 공유하는 교육을 해야 합니다. 그런데 우리 학교는 지배 세력이 요구하는 것들만 강조하고 있지요. 제 세대에는 학교에서 반공방첩, 질서를 강조했습니다. 요즘은 무엇을 강조하나요? '경쟁' 같은 것이지요. 민주공화국은 사라졌습니다. 아니, 있어 본 적이 없어요.

주입식 교육에 거세된 주체

구조의 문제에서 더 나아가 의식의 문제를 들여다볼까요. 학교교육을 통해 어떤 의식을 형성하는가. 이것 역시 일본 제국주의 때 시작된 주입식 교육에서 자유롭지 못합니다. 민주공화국이 선 뒤에도 대학 서열화에 의해 인문사회과학이 반反학문이 되었지요. 초·중·고에서 가르치는 역사·지리·사회는 아예 학문도 아닙니다.

제가 자주 드는 사례가 있는데, 저로서는 참 슬픈 이야기입니다. 프랑스에 있을 때 대학에서 역사를 가르치는 교수와 가까이 지냈어요. 당연히 그와 교육 이야기도 주고받았지요. 프랑스에서 인문사회과학은 모두 다 글쓰기로 평가합니다. 예외가 없어요. 프랑스어도 글쓰기로 평가하고, 철학은 뭐 두말할 것도 없죠. 역사, 지리, 경제, 사회 모두 글쓰기가 중요합니다. 학생들은 자연히 글쓰기 훈련을 많이 받게 되고 선생님들이 주로 하는 일도 학생들이 쓴 글을 첨삭 지도하는 것입니다. 그 일이 굉장히 중요한 일 중 하나죠.

우리는 모든 평가가 100점 만점이잖아요, 프랑스는 20점이 만점이에요. 그리고 대학입학자격시험에서 10점이 합격선이기 때문에 중·고등학교에서 글쓰기를 평가하는 기준도 10점입니다. 실력이 좀 모자란다 싶으면 7, 8점이고 좀 잘하면 12, 13점인 거죠. 그 역사 선생에게 "우리는 100점이 만점이었다"고 하니까 저보고 "너는 몇 점 받았냐"고 물어요. 그래서 "나 공부 잘했다. 94점 받았다"고 했습니다. 그랬더니 이 친구가 "100점 만점에 94점이나 받았다고?"라면서 놀라요. 그러면서 "그럼 너보다 잘한 학생은 95점이고, 더 못한 학생은 93점이냐"고 묻기에 "그렇다"고 했습니다. 그 친구가 도통 이해를 못 하고 저한테 이렇게 말했어요. "정말 희한하다. 너희 역사 선생님은 너의 역사 보는 안목을 어떻게 그렇게 정확하게 측정할 수 있느냐."

할 말이 없더라고요. 우리가 받는 점수는 역사를 보는 안목과는 전혀 상관없이 객관적인 정보를 입력시켰냐 아니냐를 보여 주는 것뿐이잖아요. 묘청의 난이 몇 년도에 일어났는지, 기묘사화와 갑자사화가 일어난 순서는 어떻게 되는지 하는. 인문사회과학의 경우 공부를 잘하는 학생과 못하는 학생의 차이는 하나예요. 시험 본 뒤에 잊어버리느냐, 시험 보기 전에 잊어버리느냐. 언젠가 잊어버리는 건 마찬가지죠. 그런데도 이런 시험으로 평가됩니다. 사유하는 인간이 아니라 암기하는 기계들이죠.

결국 암기를 하느냐, 글쓰기를 하느냐의 문제입니다. 저는 이것이 학교교육에서 정말 핵심이라고 봐요. 교육에 우리 아이들의 글쓰기가 살아 있는가 아닌가의 차이. 아까 역사 선생의 이야기를 조금 더 하자면, 제가 이 친구에게 "너희는 역사 공부를 왜 하느냐"고 물었어요. 그랬더니 "부끄러움을 알아야 하지 않느냐"고 해요. 역사를 통해, 역사 공부를 통해 알아야 하는 게 부끄러움이래요. 그때 받았던 충격이 지금도 남아 있어요.

인문학, 사회과학이라는 것은 Human Science, Social Science 아닙니까. 인간과 사회에 대한 이해죠. 학문이 자연과학과 인문사회과학, 이렇게 둘로 나뉜다고 할 때 전자는 정답이 있는 학문이지만 후자는 정답이 없습니다. 근데 인문사회과학이 암기 과목이 된다는 것은 본래 정답이 없는 학문을 마치 정답이 있는 것처럼 여기게 만든다는 것이죠. 생각하는 존재가 아니라 암기를 얼마나 했느냐에 따라 평가받는 존재가 되는 거예요. 결국 암기를 잘하는 기계들이, 대학이 서열화된 나라에서 상층 계급을 차지하고 사회를 지배하게 됩니다. 그리고 어느 순간 우리는 피에르 부르디외의 말처럼, 피부색에 따라 인종을 차별하는 것을 당연시하듯 순전히 점수로 차별을 낳는 것을 당연하게 받아들이는 '지적 인종주의자'가 되고 맙니다. 끔찍한 일이죠.

자연과학처럼 정답이 있는 학문은 학생들을 줄 세우고자 한다면 줄 세울 수 있습니다. 그조차 옳지는 않지만 말입니다. 하지만 인문사회과학은 절대 불가능합니다. 국어 능력을 어떻게 자로 재듯 정확하게 측정할 수 있습니까. 학생이 인간과 세상을 보는 감수성과 감각, 이해력, 논리력, 사고력을 어떻게 칼로 자르듯 점수를 매길 수 있나요. 불가능합니다. 근데 우리 학교에서 이렇게 하고 있지요. 그 말은 학문의 본령으로부터 스스로 벗어났다는 의미이고, 그래서 제가 반反학문이라고 부르는 것입니다. 학문 자체가 죽어 버린 것이죠. 이것이 어떤 결과를 빚었느냐. 그게 바로 생각의 형성과 관련된 문제입니다.

지배 계급의 욕망까지 암기하다

데카르트가 "나는 생각한다. 고로 존재한다"라고 말한 것처럼 인간은 생각하는 존재입니다. 그럼 생각은 어떻게 탄생하고 어떤 성질을 갖고 있나요. 스피노자는 '생각의 성질 = 고집'이라고 강조했습니다. 생각이란 한번 자리 잡으면 안 떠난다는 것입니다. 스피노자의 말을 그대로 옮기면 사람은 한번 형성한 생각을 고집하는 경향이 있습니다. 일단 갖게 된 생각을 꽉 껴안고 산다는 겁니다. 그렇기 때문에 지배 세력이 교육을 장악하는 것이죠. 어린 학생들에게 그들의 가치관을 심어 주려고요. 특히 한국처럼 인문사회과학을 주입식으로 배우는 나라에서는 자신이 평생 삶의 푯대로 삼고 살아갈 생각을 주입식, 암기식으로 형성하게 됩니다.

이렇게 '생각의 출처'에 대해 생각해 보면 불온성이 어디서 가능한지를 알 수 있습니다. 사람은 생각하는 존재인데 생각을 갖고 태어나지 않지요. 그럼 생각은 어디서 왔나요? 혹시 창조하나요? 아니죠. 내 삶의 푯대로 삼는 생각을 내가 갖고 태어나지 않고 창조하지 않는다면 결국 둘 중 하나죠. 내가 내 자유의지로 개입해 선택했거나 내가 살아가는 환경이나 조건에 의하여 나의 의지나 선택과는 상관없이 내 의식 세계 안에 들어오게 된 것입니다. 문제는 한국의 경우 이 전자, 내 사회적 존재와 조우하고 내 자유의지로 고민하면서 생각에 개입하는 과정 자체가 없다는 겁니다. 이게 바로 글쓰기 없이 암기만 하는 교육의 문제입니다.

내가 주체가 되어 독서, 토론, 직접 견문, 성찰의 과정을 통해 생각을 형성했는가. 아니면 나는 철저히 대상화된 채 대중매체, 혹은 제도교육(암기)에 의해 의식 세계를 주입받았는가. 이걸 잘 깨달아야 합니다. 만약 학생이 글쓰기를 통해 평가받는다면 할 일이 있죠. 글쓰기를 잘하기 위해 글을 써 봐야 할 것이고 책을 읽어야 하고 토론해야 합니다. 바로 독서 - 토론 - 직접 견문 - 성찰의 과정을 경험하는 것이죠. 그러나 우리는 인문사회과학을 암기로 평가하기 때문에 독서나 토론을 할 이유가 없습니다. 물론 학교 선생님 중에 나름대로 그런 문제의식이 있어서 독서 동아리를 꾸리는 분들도 있지만 전반적으로 보면 아직 미흡한 상황이지요.

독서가 없고, 토론이 없고…… 우스갯소리로, 여행은 좀 하는데 '인증샷'이나 찍고 있지요. 오늘날엔 다른 사회를 방문하는 사람들에게서《열하일기》를 쓴 박지원과 같은 치열함을 찾을 수 없습니다. 이미 미디어가 어디가 좋은 곳인지를 다 소개했잖아요. 그러니까 앞으로 가서 할 일은 사진 찍는 것밖에 안 남은 겁니다. 정말 획일적이고 몰상식해요. 이렇게 된 건 바로 학교가 사유의 주체를 형성하지 않았기 때문이고, 학생의 일상에서 글쓰기가 실종됐기 때문입니다. 자본의 논리가 관철되는 대중매체에 의해 생각과 욕망을 주입받고, 제도교육을 통해 지배체제에 자발적으로 복종하는 의식을 형성하고 있습니다. 그래서 역사 공부를 통해 부끄러움을 알기는커녕 그저 박근혜나 열심히 찍는, 반대로 상식적인 것이 불온할 수밖에 없는, 도저히 이해할 수 없는 상황이 일어나는 겁니다.

26세의 카를 마르크스가《독일이데올로기》에 이렇게 썼죠. "한 사회를 지배하는 이념은 지배 계급의 이념이다." 저는 이것을 좀 더 바꿔서, "한 사회를 지배하는 생각과 욕망은 지배 계급의 생각과 욕망이다"라고 말하고 싶습니다. 결국 지배 계급이 우리 사회의 생각뿐 아니라 욕망까지 지배하고 있는 것이죠.

노동을 모르는 예비 노동자

우리 학교교육이 민주공화국의 주체를 형성하지 않는데 자본주의사회에서 노동자가 될 아이들에게 노동자로서의 주체 형성은 하고 있나요. 어림 반 푼어치도 없죠. 제 자신만 해도 노동자로서의 정체성에 대해 학교에서 전혀 배운 바가 없어요.

제 아이 둘이 프랑스에서 배우는 걸 보면 초등학교 때 이미 노조를 방문하고 고등학교 때는 파업을 어떻게 할지 모의 노사협의를 해 봅니다. 우리는 그런 모습을 볼 수 없지요.

또 한 가지 예를 들어 볼까요. '16 - 14 - 12 - 10 - 8' 이런 숫자들이 있습니다. 무엇을 의미하는 걸까요? 선생님들이 지금까지 형성한 생각은 이 숫자를 보고 어떤 반응을 보입니까? 그냥 수열입니까? 이건 제가 작위로 끄집어낸 하나의 예에 지나지 않습니다만, 유럽의 젊은이들에게 이 숫자를 보여 주면 몇몇은 반응을 보입니다. 이건 자본주의사회에서의 하루당 노동 시간의 변화입니다. 똑같이 자본주의사회에서 살고 있는 구성원인데, 우리는 왜 자본주의 역사의 기본적인 것도 생각 속에 담고 있지 못할까요.

공교육이 시작되면 보편적으로 가르치는 과목이 국어, 수학, 사회, 과학이지요. 이 네 과목이 중학교에 올라가면서 분화가 됩니다. 국어는 당연히 가르쳐야죠. 수학은 숫자를 알아야 하니까 가르치고요. 그럼 사회는 왜 가르치나요? 사회적 동물이니까, 사회 안에서 사회를 대면하고 사회를 인식하면서 하나의 주체로서 성장하게 하기 위해서지요. 당연한 일입니다.

지금 우리가 살고 있는 사회는 자본주의사회입니다. 그렇다면 사회 시간에 가장 중요하게 가르쳐 줘야 할 내용이 자본주의라는 것을 누가 부인할 수 있습니까. 이 논리적 귀결을 누가 부정하겠습니까. 상식적으로 우린 모두 자본주의사회에서 살고 있다고 말합니다. 만약 우리가 민주공화국의 주체를 기르겠다는 공교육의 목표와 소명을 갖고 있다면 사회 시간에 자본주의에 대해 가르치는 것은 너무 당연한 것 아닙니까. 자본과 노동의 모순 관계, 노동운동의 역사, 이런 건 아주 기본 중의 기본입니다.

19세기 초반 영국과 프랑스 노동자들의 하루 노동 시간은 16시간이었습니다. 새벽 5시부터 저녁 9시까지 일했으니까요. 지금은 8시간 노동을 하고 있죠. 이것은 자본이 갑자기 허용한 게 아니라 피눈물 나는 싸움을 통해 얻어 낸 것입니다. 메이데이의 유래에 대해서도 많이 알고 계실 겁니다. 1886년 5월 1일, 12시간씩 일하던 미국 시카고 노동자들이 8시간 노동을 주장했습니다. 대공황 이후, 2차 대전을 전후한 시점이었지요. 미국이 노동자들을 전쟁에 동원하기 위해서이기도 했지만, 어쨌든 일종의 타협을 보는 선에서 제1세계에 8시간 노동제가 정착되었습니다. 왜 이런 것을 우리는 알면 안 되나요.

저 때만 해도 대학을 마치고 사회에 나가서 일자리를 얻으면 당연히 정규직이었습니다. 그땐 비정규직이 없었으니까요. 지금은 비정규직이 절대적이죠. 이런 환경, 역사적 상황의 변화에 대해 학교교육은 물론이고, 운동 조직에서조차 제대로 인식하고 있습니까. 말로는 신자유주의 문제에 대해서 소리 높이지만, 이것이 내 문제와 어떻게 연결이 되는지는 생각하지 못합니다. 전교조를 포함한 노동조합도 마찬가지입니다. 바로 내 일자리에서 노동의 재편과 분화가 어떻게 일어나는지조차 이해하지 못하고 있습니다. 피상적으로 자본과 권력에 반대하는 외마디 소리를 질렀을 뿐이죠.

이 신자유주의에 제대로 대처해 오지 못한 것은 한국 사회 진보의 한계와도 연관이 있습니다. 이렇게 주체를 형성하지 않는 교육 환경에서 그들도 자유로울 수 없었던 겁니다.

선배 때문에 반전된 세계관, 그러나 미성숙한 진보

지금 한국 사회에서 불온한 사람, 다른 말로 세상을 보는 눈을 얼핏이라도 뜬 사람, 역사의식을 갖게 된 사람은 어떻게 나오나요? 보통 이런 과정을 겪지 않나요? 어느 시점에 선배를 잘못 만나요. 그 선배와 우리 사회에 대해 토론을 하게 됩니다. 그리고 그 선배는 거의 틀림없이 책을 소개합니다. 《전태일 평전》이든 한국 현대사에 대한 책이든. 이렇게 책을 통해 이제까지 주입받고 흡수한 의식 세계에 대해 '이게 아니구나'라고 얼핏 인식하게 됩니다. 저처럼 스무 살 때나 되어서 선배를 잘못 만나 세계관이 '반전'되는 것이죠. 대부분 이런 반전을 통하여 진보성을 갖게 돼요. 그렇다 보니 갖게 되는 한계들이 있습니다.

선배를 잘못 만난 사람들이 어쨌든 소수이다 보니 소위 의식화되었다는 자만을 갖게 됩니다. 자신은 의식이 뛰어나다고 오해하게 되는 거죠.

제가 볼 때는 이들의 인식도 아주 얄팍한 것에 지나지 않는데 스스로는 한 단계 성숙했다고 생각합니다. 그래서 책 몇 권 읽고 공부를 멈추는 경우가 많습니다. 그 정도 수준만 돼도 범진보진영의 운동체 안에 자리 잡을 수 있다는 것이죠. 그리고 선배가 누구냐에 따라 정파가 결정 납니다.

한국의 경우 분단 상황 속에서 소위 '진보'가 지극히 투박한 수준에 머물고 있다는 것을 단적으로 보여 주는 사례가 바로 북한에 대한 주사파의 시선입니다. 인간이 자기 형성의 자유를 누린다고 할 때 내가 속한 사회 집단의 정체성에 의해 국민이기도 하고 시민이기도 하지요. '국민 정체성'은 국가가 어떤 정체성을 가지고 있느냐와 관련이 있습니다. 대한민국이 다른 나라와의 관계에서 얼마나 주체적이냐의 문제가, '나'라는 국민이 얼마나 주체성을 가질 수 있는지를 한계 짓는 겁니다. 가령 우리가 평택 대추리나 강정마을의 상황을 겪어야 하는 것은 대한민국이라는 국가가 대미 관계에서 주체로 서지 못하고 종속적이기 때문이지요. 민족모순에 눈을 뜬 이들이 그런 점에서 울분을 가지고 동시에 북한이 갖고 있는 국가로서의 주체성에 매료되는 것을 이해할 수 있습니다. 남한보다 북한이 국가의 주체성 부분에서는 앞서 있으니까요.

그런데 우리는 국민으로서만 사는 게 아니라 시민의 일원으로서도 살고 있어요. 국민의 주체성이 국가 대 국가의 관계에 영향을 받는다면 시민의 주체성은 개인 대 국가의 관계 속에서 확보하는 것입니다. 국가보안법, 공무원의 정치적 활동 제약 같은 것이 국가와 개인의 관계 속에서 개인이 주체성을 확보하지 못해 발생하는 문제이지요. 이런 점에서 남한의 시민들이 억압받고 있잖아요. 북한은 어떠한가요? 저는 과연 북한에 시민사회라는 호칭을 붙일 수 있는지 의문이 듭니다. 하지만 이 점에 대해 주사파는 눈을 질끈 감는 이중성을 보이지요. 어차피 우리는 북한 인민이 되지는 않을 거니까 국가의 주체성만을 보는 겁니다. 얼마나 편합니까. 하지만 큰 오류를 범하고 있는 거지요.

핵심적으로 제가 제기하고 싶은 것은 한국의 진보 세력이라고 하는 이들이 갖는 '반전의 진보성'이라는 것이 이렇게 선배를 잘못 만나 책 몇 권 읽고 갖게 되는 어설프고 상대적인 의식화 상태라는 것입니다. 기껏해야 지배 세력이 품어 준 의식에 대해 의문을 가진 '탈의식'의 수준에서 멈춘 것이지요. 하지만 그 오만함 때문에 정파가 요구하는 공부를 하는 데에서 멈추고 정파에 매몰돼 알량한 권력을 얻으려 합니다. 그러다 보니 결국 권력 지향적인 모습을 갖게 되는 것이죠. 그런 한계가 최근 통합진보당의 비례대표 부정 경선 사태로 불거져 나온 모습이기도 하고요. 사실 참, 그 말 자체가 모순입니다마는 이른바 '진보의 미성숙'을 겪고 있는 것이죠.

물론 한국처럼 교육을 통해 의식을 성숙시킬 수 없는 사회에서 '잘못 만난 선배'의 존재는 매우 중요합니다. 여러분들도 학교 안에서 그런 '잘못 만난 선배 교사'가 되어야 하고, 그렇게 해서 불온한 교사, 즉 상식적인 교사들이 많아져야 합니다. 하지만 더 중요한 것은 주체를 형성하는 교육을 하는 것입니다. 감성이 예민하게 확장되는 어린 나이부터 세상과 조우하면서 단련되는 과정을 거칠 때 진정한 성숙의 길이 열립니다.

포함된 자가 '장벽'을 강고하게 만든다

지난 6월, 세계에서 가장 위험한 철학자라고 일컬어지는 슬라보예 지젝을 만났을 때 그런 얘기가 나왔습니다. 지금 우리를 지배하는 게 '장벽wall'이라고요. 지금 이 체제를 '포함된 자'와 '배제된 자'로 나눈다면, 그 사이에 장벽이 있어요. 월스트리트의 '월'이 그 'wall'이잖아요. 노동의 유연화라는 허울 좋은 이름 아래 비정규직화와 정리 해고를 자유롭게 하고 있는 상황에서, 교사들도 포함된 자와 배제된 자로 나뉘죠. 이 '포함된 자' 위에 자본과 권력이 있습니다. 이전에는 '노동자는 하나'라는 구호 아래 노동이 한목소리로 자본과 권력에 대항하는 단결 투쟁을 했지만, 지금처럼 이렇게 포함과 배제가 분화된 상황에서는 포함된 자가 스스로 장벽을 강화시킵니다. 다시 말해 장벽을 강고하게 하는 것은 자본과 권력이기도 하지만 실은 이 포함된 자들이라는 것이지요. 이 장벽이 두꺼비집처럼 자신을 지키는 일종의 완충재 역할을 해 주기 때문입니다. 민주노총이 대변하는 것도 결국 이 포함된 자의 이익이잖아요. 이렇게 포함된 자가 배제된 자로부터 자신을 지키고자 하는 양식이 다양한 방식으로 이루어지고 있고, 자본과 권력은 이 둘 위에서 이것을 보며 즐기고 있습니다.

'포함된 자'와 '배제된 자'의 문제가 인간의 존엄성을 어떻게 실추시키고 있는지도 얘기해 보겠습니다. 사람은 결국 자기 몸자리가 어떻게 될 것인가에 관심을 갖습니다. 그리고 그것 때문에 불안해하죠. 사람의 몸은 다 존엄하게 태어납니다. 몸이 놓이는 자리도 이 존엄성을 보장해 줘야 합니다. 지금부터 죽는 순간까지 나와 내 가족의 몸이 놓이는 자리에 존엄성이 보장된다면 걱정할 일이 별로 없죠. 뭘 걱정하시겠어요. 이 몸자리의 궤적이 각자의 삶이기도 하죠. 내 삶이란 내가 몸을 두는 자리의 자취입니다. 때문에 이 궤적 속에서 존엄성을 빼앗기지 않는 삶이 보장된다면, 인간 정신을 지키면서 살아갈 수 있습니다. 다름 아닌 불안이 인간의 영혼을 잠식하기 때문입니다. 그러나 우리 상황은 어떠합니까.

왜 쌍용자동차에서 2,646명에 대한 정리 해고가 있은 뒤 3년이 지난 지금까지 23명의 노동자와 가족이 죽어야 했을까요. '포함'에서 '배제'가 일방통행이기 때문입니다. 배제된 자가 다시 포함된 자로 돌아오지 못합니다. 이 둘 사이의 장벽 때문입니다. 포함된 자가 감히 배제된 자에게 연대한다? 쌍용자동차에서도 정리 해고에 해당되지 않은 사람 중에 파업에 동참한 노동자들이 있습니다. 그게 인간의 길이죠. 인간 정신의 요구이기도 하고요. 하지만 그 사람들, 당연히 다 배제됐습니다. 이 체제가 그걸 요구하고 있습니다. 몸자리의 존엄성을 위해서 인간 정신을 스스로 버릴 것을요. 이것이 지금 인간을 분절시키고 있는 것이죠. 아도르노가 말한 물화의 문제, 물신주의가 철저히 우리를 지배하고 있는 겁니다. '소유냐 존재냐'의 물음에서 우리의 관심은 오로지 소유인 것이지요.

제가 처음 프랑스 땅에 내렸을 때 공기가 가벼워서 문화적 충격을 받았습니다. 중력이 줄어들어서 사람이 펄쩍펄쩍 뛰어다니는 것 같았어요. 물론 사람들은 걸어 다녔는데 표정에서 느껴지는 게 그랬습니다. 1979년, 공기가 무거울 대로 무거운 박정희 유신 시대의 그 억압적인 상황에서 떠났으니 그런 느낌이 들었겠죠. 20년 만에 한국에 들어왔을 때 받은 느낌은 돈독이었습니다. 돈독이 오른 사람들, 돈밖에 안 보이는 사회…… 온통 '소유'뿐이었습니다. 실제로 1999년 6월 14일 김포공항에 떨어져서 저녁 어스름 녘에 서울 시내로 들어오는데 전광판에 '부자되세요'라고 쓰여 있었어요. '저게 뭐지?' 전 그 앞에 '마음'이라는 글자가 있는 줄 알았어요. 근데 그냥 노골적으로 '부자되세요'였습니다. 철두철미하게 물신인 거죠.

그런 데서도 온전한 전인全人으로 살아가지 못하고 인간의 몸과 정신이 분절되는 이 문제를 확인할 수 있습니다. 요즘 '유체이탈', '멘탈 붕괴'라는 말이 유행이던데 거의 비슷한 의미예요. 결국 이 시대의 혼란상이 그렇게 표현되는 것 같습니다. 사실 어느 시대나 일정 정도는 그렇다고 하지만 지금 우리 사회처럼 이렇게 몸과 정신이 철저하게 서로 배반할 것을 강요하는 사회도 드물죠.

분절의 문제에 대한 각자의 고민이 있으실 겁니다. 정도의 차이가 있지만 결국 그게 핵심이거든요. 지금 이 자리에 오신 것도 어떤 점에서 그 문제, 즉 몸자리의 존엄성을 지키면서 인간 정신의 숭고함도 지켜야 하는, 이 사이에서의 갈등 때문일 거라 생각합니다. 어디까지 싸울 것인가. 어디에서 멈출 것인가. 어느 선에서 타협할 것인가. 그것은 결국 각자의 몫이죠. 누구도 감히 '이것이 옳다'라고 말할 수 없습니다. 그럼에도 저는 소박한 몸자리에 멈출 수 있으면 좋겠다고 말씀드리고 싶습니다. 그것이 어쩌면 불온성의 핵심이 아닐까요.

인간을 끊임없이 소유물로 비교하는 일상 속에서 스스로 벗어나고자 하는, '나라는 존재는 소유물로 비교당하는 존재가 아니'라는 어떤 자존감이 불온성을 끝까지 유지하게 해 주는 관건이라고 생각합니다. 소유가 존재를 규정한다고 강조하고 있는 한국 사회의 지배 이념, 가치관에 맞서 얼마만큼 소박한 생존 조건, 몸자리에 머무를 수 있는가가 나의 불온성을 보장해 줄 것입니다. 인간 정신의 숭고함을 위해 몸의 불편함, 몸의 어려움까지 감수해야 하는 것이 아닐까요. 그것이 가장 중요하지 않을까 생각합니다. 감사합니다.

이형환 : 저는 '소박한 몸자리' 이야기를 들으면서 그런 생각이 들었어요. 우리 사회에서 운동이라는 것도 일반적으로 많이 배운 사람들이 하게 되잖아요. 소위 '학출'이라고 하는 사람들이 노동계에 있는데, 우리 사회에서 진보적이려면 일단 알아야 하고 그런 앎도 일종의 문화자본이라는 거죠. 배운 사람들은 그 자본을 갖고 잘살 수도 있고 소박한 삶을 살 수도 있어요. 하지만 민중들에게는 그런 선택지가 없거든요. 제가 지금 평택에 있는데요, 가르치는 아이들 중에 쌍용자동차 해고 노동자의 자녀들이 있습니다. 이 아이들은 실내화 살 돈이 없어서 맨발로 다녀요. 이게 21세기에 있는 일이에요. 그 사람들이 소박한 몸자리를 '선택'하는 것 자체도 용인되지 않는 이 상황을 어떻게 받아들여야 할까요?

홍세화 : 그래서 불온이 필요하죠. (웃음) 말씀하신 게 맞아요. 소박한 몸자리를 선택할 수 있는 지식인과 그런 조건이 안 되는 비지식인의 구분이 생겨요. 그렇지만 우리가 같이 만날 수 있는 공간을 형성할 수 있다면, 그 구분은 본질적인 갈림길이 아니라고 봅니다. 그래서 '민중의 집' 같은 시도가 더 많아져야 해요. 서울 마포에 우리나라 최초의 민중의 집이 있지요. 지역의 시민사회단체와 진보 정당, 지역민이 같이 모여 어떤 생각을 가지고 어떻게 살 것인가를 고민하고 어울리는 교육·문화·놀이 공간이에요. 이렇

게 공간을 토대로 한 비자본주의운동이 유럽에서는 100년 전부터 있어 왔어요. 한국의 민중의 집 같은 곳이 이미 이탈리아에 1,000여 군데, 스웨덴에 500여 군데가 있지요.

　한국에서 지역에 조직을 갖고 있는 대표적인 단체가 전교조잖아요. 사실 전교조가 핵심적으로 해야 할 사업이 이런 지역에 기반을 둔 사업이었어요. 하지만 안 하죠. 왜 그럴까요? 중앙의 권력 정치에만 관심이 있거든요. 실제로 다른 나라에서는 지역 사업에서 교사가 핵심적인 역할을 했습니다.

임덕연 : 저는 전교조가 힘을 못 쓰게 된 계기가 합법화라고 봐요. 불법일 때는 온몸으로 불온을 행하면서 살았는데 합법화되면서 법적인 지위를 획득하게 되고, 그러면서 그 전과 세상을 보는 방식이 많이 달라진 것 같아요. 그럴수록 가치를 올바르게 세워야 할 것 같아요.

홍세화 : 전교조 합법화가 실제로 조합원이 많아지는 대중화 과정이면서 동시에 순치되는 과정이기도 했죠. 그럴 때 지도부가 잘했어야 했는데 솔직히 저는 그렇지 못했다고 봅니다.

김혜민 : 저는 작년부터 학교를 그만둔 청소년들과 만나는 활동을 하고 있어요. 처음에는 이들에게 전혀 사회의식이 없을 거라고 생각했는데, 이야기를 나누면서 학교에서 배제된 이 청소년들이 사회가 얼마나 모순적이고 불평등한지 너무 잘 간파하고 있고 그래서 학교를 이탈한 것 같다는 느낌을

많이 받았어요. 그러면서 '이 아이들이 사회 모순에 대해 세련된 언어로 말하지는 못하지만 이걸 어떻게 정치적 행동으로 옮길 수 있도록 도울까'라는 고민이 들었어요.

홍세화 : 탈학교 청소년들의 경우 몰상식한 사회의 피해자이지요. 어떤 일을 겪으면서 '이건 아닌데'라는 인식을 할 수 있어요. 하지만 이 사회의 어떤 구조 안에서 이런 문제가 일어나는지, 총체적 인식을 하기에는 부족한 면이 있지요. 파편화돼 있는 조각들을 스스로 조직해 낼 수 있는 능력을 갖추도록, 세상을 총체적으로 인식할 수 있도록 도와줘야죠. 그래야 불온한 주체 형성이 가능하죠.

임덕연 : 저는 과연 누가 불온한 것인가 따져 봐야 한다고 생각해요. 불온하다는 것은 절대적 개념이 아니잖아요. '누구'의 시각에서 보니까 불온하다는 것이지. 이주민들의 시각에서 봤을 때 아메리카 원주민들이 불온했기 때문에 죽였듯 '불온하게 보는 사람'이 진짜 불온한 것 아닐까요? 그런 의미에서 우리는 불온한 게 아니라 새로운 가치를 획득해서 인식 지평이 넓어진 사람들이죠. 우리가 굳이 불온하다는 말을 쓸 필요는 없는 것 같아요.

홍세화 : 물론이죠. 전적으로 동의합니다. '불온'이라는 말은 지배체제가 말해 온 내용을 어떤 면에서 받아들여 사용하는 셈이죠. 하지만 전 그렇게 생각해요. 지배체제의 작동 방식과 구조를 들여다보고 거기에 저항하려는

움직임을 불온함의 또 다른 의미로 사용할 수 있지 않을까요? 역사적으로 정당성도 없고 철저하게 사익을 추구하면서 몰상식적, 몰역사적, 몰양심적인 뻔뻔한 이 지배체제의 구조가 어떤 역사적 맥락을 갖고 있고 어떤 정치적 체제인지 꿰뚫어 보면서 거기에 저항하는 사람을 불온하다고 말할 수 있을 것 같아요.

최은정 : 요즘 우리 사회에서 학교교육이 위기라는 이야기를 많이 하잖아요. 물론 교과부가 위기라고 보는 관점과 교사들이 위기라고 보는 관점에 차이가 있긴 하지만 지금 상황에서 교사들은 몸도 마음도 힘들다고 하거든요. 그런 교사들에게 선생님이 갖고 있는 기대가 있으신가요?

홍세화 : 제가 껴안고 사는 몇 가지 말이 있어요. "우리가 가는 길이 어려운 게 아니라 어렵기 때문에 우리가 가야 한다." "때때로 불편함을 선택하자." "내 삶의 최종 평가자는 나 자신이다."
　제가 좋아하는 단어가 '긴장'입니다. 주체와 객체 사이의 긴장, 현실과 이상 사이의 긴장……. 저는 자신의 이상이 있다면 그걸 위해 최소한의 현실을 껴안을 수밖에 없다고 봅니다. 선생님들께 학교 현장이 너무 열악하고 괴롭다는 것 이해합니다. 그러나 그렇다고 포기할 건가요? 아니란 말이죠. 교사들도 그렇게 현실을 껴안을 때 자신의 이상이나 주체성이 살아 있을 수 있지 않을까요. 어렵기 때문에 그만한 가치가 있다고 봅니다.
　일상적으로 어려운 상황에 부딪히고 있는 선생님들께서 때때로 때려치우고 싶은 마음이 들 때도 아이들을 만나면서 잡초 없애듯 꾸준히 작은 변화를 모색할 수 있다면 소박한 자유인으로서의 자리매김은 가능하지 않을까요. 선생님들은 적어도 생존 문제에는 어려움이 없잖아요. 그것만 해도 한국 사회에서 지극히 일부에 해당되는 조건입니다. 우리가 인간을 '사회적 동물'이라고 하는데, 나를 작용시켜 사회를 변화시키는 데 보람을 느끼는 게 바로 사회적 존재의 의미잖아요. 아이들 하나하나에겐 굉장히 중요한 역할을 하고 계세요. 아무나 못 가는 자리이고 저도 못 가는 자리입니다. 포기하지 마세요. 아이들 인생에서 내내 기억에 남는 존재일 수 있잖아요. 그건 사실 소박한 자유인 정도가 아니라 아주 큰 역할이죠.

제가 프랑스에서 가까이 만난 사회 계층이 의사와 교사인데요, 프랑스에선 불친절한 의사를 만나기 어려웠는데 한국에선 친절한 의사를 만나기가 어려웠고, 프랑스에선 교사들이 범지식인으로 자기를 규정하는데 한국에선 스스로를 지식인이라고 규정하는 교사가 많지 않았어요. 여러분은 다수의 한국 교사들처럼 그냥 생활인이 되기보다 지식인으로서 늘 세상과 긴장하는 존재가 되길 바랍니다.

능력주의와 책무성을 넘어 '체제 속의 이방인' 되기

"무능해도 괜찮아"

이형빈 강원도교육연구원 정책연구팀장

고등학교 교사, 서울시 교육감 정책보좌관, 한국교육연구네트워크 연구원, 대학 교수 등을 거쳐 현재 강원도교육청에서 정책연구를 맡고 있습니다. 이 책에 실린 강연을 할 당시는, 자발적(?) 해직 후 백수 시기였습니다.

안녕하세요. 날씨가 참 좋죠. (웃음) 아침에 교육공동체 벗 사무국에서 전화가 왔어요. 오늘 강의를 할 수 있겠느냐고요. 오후 2~3시쯤 중부지방이 태풍 한복판에 들어온다고 하더라고요. 저는 한 분만 오시더라도 강의를 하겠다고 말씀드렸는데 생각보다 날씨가 괜찮아 다행이네요. 태풍을 뚫고 와 주셔서 감사합니다.

요즘 학교는 그야말로 개그콘서트의 '멘붕스쿨'인 것 같아요. 멘붕스쿨에서 가장 인기 있는 캐릭터가 '갸루상'이라면서요. 교사가 묻는 말에 "사람이 아니무니다"라고 답해서 모든 질문을 무의미하게 만들고 동시에 교사를 멘붕 상태에 빠지게 하잖아요. 그런데 그 갸루상의 말이 우리 교육의 자화상이 아닐까 싶어요.

지난주에도 교육계를 멘붕시키는 기사들이 많이 나왔더라고요. 8월에만 경기도 분당에서 두 명의 고3 학생이 자살을 했대요. 왜 8월에 분당이란 지역에서 두 명의 고3 학생이 자살했을까요? 우연의 일치는 아니라고 봐요. 지금 고3 교실이 그야말로 멘붕이래요. 여기 혹시 고3 담임 선생님 계세요? 있더라도 아마 못 오셨겠죠. (웃음) 8, 9월이 수시철이잖아요. 대학마다 수시입학전형이 수십 가지씩 되는데, 이걸 전국적으로 모으면 3천 종류가 넘는대요. 그래서 고3 학생들도 수능 이후보다 지금이 더 멘붕 상태라고 하잖아요. 특히 분당은 입시 과열 지역이고요. 이 중 한 학생은 야자를 하다 학교 화장실에서 목을 맸어요. 이게 지난주 일이에요.

끔찍한 기사가 또 있어요. 작년부터 올해까지 경기도 한 지역에서만 고3 담임교사 네 분이 돌아가셨대요. 그중 두 분은 자살이었고, 한 분은 암, 나머지 한 분은 아직도 원인을 알 수 없대요. 그 지역도 입시 경쟁이 굉장히 심한 곳이었습니다.

최근에 인천에서는 아주 엽기적인 일이 있었어요. 인천 지역의 교장들이 승진을 앞둔 여교사를 상습적으로 성추행해 왔다는 거예요. 인천의 한 선생님이 교육청에 투고를 했는데, 교장이 "근무평정을 매기겠다, 만나자" 해서 술집과 노래방에 같이 갔고, 그 자리에서 성추행을 당했다고 합니다. 근무평정, 승진을 매개로 학교장이란 사람이 평교사를 성추행하는 일이 벌어진 거죠.

그런데 제가 그 교장 이야기를 듣고 궁금증에 빠졌습니다. 그는 어떤 사람일까? 정말 철저한 악인일까? 혹시 그 교장도 교육적 사명에 불타던 교사는 아니었을까? 양의 탈을 쓴 늑대처럼 보이지만 집에 돌아가면 자상한 아버지이자 인자한 남편이진 않을까?

〈추적자〉라는 드라마, 혹시 보셨나요? 거기 보면 악의 대명사 같은 재벌이 나와요. 그리고 그 재벌의 사위인 유력한 대통령 후보가 나오고요. 그들은 또 재벌의 권력을 유지하기 위해, 대통령이 되기 위해 악을 일삼아요. 그들도 겉보기엔 정말 멀쩡한 사람들이거든요. 자상한 아버지에 자상한 남편, 소위 인격자예요. 그런데 왜 그런 악인이 되었을까 궁금했어요.

악의 평범성, 언어의 불가능이 사유의 불가능으로

제가 최근에 읽은 책을 하나 소개해 드릴까 합니다. 한나 아렌트라는 정치철학자가 쓴《예루살렘의 아이히만》이라는 책이에요. 이 책의 부제가 '악의 평범성에 대한 보고'인데요, 여기서 '악의 평범성'이라는 개념이 매우 중요해요. 한마디로 악은 평범한 얼굴을 하고 있다는 거죠.

이 책에 나오는 '아이히만'이라는 사람은 유태인 대학살을 주도했던 나치의 전범이에요. 그는 제2차 세계대전 패전 후 15년 동안 도망쳐 살다가 아르헨티나에서 이스라엘의 경찰에 체포되어 예루살렘 법정에서 전범 재판을 받게 돼요. 이때 아렌트가 미국 시사주간지 〈뉴요커〉의 파견원 자격으로 이 재판 과정을 관찰해요. 그 내용을 성실히 기록한 책이 바로《예루살렘의 아이히만》입니다.

그때 사람들은 누구나 유태인 대량 학살을 저지른 전범이라면 굉장한 악인, 정말 나쁜 놈일 거라고 생각했어요. 그런데 아렌트가 놀라운 발견을 합니다. 아이히만이 지극히 평범한 사람이었다는 거예요. 심지어 아이히만은 재판 과정에서 자신의 잘못을 전혀 이해하지 못합니다. "나는 정말 잘못한 게 없다. 관료 사회에서 상관의 명령에 복종했을 따름이고 그것이 나의 의무이다. 나아가 나는 당시 법률을 성실히 이행한 근면하고 성실한 독일 시민이었다"라고 확신에 찬 주장을 합니다.

아렌트가 아이히만에게서 발견한 건, 그는 자신이 무슨 일을 저질렀는지 정말 모른다는 거였어요. 그는 아주 평범한 얼굴을 한 한 인간에 불과했습니다. 그래서 아렌트는 "이 사람의 잘못이 있다면 생각이 없다는 것, 무사유, 이것이 유일하다"라고 말합니다. 그리고 우리도 제2의 아이히만이 될 수 있다고 결론 내립니다. 이 책에 나와 있는 한 구절을 읽어 드릴게요.

그는 단지 자기가 무엇을 하고 있는지 결코 깨닫지 못한 것이다. …… 그는 어리석지 않았다. 그로 하여금 그 시대의 엄청난 범죄자들 가운데 한 사람이 되게 한 것은 (결코 어리석음과 동일한 것이 아닌) 순전한 무사유sheer thoughtlessness였다. …… 이러한 무사유가 인간 속에 아마도 존재하는 모든 악을 합친 것보다도 더 많은 대파멸을 가져올 수 있다는 것, 이것이 사실상 예루살렘에서 배울 수 있는 교훈이었다.

주목해야 할 것은, 아렌트가 아이히만에게서 발견한 아주 놀라운 특징입니다. 아이히만이 끊임없이 상투적인 말, 다른 말로 '클리셰cliche'를 사용하더라는 겁니다. 너무나도 반복해서 쓰인 나머지 이제 진부하게 들리는 관용어를 상투어라고 하죠. 아이히만이 법정에서 이런 말을 합니다. "내가 쓸 수 있는 말은 관청 용어밖에 없다." 우리도 매일같이 학교에서 접하는 용어들이 있죠. 공문에 나와 있는 말들, 이게 관청 용어예요.

히틀러나 괴벨스는 2차 세계대전을 두고 "독일 민족을 위한 운명의 전투다"라고 반복해서 이야기합니다. 독일 사람들은 이 말에 너무나도 익숙해져 있었어요. 그리고 유태인 학살을 저질렀던 독일 관료들은 '유태인 학살', '제거' 이런 말 대신 '최종 해결책'이라는 표현을 썼습니다. '최종 해결'이 곧 유태인을 학살하라는 말의 은어인 거죠. 이게 공식 용어예요. 이런 용어가 반복되다 보니 아이히만 같은 사람은 자기가 하는 일이 뭔지 모르게 된다는 거예요. 상투어가 현실의 모습을 은폐하고 현실감각을 마비시키더라는 겁니다.

결국 이런 상투어라고 하는 것들이 언어의 불가능으로 이어지고, 언어의 불가능은 생각의 불가능으로, 생각의 불가능이 타인의 고통에 공감하지 못하는 상태로 발전하게 됩니다. 이는 '언어의 불가능 – 사유의 불가능 – 타인에 대한 공감의 결핍'이라는 도식으로 나타낼 수 있지요. 평범한 얼굴을 지니고 있는 악은 이런 메커니즘을 통해 우리 일상에 자리 잡고, 이러한 '생각없음'이 누구든지 제2의 아이히만으로 만들 수 있다는 것이 '악의 평범성에 대한 보고'라는 부제를 가진 이 책에서 아렌트가 얘기했던 것입니다.

자, 이쯤 되면 제가 무슨 말씀을 드리고자 하는지 짐작하실 것 같습니다. 아까 말씀드린 고3 학생, 고3 담임 선생님들의 안타까운 죽음, 승진을 빌미로 여교사를 성추행하는 교장…… 그 속에서 혹시 우리가 이런 악의 평범한 얼굴을 발견할 수 있지 않을까요? 혹은 일상에서 우리가 알게 모르게 쓰고 있는 상투어들 속에 우리도 느끼지 못하는 평범한 악이 뿌리내리고 있는 건 아닐까요? 학교에서 선생님들이 현실의 문제점을 보지 못하도록, 현실감각을 마비시키는 상투어들은 뭐가 있나요?

윤규식 : 저는 문득 '한부모 가정'이라는 말이 떠올랐어요. 저희 학교 일반 학급들을 보면 한 서른 명 중에 예닐곱 명 정도가 한부모 가정의 아이들인데, 이 용어가 때로는 아이들의 문제를 다 가정 탓으로 돌리거나 아이

들에 대한 선입견을 가지게 하는 도구로 쓰이는 것 같아요.

그런 말이 학생을 대상화시킬 수도 있고, 혹은 과잉 동정하게 만드는 면도 있을 수 있겠네요.

김태욱 : 저는 "그런 건 대학 가서 해라"라는 말이 생각나요.

"그런 건 다 대학 가서 해"라고 하면 마치 대학 가면 다 할 수 있을 것 같은 착각이 들죠. 그러니까 지금은 무조건 꾹 참고 공부하는 게 당연하다는 의미이기도 하고요. 학교에서 자주 쓰는 말 중에 그럴듯해 보이는 상투어가 또 뭐가 있을까요?

이형환 : "아이들을 위해서."

맞아요. 그런 말은 언제 많이 쓰이나요?

이형환 : 저희 교장 선생님이 그런 이야기를 전해 주시더라고요. 하루는 어느 신규 교사가 떠드는 아이를 교과서 모서리로 때려서 학부모한테 항의가 들어왔대요. 학부모가 담임을 만났는데 그 담임이 "아이들을 위해서다. 나는 전문가고, 이렇게 따지는 건 교권 침해다" 그랬대요. 체벌을 하는 게 무슨 전문가인지 알 수가 없어요. 그냥 자기한테 불리하면 "애들 위해서 그런 거"라고 합리화하는 것 같아요.

저도 학교에서 제일 많이 쓰이는 말이 뭘까 생각해 보니 "다 아이들을 위한 거다"인 것 같아요. 두발 단속, 체벌, 심지어 강제 야자 같은 비교육적인 일들을 아주 그럴듯하게 합리화하는 데 이런 말이 쓰입니다.

생각해 보면 '야간자율학습'이라는 말도 사실 어불성설이죠. 밤 10시까지 한 명도 예외 없이 모든 학생이 강제로 자율학습을 한다? 그걸 보면서 즐거워하고 가슴 뿌듯해하는 건 변태죠. 올해 민주당 대선 후보 경선에서 손학규 후보가 내건 슬로건이 '저녁이 있는 삶'이었잖아요. '저녁이 있는 삶'이 있으려면 먼저 '저녁이 있는 학생'이 있어야 해요. 학생이 야자하고 새벽까지 학원에 있는데 어떻게 가정에 저녁 있는 삶이 가능합니까? 그런데 이런 말도 안 되는 현실들이 '학생을 위한 것'이라는 논리로 합리화되는 거죠.

이런 논리도 있어요. "다른 학교에서 다 시키니까 우리도 시켜야 한다." 다른 사람이 도둑질하면 나도 도둑질을 해야 하나요? 제가 이화여고라는 서울 한복판의 중산층 학교에서 10년 동안 교사생활을 했는데요, 당시 제가 강제 보충을 강하게 거부하니까 학교에서 했던 말은 이런 거였어요. "우리 학교 애들은 가난해서 학원에 다닐 여유가 없으니까 학교에서라도 붙잡아 놓고 보충수업을 해 줘야 한다." 엽기적이죠. 제가 여러 학교 이야기를 들어 보니, 강남이나 목동, 분당 같은 곳 빼고는 전국 모든 곳에서 같은 논리를 쓰는 것 같아요. 모두가 자기 학교만 질 수 없다는 '죄수의 딜레마'에 빠져 있으면서도 마치 가난한 학생을 위하는 척 위선을 보이고 있는 거죠.

교사는 능력주의 전도사

오늘 강의의 제목이 '무능해도 괜찮아'입니다. '무능함'이라는 말을 뒤집으면 '유능함'이죠. 즉 우리 사회가 '능력'을 중시한다는 겁니다. 능력이라는 말 뒤에 '주의'라는 말이 붙으면 '능력주의'가 됩니다. 제가 보기에 우리 학교가 인간적인 공간이 되려면 가장 먼저 성찰해야 할 것이 바로 능력이라는 개념이 아닐까 싶어요.

원래 능력을 우선시한다는 '능력주의'는 굉장히 진보적인 개념입니다. 중세시대에는 아무리 능력이 있어도 성공하는 데 한계가 있었잖아요. 예를 들어 홍길동은 능력이 굉장히 출중했음에도 서자라는 이유로 그 사회에서 차별받았어요. 즉 전근대사회에서는 신분에 의한 귀속지위가 능력을 압도했죠. 그런데 근대사회에 들어서 핵심적 원리로 등장한 것이 이 '능력'입니다. 누구나 능력이 있으면 성공할 수 있다는 게 근대사회를 지탱하는 굉장히 중요한 이데올로기 중의 하나예요. 심지어 헌법에서 교육의 권리를 보장하는 31조 1항의 구절은 이렇습니다. "모든 국민은 능력에 따라 균등하게 교육을 받을 권리를 가진다." 교육받을 권리의 조건이 '능력'과 '균등성' 두 가지인 것이죠.

이렇게 봉건적 굴레를 타파하고자 했던 근대사회의 이념으로 능력주의가 대두되는데, 이것이 지금 우리 사회에서는 학벌주의로 왜곡됩니다. 산골짜기에서 태어난 가난한 집 아이도 능력만 있으면, 쉽게 말해서 공부만 잘하면 좋은 대학에 갈 수 있고, 좋은 대학만 나오면 누구나 그에 걸맞은 보상, 사회적 지위와 권력을 누릴 수 있다는 것이 이 능력주의 이데올로기입니다. 이것이 학벌주의와 결합되면서 교육계를 지배하는 강력한 논리로 작용하고 있습니다. 여기서 문제 하나 드릴게요. 이 능력주의 이데올로기에 가장 강력하게 젖어서 이를 실현하는 집단이 누구일까요?

네, 교사입니다. 다들 아시겠지만 우리 교사들은 공부를 너무 잘해요. 이 자리에 계신 선생님들도 모두 학창 시절에 공부를 잘하셨죠. 아닌가요? (웃음) 선생님들이 공부를 잘했다는 것이 어쩌면 비극의 시작일 수 있어요. 저보다 조금 윗세대는 보통 공부는 잘하는데 가난한 사람들이 교·사대에 많이 갔어요. 그런데 IMF 이후부터 어느 정도 경제적 여유가 있는 집안의 공부 잘하는 학생들이 교·사대에 많이 가게 됐습니다. 교·사대에 가는 학생들은 공부를 잘했을 뿐 아니라 범생이로 살았던 친구들인 거죠. 게다가 의무 발령 시대를 지나 지금의 임용 시험이라는 치열한 경쟁을 뚫고 교사가 됐죠. 이렇게 능력주의 이데올로기가 교사들의 내면에 자리할 수밖에 없는 조건이 있는 겁니다.

그런 능력주의 이데올로기 속에서 성장한 교사가 학교에 가면 아이들이 도통 이상해 보입니다. 특히 IMF 이후 교사들의 사회경제적 위치는 상대적으로 높아졌지만 학교에 들어오는 학생들의 처지는 더 힘들어졌거든요. 한부모 가정 학생들도 많고, 부모님의 사업 실패가 어린 시절의 트라우마로 자리 잡은 학생도 무지 많아요. 불안정 노동, 사업의 실패, 가정의 실패를 경험한 학생이 한 반에 적어도 1/3 정도는 될 겁니다. 그러다 보니 특히 부유한 가정에서 능력주의로 무장한 채 성장한 젊은 교사들은 그런 아이들과 정서적 거리감뿐 아니라 사회경제적 거리감이 굉장히 커요.

이런 간극 때문에 교사와 학생이 서로 소통한다는 게 더욱 어려워졌어요. 웬만큼 사는 집에서 공부 잘하는 범생이로 성장한 교사, 치열한 임용 시험이나 사립 채용 시험을 통과한 교사들이 기본적인 학습 능력이나 주의 집중력이 없는 아이들을 이해한다는 게 쉽지 않죠. 그래서 요즘 특히 젊은 선생님들이 아주 힘들어하세요.

문제는 자칫 교사가 스스로 내면화한 능력주의 이데올로기를 우리 아이들에게 강요할 수 있다는 점이에요. 누구나 교직 초기에는 무한한 열정을 갖고 있잖아요. 수업도 잘하고 싶고 학급운영도 잘하고 싶고 아이들에게는 자상하고 친구 같은 선생님이 되고 싶죠. "내가 너희들을 다 책임져 주겠다"는 과도한 자신감과 열정이 능력주의와 결합되는 순간 선생님들은 우리 아이들을 능력자로 길러 내겠다고 결론을 내립니다. 가난한 아이들, 학습 결손이 있는 아이들을 보면 너무 가엾고, 이 아이들을 위해 자신이 할 수 있는 일은 좋은 대학 보내서 인생 역전시키는 것밖에 없다고 생각하기 때문이죠. 이렇게 개천에서 용 나게 하려고 무한한 열정을 쏟는 것이 젊고 순수한 교사들의 일반적인 특징입니다. 어떻게 그리 잘 아냐고요? 제가 그랬거든요. (웃음)

제가 처음 교직에 들어간 게 13년 전인데요, 저도 교직 초기에는 그런 무모한 열정에 휩싸여 있었습니다. 그렇게 문제의식이 깊은 사람이 아니었어요. 그땐 보충수업도 강제 보충이 아니라 교사가 자유롭게 수업을 개설하면 아이들이 신청하는 학원 같은 시스템이었는데요, 교직 1년 차에 이 정도 생긴 사람이 여고에서 얼마나 인기가 많았겠습니까. (웃음) 보충수업을 개설했더니 신청자가 너무 많아서 대거 탈락을 한 거예요. 교실에 갔더니 애들이 난리예요. 강좌를 더 만들어 달라고. 원래 월, 목반을 만들었는데 그런 아이들의 열화와 같은 성화를 차마 외면할 수 없어서 화, 금반을 또 만들었어요. 그런데 그걸로도 부족했어요. 저는 아이들을 다 받아 주겠다는 무한 사명감, 그리고 내 능력이 인정받고 있구나 하는 우쭐함에 휩싸여 새벽반까지 만들었어요. 0교시에, 월, 화, 목, 금요일까지 보충수업을 1주일에 12시간이나 한 거예요. 하루에 정규 수업까지 6~7시간씩 수업한 날도 있었어요.

그러다 보니 어떤 일이 생겼겠어요? 젊을 때였으니 체력에는 문제가 없었지만, 정작 담임으로서 활동할 시간이 없어졌어요. 사실 보충수업할 시간에 애들 상담을 해야 하는 거잖아요. 그런데 저는 거꾸로 아이들 상담을 해 줘야 할 시간에 보충수업으로 달려갔던 거죠. 나중에는 뭐하는 짓인가 싶더라고요. 그리고 가만 생각해 보니 '보충 시간에 내가 애들에게 해 준 게 뭔가. 결국 나는 수능 문제집 풀이를 유능하게 해 주는 학원 강사였던 것 아닌가' 싶더라고요. 제가 잠깐 자기 최면에 빠져서, 그것이 우리 아이들을 위한 일이라고 착각했던 거예요. 심지어 '이 아이들이 강남이나 특목고 아이들을 누르고 좋은 대학에 가도록 하는 것도 교육 평등에 기여하는 것 아닌가'라는, 어이없는 합리화까지 하고 있었어요.

또 하나 부끄러운 과거를 말씀드릴까요. 당시 저는 '자기소개서의 황제'였어요. 지금도 한창 고3 학생들 대학 입학 자기소개서 쓸 때죠? 사실 선생님들은 바빠서 아이들 자기소개서를 꼼꼼히 봐 줄 시간이 없거든요. 그런데 제가 그때도 무한 열정에 빠져서 아이들 자기소개서를 쏙쏙 첨삭해 주고 그럴듯하게 윤색해 줬어요. 그러면 애들이 실제로 대학도 잘 갔고, 저는 결과에 또 우쭐해지면서 그것이 저의 사명이라고 착각했죠. 하지만 역시나 아이들이 대학에 잘 가면 그뿐이고, 남는 게 없었어요. 내가 뭘 하고 있는 건가 하는 회의가 많이 들었어요.

가만 생각해 보니 그런 방식으로 제가 성장하면서 가졌던 능력주의 이데올로기를 고스란히 아이들에게 전수하고 있더라고요. 어느 순간 그걸 깨닫고부터는 두 번 다시 그런 짓을 안 했어요. 전교조나 국어교사모임에서 좋은 연수도 많이 듣고 대안교과서를 집필하는 작업도 하게 되면서 제 수업 방식도 확 바꾸었죠. 문제 풀이 수업 대신 학생들이 자신의 삶을 성찰하고 사회문제를 올바로 바라볼 수 있도록 사고력과 감성을 일깨우는 수업을 하려고 노력했어요.

이제 와 생각해 보면 저도 능력주의 이데올로기에서 자유롭지 못했어요. 이 이데올로기에는 우리 사회의 구조에 대한 인식은 빠져 있습니다. 이 사회에서 누구나 노력하면 필요한 능력을 획득할 수 있다는 신화는 사실이 아니죠. 아무리 노력한다고 해도 비정규직 노동자의 자녀가 강남, 특목고 아이들을 제치고 명문대에 입학하는 것은 어렵습니다. 있더라도 극히 예외적인 경우죠. 더 중요한 것은 그러한 능력이나 학력을 가지지 못한 사람도 우리 사회의 당당한 일원으로, 자기 삶의 소중한 주체로 살아갈 수 있도록 힘을 길러 주는 것 아닐까요.

능력공개념 - 내 능력은 내 것이 아니다

더 깊이 생각해 보아야 할 것은 과연 '능력'이라는 게 뭐냐, 그 능력은 어떻게 형성된 것이냐 하는 점이에요. 마이클 샌델의 《정의란 무엇인가》가 한참 유행이었잖아요. 이 책의 이론적 지주는 존 롤스의 《정의론》이에요.

롤스는 사실 자유주의자에 가까워요. 그럼에도 이 사람이 아주 기가 막힌 이야기를 했어요. 한 개인이 소유하고 있는 지식, 지능, 능력은 결코 자기의 것이 아니라는 거예요. 만약 어떤 아이의 아이큐가 아주 높다고 생각해 봅시다. 게다가 이 아이는 어려서부터 다양한 문화적 혜택과 사교육을 받아 예술적 감성까지 뛰어나요. 이른바 문화자본이 풍부한 거죠. 그러다 보니 심지어 '싸가지'도 좋아요. 이렇게 공부도 잘하고 성격도 좋고 교양도 풍부한 이 '엄친아'의 능력은 누구의 것인가요? 그걸 어떻게 얻게 된 거죠? 부모에게 물려받은 것이죠. 하지만 이 아이는 '우연히' 그 집 아이로 태어난 거예요. 한마디로 운이 좋아서 얻게 된 거죠.

롤스는 한 인간의 능력이 결코 개인의 노력으로 획득한 것이 아니라고 주장해요. 한 사람의 능력이란 '우연에 의한 것'이거나 '공적인 성격을 지닌 것'이기에 그 개인이 소유권을 주장할 수 없다는 거예요. 나아가 마이클 샌델은 《정의란 무엇인가》에서 이런 주장까지 해요. 하버드 대학에 합격한 학생은 뭐 엄청 대단한 사람이 아니라 "열아홉 살이라는 순간에, 하버드 대학이 요구하는 특성을 가진 학생에 불과하다". 즉 "우연한 순간에 우연한 특성을 갖게 된 행운아"일 따름이라는 거예요. 롤스와 샌델의 정의론에 의하면 이들은 대학 합격이라는 영광을 자랑할 이유도, 그것을 사유화하여 자기에게 유리한 방향으로 사용할 자격도 없죠.

설사 그 개인이 열심히 노력해서 어떤 능력을 계발했다 하더라도, 그 능력은 수많은 선인들, 이 사회를 움직이는 수많은 노동자들, 그 사람이 성장하며 만났던 수많은 사람들 모두의 것이지 그 개인의 것이 아닙니다. 그러니 그 능력을 개인이 사유화해서는 안 되고 오히려 그 능력을 얻을 기회를 갖지 못한 사람들을 위해 써야 합니다. 사회의 공공선을 위해 환원해야 해요. 이것이 롤스와 샌델이 주장하는 정의론의 핵심입니다.

우리 선생님들이 가진 너무나 뛰어난 능력도 선생님 개인의 것이 아닙니다. 우연히 얻게 된 것이거나 다른 사람의 능력이 모두 합쳐진 것이에요. 그럼 능력이 혼자의 것이 아니라는 것을 어떻게 표현해 볼 수 있을까요. 토지가 개인의 것이 아니라는 의미에서 '토지공개념'이라는 말이 있잖아요. 마찬가지로 능력도 만인의 것이니까 '능력공개념'이라고 말할 수 있지 않을까요? '능력공개념'은 경희대 성열관 교수가 사용한 개념인데요, 이것이 한국 사회에 만연해 있는 능력주의를 뛰어넘을 수 있는 개념이 아닐까 싶습니다.

이 자리에 있는 저도, 그리고 여러 선생님들도 우리가 가진 능력이 과연 어떻게 형성된 것인가를 성찰하고, 자신의 능력을 사유화하여 더 많은 인정과 보상을 받으려는 능력주의 따위는 과감히 거부해야 해요. 그걸 우리 학생들에게도 가르쳐 줘야 합니다.

끝없는 자기 착취를 요구하는 책무성의 늪

선생님들께서도 많이 느끼시겠지만 요즘은 학생뿐만 아니라 교사에게도 능력을 강조하잖아요. 그 능력을 보이지 못하면 무능력자라는 낙인을 찍고요. 여기서 등장하는 개념이 책무성입니다. 책무성은 특히 최근 신자유주의 교육정책에서 굉장히 중요한 개념으로 등장합니다.

벌써 십여 년 전쯤 되었을까요. 박찬호 선수가 등장하는 신용카드 광고가 있었어요. 멋진 옷을 쫙 빼입고 결제하면서 카드를 내보여요. 그때 어떤 카피가 나왔는지 기억하시나요? 맞아요. "당신의 능력을 보여 주세요." 일단 그 능력은 누구의 것입니까? 모두의 능력이 아니라 '당신의' 능력이에요. 그 능력을 어떻게 해야 해요? 보여 줘야 해요. 무엇으로? 돈으로. (웃음) "능력을 보이라"는 게 바로 책무성 개념입니다.

신자유주의 교육정책과 함께 교직사회에도 무시무시한 '능력주의'가 이미 상륙했어요. 그리고 그 능력주의는 이른바 '자율과 책무성'이라는 상투어로 왜곡되어 있어요. 이주호라는 사람 잘 아시죠? 지금은 교육과학기술부 장관을 하고 있지만 사실 이 사람의 전공은 경제학이에요. 이 사람이 한국개발연구원(KDI) 국제정책대학원 교수로 있으면서 자신의 교육정책에 대한 구상을 정리해서 낸 연구 보고서 제목이 '자율과 책무의 학교개혁'이에요.

이주호 같은 신자유주의자들의 꿈은 교육이 시장에서 자유롭게 거래되는 상품이 되는 거예요. 교육 당국이나 교사는 '교육 공급자'가 되어 교육이라는 상품을 시장에 내놓고, 학생이나 학부모는 '교육 소비자'가 되어 그 상품을 자유롭게 구매해야 한다는 거죠. 시장에서 교육이 상품으로서 거래되려면 국가의 규제는 철폐돼야 하죠. 그럼 국가는 어떤 역할을 합니까? 그 상품에 가격을 매겨 소비자들한테 카탈로그를 제공해줘야 해요.

교육이라는 상품의 가격은 무엇으로 매기죠? 이것과 가장 관련 깊은 정책이 뭡니까? 일제고사입니다. 전국의 모든 학생들이 똑같은 시험을 보고 학교별로 성적이 공시되잖아요. 이게 바로 국가가 교육이라는 상품에 가격을 매기는 방식이에요. 그 다음에 필요한 것은 뭘까요? 상품들을 판매대에 차별화시켜서 전시하는 것입니다. 어떤 상품은 명품관에, 어떤 상품은 백화점 건물 안에, 어떤 상품은 길바닥에 전시해야 하죠. 이것과 관련된 것이 학교서열화정책이에요. 고등학교는 이미 다 서열화됐잖아요. 맨 위에 외고·과고가 있고 그 아래 자율형사립고, 마이스터고, 선호 특성화고, 선호 일반계고, 비선호 일반계고, 비선호 특성화고를 한 줄로 쭉 세우는 거죠. 소비자들은 자신의 구매력을 고려해서 상품을 사야 하고요. 이것이 교육시장화정책의 핵심입니다.

교사들은 이 과정에서 고객에게 자신의 성과를 증명하라는 요구를 끊임없이 받게 돼요. 그게 바로 '책무성'이에요. 다시 말해 책무성이란 "학교에 자율성을 주었으니 그에 따른 성과를 증명해 보여라"라는 논리입니다.

이런 점에서 '책무성'은 '책임감'과 달라요. '책임감'이란 자발적이면서도 내면적인 것, 부모가 자녀에 대해, 교사가 학생에 대해 갖는 인간 본연의 감정이에요. 영어로는 'responsibility', 즉 어떤 질문에 대한 응답response입니다. 누군가 고통 속에서 신음하고 있다면, 역사가 어떤 사명을 부여한다면 여기에 대해 응답하는 윤리의식이 바로 책임감이죠.

이와 달리 '책무성'은 영어로 'accountability'예요. 설명한다, 증명한다는 뜻이죠. 즉 내가 주어진 과업에 대한 성과를 얼마만큼 만들어 냈는가를 계산^{count}해 가며 누군가에게 설명^{account}한다는 거예요. 자본가가 노동자에게 물건을 하루에 100개 만들라고 요구했다면, 내가 생산한 상품의 불량률이 얼마이고 초과로 만들어 낸 물건이 몇 개인가를 계산하여 설명하라는 개념이죠. 계산하려면 뭐가 필요합니까? 숫자가 있어야겠지요. 수치화된 지표로 자기 능력을 계산하여 증명하는 것이 책무성이고, 그것을 지금 "당신의 능력을 보여 주세요"라며 교사들에게 요구하고 있는 겁니다.

'수치', '지표', '계산', '증명'이란 단어를 듣는 순간 딱 머릿속에 떠오르는 정책이 있죠? 교사들이 요즘 엄청 스트레스 받고 있는 것, 무슨 정책입니까? 맞아요. 바로 교원능력개발평가, 그리고 교원성과급입니다. 교원능력개발평가의 결과에 따라 '우수 교사'는 '학습연구년제'라는 꿀맛 같은 안식년을, '미흡 교사'는 집단 연수를 따로 받게 되죠. 성과급은 업무성과평가를 통해 교사들에게 S – A – B 순으로 등급을 매기고 각각 다른 성과급을 받게 해요. 학교도 수십 개의 평가 지표에 따라 별도로 평가를 받고 그 결과가 교장들 인사에 반영됩니다. 바로 학교평가죠. 그럼 학교만 평가받느냐? 시·도교육청도 평가를 받습니다. 교과부에서 정한 기준에 따라 전국의 모든 시·도교육청에 점수가 매겨집니다. 그리고 '매우 우수', '우수', '미흡', '매우 미흡' 4등급으로 평가됩니다. 그걸 기준으로 교과부가 교육청에 내리는 교부금 예산이 결정되는데, 그 차이가 어마어

마해요.

여기서 문제 하나 드립니다. 올해 시·도교육청 평가 중에서 '미흡', '매우 미흡'을 받은 교육청이 여섯 군데 있어요. 어디일까요? 아주 쉬워요. 서울, 경기, 강원, 전북, 전남, 광주교육청입니다. 이른바 진보 교육감이 있는 지역이죠. 반면 학교폭력으로 지탄을 받고 있는 대구교육청, 그리고 아까 말씀드렸던 교장 성추행 등 온갖 민원이 끊이지 않는 인천교육청은 우수 평가를 받았어요. 이렇게 교과부가 학업성취도평가 점수와 같이 자기 입맛에 맞는 기준들을 가지고 시·도교육청을 평가하고, 시·도교육청은 학교를, 학교는 교사를 층층이 평가하면서 기관이나 개인에게 이에 대한 책무성을 묻고 있어요. 아주 무서운 시스템이죠.

이런 시스템이 기업에는 이미 일반화돼 있죠. 예전에는 기업이 시키는 대로 일하는 "용모 단정하고 성실한 사원"을 원했지만 지금은 그렇지 않아요. 창의적이고 자기계발에 뛰어난 사람들을 뽑지요. 창의력과 문제 해결 능력을 발휘해서 부가가치를 스스로 만들어 내는 사람을 원하고 그것을 인사고과에 반영해요. 그러다 보니 노동자 입장에선 자기가 자기 성과를 스스로 증명해야 하는 스트레스가 쌓입니다. 자기계발이라는 논리에 빠져서 자기의 노동과 열정을 스스로 착취하는 존재가 돼요. 그게 일반적인 노동자들의 모습입니다.

학교도 마찬가지예요. '유능한 교사'가 되려면 기본적으로 이런 책무성 시스템, 평가 시스템에 잘 적응해야 해요. 예전에는 공문대로, 교장이 시키는 대로 그 지시와 명령을 잘 따르는 교사가 유능한 교사였죠. 그런데 이제는 그게 아니에요. 시키는 대로 따라 하기만 하는 교사는 왠지 답답해 보여요. 알아서 '자기를 계발하는 교사'가 유능한 교사예요.

예를 들어 그런 거예요. 학기 중에는 원격연수로 학교폭력 연수 좀 듣고 애들 상담하면서 학생생활기록부에 기록도 꼼꼼히 해야 해요. 정기적으로 학부모들한테 피드백도 해야 하고요. 방학에 직무연수 15시간 정도는 기본이고, 2학기가 되면 새로운 수업을 시도하면서 수업 공개도 하고 컨설팅 장학도 받아야 해요. 아이들 스펙 관리도 필요하죠. 요즘 고3 생활기록부는 10장 이상 써 줘야 생활기록부라고 할 수 있잖아요? 그러면서 근무평정도 신경 써야 하고 부장 경력도 쌓아야 하죠. 나이 40이 넘으면 장학사 교육전문직 시험도 대비해야 해요. 당연히 성과급은 S등급을 받아야 하죠. 이런 모든 것들을 알아서 처리하는 '유능한 교사'가 돼야 합니다.

그런데 이러한 '자기계발적 주체'는 자발적이고 능동적으로 자기를 계발하는 주체가 아니라 보이지 않는 획일적 지표에 의해 자기를 착취하는 주체예요. 그러다 보니 자기계발의 결과로 남는 건 별로 없어요. 1년에 직무연수 30시간 이상은 의무적으로 해야 할 것 같으니까 울며 겨자 먹기 식으로 원격연수를 신청해 대충 '클릭질'만 하게 되죠. 요즘 웬만한 교사들은 석사학위를 다 갖고 있는 것 같으니까 너도나도 비싼 등록금 내고 교육대학원에 다니는데 대부분 학위만 따려고 대충 다녀요. 이른바 '교사의 전문성 신장'도 하나의 획일적 기준에 따라 비자발적으로 이루어지고 있는 형편이에요.

문제는 이러한 책무성 정책이 '교사 불신' 담론과 긴밀하게 결합되어 있다는 겁니다. 우리 교육이 이렇게 망가진 건 무능한 교사가 '철밥통'에 안주하면서 경쟁력을 상실했기 때문이며, 따라서 교사를 경쟁시켜 스스로 성과를 증명하게 만들어야 한다는 것이죠. 이러한 책무성 정책이 강화될수록 '유능한 교사'와 '무능한 교사'를 나누는 분위기가 강조되고, 교사들은 '유능한 교사'로 인정받기 위해, '루저'가 되지 않기 위해 자기 자신을 옥죄게 됩니다. 다시 말해 아이들을 진심으로 사랑하는 마음으로 수업을 연구하고 학생 상담에 힘을 쏟는 것이 아니라, 보이지 않는 그 무엇의 통제에 의해, 점수화된 지표에 따라 자기 자신을 관리하는 데 익숙해진다는 거죠.

요즘 나이가 좀 드신 선생님들은 젊은 교사들을 보며 이런 감정을 많이 느끼신대요. '요즘 젊은 교사들은 참 유능해. 컴퓨터도 잘 다루고 연수도 열심히 듣고 애들한테도 잘해 줘. 그런데 굉장히 이기적이고 심지어 싸가지가 없어.' 이건 단지 젊은 교사들의 세대적 특징만은 아니에요. IMF 이후 불안정해진 노동사회 속에서 교사들이 생존하기 위한 불가피한 움직임이에요. 그런데 문제는 자기가 하는 일이 무슨 의미인지 자기도 모른다는 거예요.

그러다 보니 점점 교무실의 풍토는 이상해져요. 다들 무엇인가 열심히 하는데 서로 옆자리 동료와 말 한마디 나누지 않게 됩니다. 다들 바쁜데 무엇을 위해 바쁜 건지 알 수 없고, 남들보다 뒤처질까 봐 항상 두려움에 휩싸여 있어요. 참다운 교육자로서 느낄 수 있는 보람은 사라지고 점점 학교에 나가기 싫어지는 것은 이러한 경쟁적 책무성 정책과 무관하지 않아요. 이것이 예전과 달라진 지금의 교직사회 모습이자, 능력주의 이데올로기와 책무성 담론, 자기계발 담론에 포위된 우리의 일상적 모습 아닌가요. 이 속에서 아이히만과 같은 평범한 악이 싹틀 수 있다는 생각이 듭니다.

이방인의 눈으로 시대의 아픔에 응답하라

"무능해도 괜찮다"는 말은 교사 생활을 대충하라는 말은 물론 아니겠죠. 이 자리에 계신 분들처럼 열심히 사는 선생님들도 빠지기 쉬운 능력주의 이데올로기, 책무성 담론을 명확하게 성찰해 보자는 겁니다. 아까 말씀드린 대로 능력주의는 '능력공개념'으로 극복해야 합니다. 내 능력을 이 사회의 공공선을 위해, 이 사회에서 자신의 능력을 계발할 기회를 갖지 못했던 사람들을 위해 사용하는 거예요. 치열한 경쟁에서 성공하기 위해 '자기계발'이라는 명목으로 자기를 착취하는 것이 아니라 내가 가진 자그마한 것이라도 동료들과 나누려는 태도가 필요해요.

그리고 '책무성'이라는 개념은 원래의 '책임감' 개념으로 바꿀 필요가 있어요. 아까 말씀드렸듯이 책무성이란 자기의 성과를 증명하는 것이고 책임감은 응답한다는 겁니다. 무엇에 대한 응답입니까? 타인의 고통, 시대의 아픔에 대해 응답하는 거예요. 그게 교육적 책임감입니다. 내가 얼마나 많은 아이들을 대학에 보냈는가, 얼마나 유능하게 일 처리를 잘하는 교사인가를 끊임없이 증명하는 게 아니라 우리 아이들이 어떤 고통 속에 있는가, 어떤 경쟁에 시달리고 있는가에 책임감 있게 응답하는 것입니다.

이렇게 본다면 무능한 교사가 된다는 것은, 체제가 요구하는 것을 유능하게 처리하는 기능인으로서의 삶을 거부하는 교사, 아이히만처럼 악의 평범성과 손잡는 대신 이를 성찰하고 끊어 내는 교사가 되는 것 아닐까요.

이것은 다른 말로 '체제 속의 이방인'으로 살아가는 거예요. 체제에 적응하고 익숙해지면 악의 평범성을 인식하지 못합니다. 하지만 이방인의 눈, 낯선 자의 눈은 우리가 익숙해져 있는 관습, 문화, 습관, 이념을 새롭게 바라볼 수 있는 시각을 갖고 있어요.

물론 이방인으로 살아가는 게 쉽지는 않죠. 하지만 그렇게 살아간다고 해서 크게 불이익을 받을 것도 사실은 없습니다. 교사는 웬만해서는 잘리지 않아요. (웃음) 교육 공공성이 약한 나라는 교사들을 학교장이 개별 채용합니다. 그래서 학교장 말을 안 들으면 잘려요. 평생 고용이 보장되지 않습니다. 반면 우리나라 교육은 국가주의가 워낙 강하다 보니 역설적으로 교육 공공성이 강해요. 교사의 신분이 매우 안정적인 나라 중의 하나입니다.

그런데 문제가 있어요. 이방인으로 살려면 좀 외롭죠. 모두들 아주 격하게 공감해 주시는군요. (웃음) 외롭기 때문에 우리가 벗을 찾는 것 아니겠습니까. 동료를 찾고 친구를 찾는 거죠. 이 모임의 이름이 '교육공동체 벗'이잖아요. '벗'에 두 가지 의미가 있다는 것 아세요? 체제의 요구에 대해 '그러나'라고 말하면서 거부할 줄 안다는 의미의 벗but과, 함께할 수 있는 동료로서의 벗友. 그런 벗이 있다면 이런 외로움은 이겨 낼 수 있지 않을까요.

학교를 그만둘 수 있다는 마음으로 살아가기

신자유주의체제는 사람들의 불안과 욕망을 먹고 자란다는 말이 있습니다. 낙오될까 걱정하는 불안감, 경쟁에서 이겨야 한다는 욕망. 이런 불안과 욕망에서 벗어나야 되겠죠. 그러려면 발상의 전환이 필요해요. 바로 '학교를 그만둘 수 있다는 마음으로 살아가기'입니다. 다른 말로 '자발적 낙오자 되기'입니다. '자발적 낙오자'라는 표현은 《'학교'를 버리고 시장을 떠나라》라는 책에 나온 김상봉 교수의 글 〈내부로의 망명 또는 낙오자 되기〉에서 인용했어요. 그 글의 일부를 읽어드릴게요.

우리에게 필요한 것은 일종의 망명이다. 지금은 자본이 인간을 전면적으로 식민지화해 버린 시대이다. 학벌체제는 그것의 하수인이다. 예전 같으면 두만강을 건너서 망명했을 것이다. 그리하여 문익환과 윤동주의 선조들이 그랬듯이 명동촌을 일구고 거기 학교를 세우고 식민지 반도와는 다른 자유로운 교육을 할 수 있었을 것이다. 그러나 더 이상 국경을 넘어 망명할 곳은 없다.

그렇다면 오직 내부로의 망명이 있을 뿐이다. 내부로 망명한다는 것은 체제 내에서 체제의 요구를 거부하는 것을 의미한다. 안병무의 선친은 창씨개명하지 않는다고 시비를 거는 일본 형사에게 일본 헌법에 창씨개명해야 한다는 조항이 있는지 물어 형사의 말문을 막았다. 어느 시대에나 내부에서 망명할 통로는 있다. 자기에게 정직하고 외부의 억압에 저항한다는 것을 뜻한다. 하라는 것을 하지 않는 것, 하지 말라는 것을 하는 것, 이것이 내부에서 망명하는 것이다.

가장 확실한 망명은 스스로 낙오자가 되는 것이다. 여기서 중요한 것은 낙오자가 아니라 '스스로'라는 자발성이다. 낙오한다는 것은 무능력의 표현이 아니라 적극적이고 능동적인 선택을 가리킨다. 게다가 모두가 현존하는 질서에 순응하고 있을 때 먼저 낙오하는 사람은 그 행위를 통해 낙오하면서 선구자가 되는 것이다. 생각하면 올바른 사회에서 낙오한다는 것은 불행하고 가슴 아픈 일이다. 하지만 물구나무 선 사회에서는 거꾸로 성공한다는 것이 부끄러운 일인 것이다.

요즘 신자유주의사회가 되면서 비정규직이 늘고 명예퇴직이 늘어나니까 심지어 젊은 선생님들도 과연 정년퇴임을 할 수 있을지 걱정한다고 합니다. 워낙 전 사회적으로 평생직장이 없어지다 보니까 그런 걱정을 하는 거겠죠. 그런데 거꾸로 생각하면 좋겠어요. 낙오자가 되기를 두려워하기보다 자발적으로 낙오자가 되는 것, 정년퇴임을 못할까 봐 걱정하는 게 아니라 언제라도 학교를 그만둘 수 있다는 마음으로 살아가는 것, 그게 불의한 시대를 유쾌하게 견딜 수 있는 힘이 되지 않을까 싶습니다.

저에게는 그것이 상상이 아니라 현실이 됐어요. 제가 근무하던 학교가 자율형사립고로 전환되면서 성적도 좋고 돈 많은 학생들만 입학시키는 학교, 오로지 입시 교육만 시키는 학교가 돼 버렸죠. 저는 자율형사립고 전환에 항의하는 의미로, 그곳에 제가 설 자리는 없다는 생각에 2010년 2월에 사표를 내고 학교를 나왔습니다. 그 얘기를 듣고 많은 분들이 "그런 용기가 어디서 났냐", "대단하다"라고 말씀을 하셨는데, 제가 그렇게 대단히 용기 있는 사람이어서 그랬던 건 아니에요. 거꾸로 제가 만약 학교에 계속 있었다면 매우 불행해졌을 거라고 생각해요.

내일이면 제가 만으로 마흔두 살이 되는 생일입니다. 이 자리에 계신 분들은 이 강의가 끝나면 제 생일이 될 때까지 저와 술을 마셔 주셔야 합니다. (웃음) 저는 40대에 들어서 인생을 드라마틱하게 살게 됐어요. 자율형사립고를 반대해 학교를 그만뒀다는 이유로 언론에도 오르내렸고요. 2010년도에 교육감 선거가 있었잖아요. 선거운동을 못 하는 현직 교사들을 대신해서 곽노현 후보 선거운동을 하다 덜컥 당선되는 바람에 교육청에까지 들어가서 일을 하게 됐어요. 학교를 그만두고 온갖 재밌는 일을 해 보려 했는데 인생이 꼬인 거죠.

그러다 올해 3월 1일에 교육감으로부터 공립학교로 발령을 받았습니다. 저를 포함해 예전에 해직된 두 분의 선생님들까지 세 명이 특별채용 됐어요. 그래서 교육청 일을 마무리하고 다시 학교에 들어가면 더 열심히 살아야지 마음먹고 있었는데, 3월 2일 자로 교과부가 임용 취소를 했어요. 하루 만에 해직교사가 된 거죠. 그래서 지금 제 공식적인 신분은 실업자입니다. 하루아침에 진짜 낙오자가 됐어요. (웃음)

하지만 인간만사 새옹지마라고 저는 지금 제가 하고 싶은 일을 마음껏 하고 있어요. 작년 말 교육학과 박사과정에 지원해서 올해부터 다니게 됐는데요, 공부가 재밌어요. 실업자가 되니까 공부할 시간도 정말 많고요. 교사로서의 경험, 교육청의 경험이 바탕이 돼서 이제 뭔가 보이기 시작하는 것 같아요. 그러니까 저는 지금 실업자이자 해직교사이지만 이 기회에 공부를 '찐하게' 하고 있는 사람입니다.

이런 말씀을 왜 드리느냐면, 제 경험에 비춰 봤을 때 낙오자로 사는 게 그렇게 어려운 일은 아니더라는 거예요. 그 속에서 배울 수 있는 새로운 것이 많아요. 그러니 낙오자 되기를 두려워할 필요가 없다는 겁니다. 그렇다고 욱하는 마음에 당장 내일 가서 사표 내지는 마세요. (웃음) 중요한 건 학교를 그만두는 게 아니라 학교를 그만둘 수 있다는 마음, 그런 유쾌한 상상력으로 살아가는 거예요. 그래서 이방인의 감수성을 갖고 학교에 만연하는 이 악의 평범성과 손잡지 않는 것, 동료들과 함께 벗과 함께 스스로 무능력자라는 낙인을 기꺼이 감내하면서 사는 것, 그것이 바로 불온한 교사가 되는 한 방법이 아닐까요.

지금도 교단에서 외롭게 고군분투하고 있는 선생님들께 말씀드리고 싶습니다. 세상이 그대들을 무능하다고 손가락질하더라도 "무능해도 괜찮아"라고 말할 수 있었으면 좋겠습니다. 끊임없이 책무성을 강요하며 교육 아닌 것을 교육이라 하고, 교사의 일이 아닌 것을 교사의 일이라고 하는 분위기에 기죽지 않았으면 좋겠습니다. 그런 뻔뻔함이 이 불순한 시대를 견디게 하는 불온함의 시작일지도 모릅니다. 다만 "나는 왜 교사인가"라는 질문만은 가슴에 품고 살았으면 좋겠습니다.

그렇다고 해서 제가 외롭지 않은 건 아니에요. 술 먹고 주정도 부리고, 특히 학교를 그만둔 뒤에는 길에서 교복 입은 학생들을 보면 눈물이 나기도 해요. 이럴 때 저를 위로해 주는 시가 한 편 있어서 그 시를 읽으며 오늘 이야기를 마칠까 합니다. 백석의 〈흰 바람벽이 있어〉라는 시입니다.

오늘 저녁 이 좁다란 방의 흰 바람벽에

어쩐지 쓸쓸한 것만이 오고 간다

이 흰 바람벽에

희미한 십오촉十五燭 전등이 지치운 불빛을 내어던지고

때글은 다 낡은 무명샤쯔가 어두운 그림자를 쉬이고

그리고 또 달디단 따끈한 감주나 한잔 먹고 싶다고 생각하는 내 가지가지

외로운 생각이 헤매인다

그런데 이것은 또 어인 일인가

이 흰 바람벽에

내 가난한 늙은 어머니가 있다

내 가난한 늙은 어머니가

이렇게 시퍼러둥둥하니 추운 날인데 차디찬 물에 손은 담그고 무이며 배

추를 씻고 있다

또 내 사랑하는 사람이 있다

내 사랑하는 어여쁜 사람이

어느 먼 앞대 조용한 개포가의 나지막한 집에서

그의 지아비와 마조 앉어 대구국을 끓여놓고 저녁을 먹는다

벌써 어린것이 생겨서 옆에 끼고 저녁을 먹는다

그런데 또 이즈막하야 어느 사이엔가

이 흰 바람벽엔

내 쓸쓸한 얼골을 쳐다보며

이러한 글자들이 지나간다

— 나는 이 세상에서 가난하고 외롭고 높고 쓸쓸하니 살어가도록 태어 났다

그리고 이 세상을 살어가는데

내 가슴은 너무도 많이 뜨거운 것으로 호젓한 것으로 사랑으로 슬픔으로 가득 찬다

그리고 이번에는 나를 위로하는 듯이 나를 울력하는 듯이

눈질을 하며 주먹질을 하며 이런 글자들이 지나간다

— 하눌이 이 세상을 내일 적에 그가 가장 귀해하고 사랑하는 것들은 모두 가난하고 외롭고 높고 쓸쓸하니 그리고 언제나 넘치는 사랑과 슬픔 속에 살도록 만드신 것이다

초생달과 바구지 꽃과 짝새와 당나귀가 그러하듯이

그리고 또 '프랑시쓰 쨈'과 '도연명陶淵明'과 '라이넬 마리아 릴케'가 그러 하듯이

" "

박동준 : 제가 요즘 생각하는 문제가 선생님 이야기와 통하는 것 같아요. 우리 학교는 아침 자습 시간에 아이들한테 독서와 자습을 시키는데 1/3 이상이 자요. 그럼 깨워야 하나 말아야 하나 고민이 돼요. 수업 시간에도 애들이 자면 "네가 정말 피곤해서 자는 건 이해하겠지만 수업이 그냥 싫어서 자는 건 잘못된 것 아니냐. 내 수업이 맘에 안 들면 차라리 나하고 싸우든지 이야기를 해라"라고 하거든요. 그런데 요즘 들어선 제가 선의로 아이들을 못 자게 하는 것도 입시 경쟁 시스템에 복무하는 것 아닌가 하는 생각이 들어요.

이형빈 : 제 지도 교수가 요즘 쓰고 있는 책 제목이 '잠자는 아이를 깨우지 마라'예요. (웃음) 제목이 참 의미심장하죠.

우리나라 교육 모습이 비교교육학적으로 연구 가치가 높을 만큼 굉장히 특이하대요. 오바마도 부러워한다잖아요. 사실 우리나라 교육을 부러워하는 핵심 이유는 중도 탈락률이래요. 미국은 고등학교 중도 탈락률이 30~40% 정도인데 우리나라는 1%가 채 못 돼요. 그것도 예전보다는 꽤 높아진 것이지만요.

미국의 애들은 학교에서 안 자요. 왜냐? 잘 만한 애들은 이미 학교에 안 나오는 거예요. 우리나라는 이미 인간으로서 존재 가치를 인정받지 못하는, 아감벤의 표현에 의하면 호모 사케르 같은 애들이 그냥 학교에 나와서 수용소처럼 갇혀 있는 구조인 거죠.

잠자는 애들은 정말 다양한 이유가 있을 거예요. 밤늦게까지 공부하느라 피곤해서 자는 애도 있겠지만, 학교에 앉아 있는 것 자체의 의미를 발견하지 못해서, 학벌 경쟁에서 승리할 가능성이 없다는 걸 간파했기 때문에 자는 아이들이 더 많다고 하더라고요. 그런 다양한 아이들의 모습을 살펴볼 필요가 있지 않을까요?

모든 아이들이 아침에 일찍 와서, 0교시를 가장한 아침 시간에 책을 열심히 보고, 밤 11시까지 야자를 하는 건 사실 불가능하죠. 그런데 우리는 불가능한 걸 아이들에게 강요하는 셈인 거예요. 자는 아이들이 많다고 해서 거기에 지나친 죄책감을 느낄 필요는 없는 것 같아요. 아까 말씀드렸듯이 그런 것까지 교사의 무능으로 모는 것이 바로 책무성이라는 거잖아요.

순천의 안준철 선생님께서 교육공동체 벗 카페에 얼마 전에 이런 내용의 글을 올리셨어요. 선생님 반 출석부가 너무 지저분하다는 거예요. 그런데 어쩌다 한 명도 지각을 하지 않을 때가 있는데 그날은 아이 한 명 한 명을 만나 진심으로 대화를 나눈 다음 날이래요. 물론 며칠 못 가죠. 하지만 선생님은 지각 좀 한다고 무슨 난리가 나는 것도 아니기 때문에 강압적이거나 비교육적인 방법으로 아이들 출결 관리를 할 생각은 없다고 하세요. 그러면서 "다른 반에 비해 우리 반 출석부가 조금 더러운 것도 제가 무능해서가 아니라 옳은 방법으로 아이들을 만나기 때문이라고 생각하면서 뻔뻔해지겠습니다"라는 글을 쓰셨더라고요. 이 이야기가 선생님 고민에 도움이 되지 않을까 해서 말씀을 드립니다.

이지영 : 저는 제가 능력주의라는 것에 많이 사로잡혀 있는 것 같다는 생각에 강의를 들으면서 많이 혼란스러웠어요. 저는 제 수업을 스스로 검열하면서 항상 더 잘해야 하고 한 명이라도 더 참여시켜야 하고 더 좋은 결과물을 만들어 내야 한다는 마음을 갖고 있거든요. 우리 학교에 수업하는 게 정말 즐겁다고 하는 선생님이 한 분 계세요. 그분은 수업을 아이들이랑 "논다"고 표현해요. 그리고 이렇게 말해요. "수업이 애들 인생에서 그렇게 중요하냐. 애들이 학교 다니면서 선생님을 백 명도 더 만나고, 수천 시간 수업을 듣는데. 수업 한 시간이 중요한 게 아니라 그냥 애들을 만나는 게 중요하지." 그 모습이 참 존경스러우면서도 한편으로는 '나는 저렇게 하면 안 된다. 더 잘해야 한다'는 생각을 하기도 했어요.

"자는 아이를 깨우지 말라"는 말씀도 어려워요. 저희 반에 가출을 하고 학교에 잘 안 나오는 아이가 있었어요. 그 아이랑 이야기하다 보면 오히려 저보다 세상을 많이 아는 것처럼 보일 때가 있어요. 공부에 관심이 있는 것도 아니고, 친구들하고 생각하는 수준도 다르고요. 그 아이가 학교에 나오도록 만들지 못한다는 게 저의 무능처럼 느껴져서 힘들기도 한데 사실 전 그 아이가 이해되거든요. 그래서 제가 어떻게 해야 되는지 더 모르겠어요.

이형빈 : 말씀하신 것 속에 답이 다 숨어 있는 것 같은데요. (웃음) 선생님께서 늘 더 좋은 수업을 하려고 노력하는 건 참 아름다운 일이에요. 당연히 그래야죠. 그런데 '그것이 무엇을 위한 것이냐?'라는 질문이 필요해요. 그것은 결국 '내 수업을 통해, 우리 아이들이 어떤 주체로 성장하기를 바라고 있느냐'라는 질문이에요.

교사들이 흔히 빠지기 쉬운 능력주의는 이런 상투어에서도 살펴볼 수 있어요. '네가 조금만 더 노력을 해서 수능 한 등급을 올리면 네 미래가 바뀔 거야.' 심지어 '대학 가서 미팅할래, 공장 가서 미싱할래?', '수능 한 등급이 오르면 남편 직업이 바뀐다', '수능 한 등급이 오르면 마누라 몸매가 바뀐다', '네 성적에 잠이 오냐?' 같이 끔찍한 급훈도 실제로 있어요.

우리 선생님들이 '내 수업을 통해 우리 아이들이 좋은 대학에 가기 바란다'를 넘어 '내 수업을 통해 우리 아이들이 남을 배려할 줄 아는 사람으로 성장하기를 바란다'와 같은 가치관을 확실히 갖는다면, 수업의 기술적 측면은 사실상 부차적인 문제이지요.

또 한 가지 생각해야 할 것은 어차피 교사가 아이들의 모든 것을 책임질 수 없다는 거예요. 아무리 훌륭한 수업을 준비해도 모든 아이들이 내 수업에 집중하기를 바란다는 것은 욕심이지요. 마찬가지로 결석을 밥 먹듯이 하는 아이의 문제를 교사 개인이 모두 책임지기도 어려운 일이에요. 1교시부터 7교시까지 모든 아이들이 수업에 집중하기를 바라는 것, 모든 아이들이 결석하지 않기를 바라는 것도 어쩌면 근대적 제도로서의 공교육이 가지는 폭력일 수도 있어요. 중요한 것은 우리 교사들이 아이들의 아픔에 대해 '응답할 줄 아는 책임감'을 갖는 것이지요. 만약 아이들이 그것을 느낀다면 아이들 스스로가 자기 문제를 해결할 힘을 기르게 될 거예요. 물론 시간이 좀 걸리기는 하겠지만요. 그 시간을 기다리는 것이 교사의 자세가 아닐까 싶어요.

김태욱 : 저는 지금 사립학교 기간제 교사 2년 차인데, 저희 부모님이 굉장

히 보수적이세요. 지금 있는 학교에서 죽은 듯 조용히 살면서 예쁨 받으라고 말씀하시거든요. 어떤 땐 직접적으로 이렇게도 물어보세요. "혹시 학교에서 돈 내라는 얘기 없냐?" 부모님은 진보적인 신문도 보지 말고 이런 강의도 듣지 말라고 하세요. 볼 때마다 제가 당신 생각처럼 살기를 강요하시는데, 제가 이번 주말에 집에 내려가야 하거든요. 가면 또 분명히 물어보실 거예요. 그때 어떻게 대답해야 할지 고민이 돼요.

현재 저에게 세 가지 안이 있어요. 이런 강의 안 듣고 부모님 말씀대로 사는 안과 말만 그렇게 하고 지금처럼 사는 안, 그리고 한판 떠서 부모님을 설득시키는 안. 사실 첫 번째 안은 불가능할 것 같고요, 여기 오기 전에는 두 번째 안이 가장 유력했는데 강의를 듣다 보니 3안으로 기울고 있어요. (웃음) 3안에 대해 괜찮은 조언 있으면 부탁드려요.

이형빈 : 체제 속의 이방인으로 살아가려 할 때 가장 큰 벽이 바로 부모님이지요. 그 뒤에는 남편이나 아내의 벽을 뛰어넘어야 하고. 그래도 부모들은 자식들을 믿어 주잖아요. "우리 애가 어디서 나쁜 짓 하고 다닐 애는 아닌데……" 하면서. (웃음) 그렇게라도 관심을 갖다 보면 언젠가는 생각이 바뀌시지 않을까요? 혹시 더 조언해 주실 분 계신가요?

윤규식 : 저희 부모님도 고향이 구미고 박근혜를 '근혜 양'이라고 말할 정도로 딸처럼 생각하는 분들이세요. (웃음) 그런데 제가 대학교 1학년 때 집회를 많이 나갔거든요. 평택에 에바다학교라고, 영화 〈도가니〉에 나온 학교처럼 비리가 많은 곳이 있었어요. 1997년도쯤부터 2000년대 초반까지

그 학교에 관련된 집회가 많이 열려서 몇 번 참석했는데, 방학 때 고향에 갔다가 아버지랑 집에서 〈PD수첩〉을 보는데 제가 집회하면서 경찰이랑 몸싸움하는 모습이 나온 거예요. 그걸 나란히 앉아서 보고 난 뒤부터는 아버지가 저한테 더 이상 정치 이야기를 안 하시더라고요. 내가 어떤 생각을 하고 사는지 알리고 꾸준히 설득하는 게 방법인 것 같아요.

이형환 : 전 이형빈 선생님 강의를 들으면서, 우리가 교사를 그만둘 때 잃을 게 적으면 싸울 때 더 용기가 나지 않을까 하는 생각이 들었어요. 교사를 하다 관두면 막상 경제적으로 문제가 생기고 또 사교육 시장 아니면 발 디딜 데가 마땅치 않으니까 먼저 겁먹게 되잖아요. 지금 갖고 있는 걸 놓기는 아깝고 참는 게 더 이익이 된다는 계산으로 견디는 거죠. 그래서 저는 그만둬도 굶어 죽지는 않을 거란 생각으로 학교에서 싸웠던 것 같아요.

박동준 : 사실 수업 시간에 애들이 떠들고 출석부가 지저분하다고 해서 잘리진 않거든요. 어떻게 보면 굉장히 사소한 건데 저부터도 그런 것에 점점 과민해지는 거예요. 왜 그럴까 생각해 보니 이형빈 선생님이 말씀하신 대로 제가 학교 다닐 때 모범생이었고, 아버지의 사업 실패 때문에 안정적인 직업으로서 교사를 택했기 때문인 것 같아요. 사범대나 교대를 나온 다른 정규직 선생님들 이야기를 들어 봐도 다들 안정성을 이유로 학교에 들어왔어요. 게다가 임용 시험 학원처럼 돼 버린 교·사대에서 다른 직업은 일체 생각도 안 해 보고 임용만 준비한 사람들이잖아요. 그래서 그런지 '어떻게 이룬 임용 합격인데, 여기서 밀려나면 어쩌나' 하는 공포감이 만연해 있어

요. 그런 생각 때문에 더 싸우지 못하는 것 같아요.

황미숙 : 저는 2010년도에 대학을 졸업했는데요, 사범대를 나왔음에도 학교가 저에게 그다지 매력적이지 않았어요. 학창 시절에도 그랬고 대학을 다니는 동안에도 그랬고요. 교대나 사범대에 들어가면 임용 합격만이 최선이라고 주입받잖아요. 임용이 안 되면 낙오자 같고. 그런데 제가 2011년에 임용을 준비하다 그만두고 이것저것 해 보니까 학교에 들어가는 것 말고도 교육이란 범주 안에서 재밌게 할 수 있는 일들이 많더라고요. 그게 낙오가 아니라는 걸 깨닫게 된 거죠. 그래서 다른 길을 모색해 보고 있어요. 다시 임용을 준비하게 될지는 모르겠지만 적어도 자발적 낙오자가 되는 것에 대한 두려움은 없어진 것 같아요.

이형빈 : 황미숙 선생님은 참 행복하게 사는 것 같네요. 그 무한한 가능성을 앞으로 마음껏 펼쳤으면 좋겠어요.

신규 교사는 어떻게 능숙한 경력 교사가 되는가

"교사가 되고픈 신규, 공무원이 되라는 선배"

정용주 서울 염경초 교사

이메일이 서너 개쯤 되고, 성격 파악이 어렵다는 AB형 교사입니다. 전국교직원노동조합 조합원이지만 의식은 점점 노동자로부터 멀어져 갑니다. 물질적인 부자보다 마음이 부자인 사람이 되고 싶습니다.

안녕하세요. 이 연수가 불온한 교사를 양성하는 과정인데 저는 사실 굉장히 모범생입니다. 여기저기서 사회적 발언을 하고 학교 내에서 소위 좌파 성향의 비판적인 담론들을 만들어 내기도 하지만 대신 다른 부분에서 꼬투리 잡히지 않으려고 스스로에게 너무 엄격한 도덕성을 요구하는 경향이 있어요.

저는 1990년대 초 학번인데 그 시기에는 좌파, 우파를 구분할 때 어떤 정치적 입장을 선호하느냐가 아니라 스타일로 나누는 경우가 많았거든요. 가끔 신문이나 인터넷에서 제공하는 성향 테스트 같은 것을 해 보는데, 질문들이 대체로 이런 것들이에요. 다른 사람 앞에서 체면을 차리는지, 다른 사람을 의식하면서 옷을 입는지, 사람들 시선을 신경 쓰면서 발언해야 한다고 생각하는지, 뭐 그런 것들이요. 질문에 답을 해서 점수를 매겨 보면 제 성향이 꼴보수까지는 아니어도 보수주의자라고 나오더라고요. (웃음)

그리고 제가 대학에 다닐 때는 1980년대 학번들이 1990년대 학번을 향해 던지는 야유와 조롱이 심했습니다. 본인들은 전공 서적과 사회과학 서적을 함께 갖고 다니면서 치열하게 싸웠는데 우리는 운동을 즐기듯 하고 그마저 하기 싫으면 안 한다는 거예요. 그런 환경 속에서 대학을 다녔습니다.

그런 제가 선생님들에게 '불온'이라는 이야기를 꺼낼 수 있는 것은 고등학생 때 독특한 경험을 했기 때문입니다. 1980년대 후반 전교조가 결성되던 때 고등학교에 다니면서 고등학생운동을 경험하게 됐어요. 고등학생들이 어떻게 하면 '선생님, 사랑해요'라는 피켓팅을 넘어서 학교를 바꾸는 개혁운동의 한 주체로 참여할 것인가 논의를 하다가 당시 부산지역고등학생모임, 광주지역고등학생모임, 서울지역고등학생연합준비위원회를 결성했습니다. 물론 저는 그 끝자락에 있었습니다만, 그 활동을 하면서 나름대로 시대성에 대한 고민을 하게 됐습니다. 저의 이런 불온했던 경험을 배경으로 오늘 주제인 '신규 교사는 어떻게 능숙한 경력 교사가 되는가'에 대해 이야기를 해 보겠습니다.

'힐링'은 모든 문제를 개인화한다

요즘 서울에 있는 학교에서는 네 가지 단어가 유행하고 있습니다. '힐링', '감정코칭', '공감', '자기주도 학습'이 그것입니다. 저도 지금 서울시교육청에서 하는 '교원감정코칭' 연수를 받고 있어요. 조벽 교수와 최성애 박사의 주도로 시작돼서 서울형 감정코칭 프로그램을 만들었는데 굉장히 많은 교사들이 참여하고 있습니다.

감정코칭이 뭔지 잘 모르는 분도 있을 것 같은데 예를 들면 이런 겁니다. 처음에는 자기감정을 열어요. 의도적으로 다 열어야 하는 건 아니고 열 수 있는 만큼만 엽니다. 그리고 사람들과 소통을 통해 '이게 내 개인의 감정만은 아니구나'라고 공감하면서 서로 솔루션을 찾습니다. 예를 들어 나의 감정을 '울화통', '밉상', '혈압 상승', '꼴불견' 등으로 구분한 다음 여러 사례를 네 가지 감정 유형으로 구분하며 살펴봅니다. 울화통을 치밀게 하는 교장·교감, 밉상인 학부모, 혈압을 상승시키는 아이들, 꼴불견인 교사…… 이런 것들에 '별별 랭킹'을 매겨서 사람들에 대한 감정을 드러내요. 그리고 내 감정을 '비판', '용서', '합리', '자유', '순응'으로 유형화해 마음의 그림을 그립니다. 그 뒤에 변화시키고 싶은 부분을 긍정적인 말과 함께 적어 액션 플랜을 수립해요. 가령 나는 '용서' 점수가 낮은데 어떻게 하면 그 부분의 점수를 더 높일 것인지 고민하고 그런 인간이 되기 위해 노력하는 거죠.

별별 랭킹에 올라오는 순위를 보면 되게 재밌습니다. '꼴불견인 교사' 중에는 '승진하려는 교사'가 있어요. 여기까진 예측이 가능하죠. 그런데 '학급만 챙기는 교사'가 그보다 상위에 있어요. 이상하지 않아요? 혹시 설문 조사가 잘못된 것 아닌가 싶어서 왜 이런 결과가 나왔는지, 어떻게 조사했는지 물었어요. 그랬더니 많은 수의 교사들이 튀는 학급의 교사를 보면서 '지만 교사야?'라는 생각을 갖는대요. 그래서 승진에 눈먼 교사보다 학급만 챙기는 교사를 더 꼴불견이라고 생각한답니다.

'혈압을 상승시키는 학생'의 유형에도 두 가지가 있어요. 하나는 무기력한 학생, 그러니까 아무것도 하지 않으려는 학생이고 두 번째는 똑똑한데 절대 순응하지 않고 자기 평계를 대는 학생이에요. 전자의 경우는 다들 아실 테고 후자의 경우는 교사가 잘못을 지적하면 부인하면서 "선생님, 저는 잘못이 없고 저 애가 저를 화나게 한 거예요. 증인도 있어요"라고 말하는 애죠. 교사들은 똑똑하면서 순응적인 학생을 가장 선호하잖아요.

그럼 다른 질문을 해 볼 수 있어요. 혈압을 상승시키는 학생들 중에 무기력해서 울화통을 치밀게 하는 학생들은 어느 지역에 있나요? 주로 저소득층 지역에 있습니다. 잘사는 지역 아이들보다 못사는 지역에 학습된 무기력 증상을 앓고 있는 아이들이 많아요. 뭘 해도 통하지 않는 거예요. 저 같은 경우도 이전 학교에서 아이들에게 플루트나 바이올린 같은 악기를 사 주고 "6년 동안 네 걸로 하면서 배워"라고 제안한 적이 있는데 싫다고 거절당했습니다. 배움 자체를 거부하는 애들이 울화통을 치밀게 하는 건 맞아요. 그런데 왜 이들이 못사는 지역에 주로 있는지는 생각해 봐야 하는 문제죠.

똑똑하고 자기 손해 안 보려고 하는 아이들, 뭐든지 자기 잘못은 없다고 말하는 아이들, 타인에 대한 배려가 없고 공부만 잘하면 된다고 생각하는 아이들은 잘사는 지역에 많습니다. 제가 있는 교육청을 예로 들면 주로 목동 지역에 많아요. 그럼 이것은 단순히 교사의 혈압을 상승시키는 요인으로만 볼 수 없습니다. 다시 말해 개인적인 차원의 일이 아니란 거예요. 한 사람의 성향은 개인적인 차원에서 설명할 수 없는 사회적 의미를 갖습니다. 사회 안에서 살고 있는 개인의 성격, 성향은 선험적으로 주어지는 것이 아니라 사회적 그물망으로부터 형성되는 복합적인 것이기 때문이죠. 다시 말해 성격의 사회성에 대한 이해가 필요합니다.

우리는 가끔 학교라는 섬에 갇혀서 학교가 어떤 사회, 어떤 국가 속에 있는지 생각하지 못해요. 우리가 살고 있는 곳은 자본주의사회입니다.

특히 한국의 자본주의는 약탈적 자본주의예요. 이것이 아이들의 삶에 어떤 영향을 끼치고 있는지, 둘 사이에 어떤 연관 관계가 있는지 봐야 한다는 겁니다.

그런데도 감정코칭에서는 감정의 문제를 사회화시키기보다 공감하고 이해하는 방향에서 해결책을 찾습니다. 나는 어떤 반응을 보이는 교사인지 내 마음을 유형화하고, 자기 솔루션을 찾아서 액션 플랜을 짜고, 그걸 수첩에 넣고 다니면서 자기 변화를 도모합니다. 전 이것이 전형적인 자기계발 담론 중의 하나라고 봅니다.

자기계발 이데올로기에 포섭된 학교개혁운동

지금의 학교개혁운동은 좌우를 망라하고 교사들의 이런 열정을 근간으로 하고 있습니다. 교사의 열정을 노동으로 만들기 위해 모든 교사에게 학급과 학교를 경영하는 기업가로서의 자기정체성을 갖도록 요구하고 있어요. 그리고 개인성과급과 학교성과급 등을 통해 성과를 향한 압박으로 교사들을 내몰고 있습니다. 작년까지만 해도 개인성과급이 주였는데 올해부터 학교성과급이 아주 강력한 영향력을 미치고 있잖아요. 심지어 학교성과급으로 교사 급여를 한 달 월급 차이가 나도록 만들겠다는 게 교과부의 방침입니다. 학교성과급은 S - A - B등급 순인데 S등급의 금액은 점점 높이고 B등급은 하나도 안 주는 방식으로 등급 간 격차를 점차 넓히겠다는 것이지요. 사람들은 돈에서 자유롭지 못하기 때문에 자기 성과를 관리하게 됩니다. 그럼 혁신학교처럼 진보 교육감의 정책을 실현하고 있는 학교는 이것으로부터 자유로울까요? 그렇지 않아요. 심지어 "우리 학교가 얼마나 열심히 했는데 B등급이냐"라고 불만을 토로하는 학교도 있습니다. 학교개혁마저 자기계발 이데올로기에 포섭된 것이라고 봅니다.

《피로사회》라는 책에서 규율사회와 성과사회를 규정하잖아요. 저는 이것이 학교에도 그대로 적용된다고 생각해요. 과거의 학교는 교사에게 명령과 금지, 지침에 의해 움직이는 관료적 삶의 정체성을 요구했습니다. 그러나 지금은 금지와 명령이라는 부정성을 철폐하고 자유로운 성과사회를 구현하는 주체로 교사들을 전환해 자아 속에서 익사하도록 만듭니다. 근대화 과정에서 교사가 승진을 매개로 복종과 순응을 했다면, 지금은 끊임없는 자기계발 담론 속에서 열정에 대한 보상을 제도화하는 학교에서 살아갑니다. 성과사회란, 교사는 뭐든지 할 수 있다고 말함으로써 "아니"라고 하는 것을 창피해하고 무능하다고 느끼도록 만드는 사회입니다. 그 속에서 우리는 "아니"라고 말할 수 없는 무능력함을 가진 유능한 주체가 됩니다.

이런 것들을 가장 전면에서 체득한 사람은 신규 교사들입니다. 교사들은 신규 때부터 자신과의 전쟁에서 지치고 탈진해 갑니다. 1990년대와 2000년대를 살아온 이들에게 사회적 경험, 어른의 경험이라는 건 없습니다. 오로지 입시와 프로그램화된 학원, 강사들이 있었을 뿐이지요. 자신과의 전쟁이 체질화되고 사회적 경험이 부재한 그들은 자신을 벗어나서 타자와 만나지 못합니다.

이들은 결국 강력한 유대 능력을 상실하게 되고, 메신저와 교실 벽 속에 갇혀 원자화됩니다. 소셜 네트워크의 친구들은 상품처럼 전시된 자아에 주의를 선사함으로써 자아 감정을 높여 주는 소비자의 역할을 할 뿐이죠. 그들은 분노와 갈등을 통해 사회적 정체성을 응집하지 못하고, 사회적으로 문제를 제기하는 대신 그저 자기 속으로 들어가 이를 악뭅니다. 집단, 이데올로기, 계급 사이에서 투쟁하는 것이 아니라 개인 사이에서 싸우는 거예요. 교사는 이러한 피로사회의 주체가 되어 점점 더 빨리 돌아가는 쳇바퀴 속에서 마모되어 갑니다. 이전의 모습을 생각해 보면 사실 아무것도 하지 않는 것은 역설적으로 어떤 상황을 종결시키고 새로운 상황이 시작되게 하는 능력을 의미했습니다. 그런데 교사들에게서 이런 능력이 사라지게 된 겁니다.

과거 '학교에서 아무것도 가능하지 않다'고 사고하던 저항적인 선배 교사들도 '학교에서 모든 것이 가능하다'는 자기 긍정의 주체로 변했어요. 현재의 교육과정, 현재의 제도 내에서도 충분한 변화가 가능하다는 논리는 교사를 복종적 주체가 아닌 자율적 주체로 변화시킵니다. 방학 중 의무 근무를 폐지하기 위해 싸우던 저항의 주체들이 방학을 스스로 반납하며 학교를 위해 헌신해요. 이러한 변화는 자율과 강제가 일치하는 상태를 만들고 있습니다. 그런데 이것은 엄밀한 의미에서 자율과 책무성으로 무장한 교사 주체와 다를 바 없습니다.

'교사형 인간'을 찍어 내는 교원양성기관

6학년 사회 시간에 5.18민주화운동, 6.10민주항쟁에 대해 수업을 한 적이 있어요. 수업이 끝나면 이 사건들이 자신의 삶에 어떤 영향을 미쳤는지 각자 에세이를 쓰기로 했는데, 한 학생이 저에게 와서 이런 말을 했어요. "아니, 선생님은 어떻게 그렇게 끔찍한 세상에서 사셨어요? 저 같으면 못 살았을 것 같아요." 이 말은 저에게 큰 울림이 있었습니다. 내 안에 무디어진 군사주의적 잔재를 그 아이가 지적했기 때문이에요. 이 질문은, 이제껏 나를 형성한 사고와 경험을 성찰할 계기를 만들어 줬습니다. 그것은 나의 가족사, 학교 경험에 대한 성찰이기도 했고, 군사주의에 갇힌 대한민국의 근대성 또는 민족주의, 권위주의의 속살을 성찰하는 것이기도 했지요.

돌이켜 보면 학교는 저에게 즐겁고 열정적인 곳이 아니라 의무적인 곳이었습니다. 엄격하게 교육받는 영광을 누리면서 저는 당연한 듯 머리를 깎았고, 점수 하나에 민감해져서 다른 사람을 밟고 올라갔습니다. 수업에 대해서도 그리 좋은 기억을 가지고 있지 못해요. 대신 추상적인 지식을 지루하게 공부한 메마른 기억이 남아 있습니다. 저는 위선적인 시선을 받으며 학교 속에 갇혔고 죄의식을 주입받으며 분류되고 벌 받고 모욕당하고 위로받았습니다. 그렇게 도움과 보호를 간청하는 팔삭둥이로 대학에 들어갔지요.

제가 일반 대학을 다니다가 교대에 다시 들어가서 깜짝 놀랐던 게 있어요. 대학생들이 4년 동안 지각을 안 해요. 그리고 숙제를 못 하는 학생들이 거의 없습니다. 또 정말 신기한 게 있었어요. 어떤 커플이 캠퍼스 구석에서 키스를 한단 말이에요. 그건 굉장히 은밀하고 사적인 생활이잖아요. 그런데 지나가던 지도 교수가 이 커플한테 "너희 뭐하는 거냐. 장차 교사가 될 사람들이!"라고 호통을 쳐요. 그래도 그 애들은 "당신이 뭔데"라면서 저항을 하는 게 아니라 "죄송합니다"라고 고개를 숙여요. 전 이것이 끊임없이 검열당하고 자율성을 침해당하는 교원양성기관의 모습이라고 봅니다.

전 세계적으로 교원은 종합대학 내에서 양성되지 않고 별도의 특수목적대학을 만들어 양성됐습니다. 순종적인 사범대 타입의 인간을 양성하려는 국가주의적 관점이 반영된 것이죠. 육군사관학교나 경찰대학이 국가가 원하는 타입의 인간을 만들기 위해 별도의 교육체제를 구축하듯 말입니다. 그런데 자유교양사상이 확대되면서 자유로운 종합대학에서 인접 학문과의 연계 속에 예비 교사를 양성하는 방향으로 정책이 전환됩니다. 이때 초·중등 교원양성기관의 선발, 양성, 임용이 어떻게 조화를 이룰 것인가에 대해서도 함께 논의되죠. 우리나라는 교·사대 양성체제가 분리된 상태로 구조화된 특수한 경우입니다. 특히 교대의 경우, 중등 교사가 종합대학 속에서 양성되는 것과 비교하여 인접 학문 간의 교류, 자유교양의 영향이 제한되면서 순응적이고 검열당하는 데 익숙한 사범 타입의 교사가 양성되는 구조가 강화됩니다. 흔히 '착하다', '법 없이도 산다', '말 잘 듣는다'는 이야기가 이것을 의미해요. 저항할 줄 모르죠.

1999년도에 초등 교사 수가 부족해지니까 정부가 중등 교사 자격증 소지자를 초등 교사로 발령 냈거든요. 거기에 반대해서 교대 학생들이

'중초임용반대운동'을 강력하게 했어요. 그 투쟁을 하다 외부에서 국가보안법 반대 연합 집회를 하자고 제안하잖아요. 그러면 교대생들은 "그건 너희들 문제"라면서 빠져 버립니다. 원래 투쟁이라는 게 폐쇄적으로 진행되는 게 아니라 자기 문제의식을 넓히면서 포괄적으로 연대해 가는 건데 그러지 못하는 것이죠. 교대에서 이런 운동 양식은 자주 목격됩니다.

교대 관리자들은 학생을 파트너가 아닌 '아이들'로 바라보고 학내에서 진행되는 행사에 대해 신고가 아닌 허가를 받게 해요. 일례로 학내에서 국가보안법 관련 집회를 하려고 하면 학생처에서 시설 이용을 거부합니다. "우리는 교육자를 양성하는 곳이기 때문에 그런 집회를 승인할 수 없다"는 겁니다. 거기에 대해 학생들도 별로 저항하지 않아요.

이렇게 "너희는 선생님이 될 사람이다"라는 인식을 주입받을 뿐 강의 선택권조차 없는 상태에서 공부를 하다 대학을 졸업하게 됩니다. 그런데도 교대 교수들은 교대생들이 아주 훌륭한 사람이라고 이야기해요. 그 근거는 대입 수능 성적입니다. 수능 성적이 높기 때문에 유능하다, 우수하다는 말만 할 뿐 교사로서 정체성을 형성하는 활동은 하지 않는 거죠. 누구나 성숙을 열망하지만 박제돼 버린 상태에서 임용 시험만 뚫고 학교로 나오게 됩니다.

신규 교사를 경력 교사로 만드는 여섯 개의 아비투스

이렇게 시험에 합격해서 학교로 발령받은 신규 교사는 한 학교에서

5년을 근무하고 다른 학교로 옮기는 과정을 반복하면서 교사의 정체성을 형성해 갑니다. 저는 신규 교사가 '성실하고 능숙한' 경력 교사가 되어 가는 이 과정을 신규 교사와 함께 이야기하고 싶었고, 지난 몇 달 동안 몇 명의 신규 교사들을 만나 인터뷰하는 시간을 가졌습니다. 그 내용을 '아비투스habitus'라는 개념을 사용해 분석해 봤습니다. 아비투스는 프랑스의 사회학자 브루디외가 썼던 개념으로, 특정한 사회적 맥락 속에서 획득한 내적인 인지, 평가, 행동의 틀로서 집단적 성향과 습성을 의미하는데요, 교사의 정체성이라는 것이 개인의 습관이나 성격이 아니라 일종의 사회화된 성향 체계이기 때문이 이 개념을 사용했습니다. 저는 아비투스라는 개념을 통해 신규 교사를 경력 교사로 만드는 계기를 여섯 가지로 접근했습니다.

소수자에 대한 두려움

첫 번째로, 신규 교사들은 소수자에 대한 두려움이 있습니다. 예비 교사들은 욕망과 공포에 기반한 개인화된 사회에서 임용 시험을 준비하고 치열한 경쟁을 통해 합격하는 과정을 겪으면서 언제든지 경쟁에서 지면 낙오자가 될 수 있다는 것을 체화하게 됩니다. 정규직의 울타리에서 벗어나는 순간 얼마나 치욕적인 실패자의 낙인이 찍히는지 잘 알고 있죠.

결국 경쟁이 일상화되면 경쟁에 참여하는 사람들은 비슷비슷해져요. 개인의 권리나 욕구보다 집단의 가치를 추구하고 집단의 가치에 동화되니까요. 이렇게 표준적인 가치를 추구하면서 '우리'라는 담론을 강화하는 한편 그 밖의 타자를 배격하는 현상이 나타나게 됩니다. 이것을 저는

'약탈적 정체성'이라고 표현하는데요, 이들은 언제나 동일성의 테두리 안에서 편안함을 추구하려고 해요.

지금 각 시·도교육청이 교사 업무 부담 문제를 개선하려고 하면서 학교에 비정규직이 늘어나고 있잖아요. 그러면서 학교가 점점 계급화되고 있습니다. 특히 학교에서 근무하는 대부분의 비정규직 직원들은 교사들의 욕구를 잘 파악해서 관계를 긍정적으로 만들어 가려고 감정노동까지 하게 됩니다. 특별한 채용 기준이 없으니까 채용 시 인성을 중요시하고 희생, 봉사, 베풂 같은 덕목을 강조하거든요. 비정규직 직원들은 부정적인 감정을 억제하거나 인내, 복종하는 방식으로 자기감정을 관리합니다.

교사는 이런 비정규직에 대해 계급의식을 느낍니다. 우리 학교에 영어회화 강사가 있는데, 그분이 재작년에 처음 왔을 때 교사들이 교과실을 같이 안 쓰겠다고 했어요. 정식 교사가 아닌 사람과 같은 공간에 있기 싫다고, 방과후학교 강사들이 있는 쪽으로 책상을 빼라는 얘기까지 나왔죠. 이런 의식에는 욕망과 공포, 즉 '내가 어떻게 교사가 되었는데'라는 욕망과 언제든 소수자가 될 수 있다는 두려움이 깔려 있다고 생각합니다. 교사가 되기 전까지는 임용 시험 탈락자가 되지 않기 위해 노력했다면 교사가 된 후에는 자신들도 비정규직으로 전환될 수 있다는 두려움이 존재하고, 이 두려움은 이렇게 소수자에 대한 우월감 또는 소수자에 대한 폭력으로 나타나는 겁니다.

학교에는 다양한 행정 직원 분들이 있지요. 이분들을 고용할 돈은 교육청에서 내려오지만 고용 주체는 교육감이 아니라 교장입니다. 연대를 깨 버리겠다는 발상이지요. 그래서 비정규직들은 교육감 임명직으로 전환해 줄 것과 호봉제를 주장합니다. 그런데 교사들은 이 문제를 해결하는 데 나서지 않고 "우리가 어떻게 쟤들이랑 똑같냐. 저런 사람들까지 정규직이 된다면 몇 년이나 준비해서 합격한 우리는 정말 허탈하다"라는 식으로 반응해요. 이런 배타적인 문화를 형성합니다. 사회적 임금, 연대적 사고는 아예 없습니다.

학벌의식의 내면화

두 번째 아비투스는 학벌의식의 내면화입니다. 근대적 학교는 학생들 각자의 지능에 따라서만 점수를 주고 그들을 분류, 선별한다는 믿음을 정착시킵니다. 이건 굉장히 의도적인 기획이에요. 학교에서 지능 이외의 나머지 변수들은 고려하지 않음으로써 "가난한 아이들이 성공하지 못한다면 그들이 재능이 없거나 지적이지 않기 때문"이라고 스스로 인정하게 만드는 것이지요.

이렇게 모든 학벌이나 성취를 개인화시켜서 그 개인의 성취에 들어 있는 사회적 효과를 보지 못하게 만듭니다. 그런 의미에서 학교는 불평등한 구조라고 할 수 있어요. 이런 학교를 평등한 공간이라고 믿게 만듦으로써 좋은 성적을 받고 시험에 합격하는 사람들이 빈곤에 대해 전혀 이해하지 못하도록 만드는 거예요. 빈곤을 개인의 능력 결여라고 생각하게 만들고 복지의 문제를 잔여적 복지, 즉 누구에게 시혜를 베푸는 것으로 믿게 합니다.

제가 인터뷰한 대부분의 신규 교사는, 학벌은 개인의 능력으로 성취한 것이며 그것을 취득하는 데 근본적인 제약이나 장벽은 존재하지 않는다고 생각했습니다. 개인 간 경쟁에 의해 획득된 학벌 속에 불평등성이 내재돼 있지 않다고 보기 때문에 결국 좋은 대학을 나왔거나 시험을 통과한 사람들이 높은 지위를 갖는 것이 정당하다고 생각하게 됩니다.

하지만 최근 교육사회학 쪽에서 발표되는 연구들을 보면, 1997년 이후 한국 사회가 학력에 의해 계층 이동이 이루어지지 않고 계층이 재생산되는 유럽형체제에 진입하게 되는데 여기에는 두 가지 계기가 있습니다. 하나는 IMF이고, 두 번째는 수능 체제예요. 이게 딜레마 중의 하나인데요, 시험이 서술형 같은 복합적인 사고력을 묻는 문제로 전환되면서 아이들이 그 문제를 학교교육을 통해 해결할 수 없는 상황이 되는 거죠. 결국 학원에 의지하게 되고 학원에서 관리되면서 가난한 집의 아이들은 구조적으로 계층 이동을 할 수 없다는 의식이 내면화됩니다. 이렇게 계층 이동의 가능성이 급격히 줄어들고 있음에도 여전히 신규 교사들은 학교가 공정한 공간이라는 믿음을 갖고 있는 거예요.

신규 교사들은 학벌주의 또한 경쟁 사회에서 자연스럽게 나타나는 현상이며 그것이 개인에게는 동기를 부여해 주고 사회에도 발전 동력을 제공하는 긍정적인 기능을 한다고 봅니다. 신규 교사들이 이런 인식을 갖게 된 것은 교대의 입학 성적이 올라가고 안정적인 직장으로 교직이 각광을 받으면서 교대생들의 인구통계학적 구성이 변했기 때문이라고 봐요. 그래서 신규 교사들은 부모의 사회경제적 수준에 관계없이 누구나 노력만 한다면 좋은 학벌을 취득할 수 있다는 믿음도 가지게 되고요. 이러한 사고는 학벌로 인한 차별이 문제가 아니라 공정한 경쟁을 제도화하는 것이 중요하다는 생각으로 이어집니다. 그럴수록 선발 과정에서 학벌이 중요한 요소로 작용해야 한다는 믿음도 견고해지고요.

하지만 이런 믿음은 비정규직의 임금 격차, 나아가 여성과 남성, 청소년의 사회적 노동에 대한 차별을 정당화할 위험을 안고 있어요. 그럴수록 학생들은 시장에서 더 많은 화폐와 교환할 수 있는 지식을 습득하려고 점점 더 심하게 경쟁하게 되지요. 이렇게 문제를 개인화시키는 가운데 계층화와 학벌주의 또한 심화됩니다.

공론장의 부재

세 번째 아비투스는 공론장의 부재입니다. 우리나라는 근대화를 국가가 주도했기 때문에 저를 비롯해 여러분들 모두 국가화된 학교를 다녔어요. 학교 시스템이 명령과 지침에 의해 움직이잖아요. 그래서 여론이 형성되는 사회적 생활의 장이 학교 안에 부재합니다. 지시, 전달밖에 없어요. 이 지시, 전달 체제에 익숙해져 있는 신규 또는 경력 교사들은 지금 민주주의가 너무 과잉돼 있다고 봅니다.

원래 민주주의는 아르케, 즉 원리를 갖지 않는다는 것이 그리스 이후의 전통이거든요. 능력 없는 자들, 자격 없는 자들이 스스로 자기를 통치하겠다고 나서는 것, 이것을 민주주의의 본령이라고 보았습니다. 그러니까 민주주의는 그 자체가 불안한 것이에요. 그래서 플라톤이 민주주의를 싫어했던 것 아닙니까. 그런데 지식인들, 특히 교사들이 이런 플라톤적 마인드를 갖고 있습니다. 민주주의의 최고 형태는 밤새도록 토론하는 겁니다. 그런데 이걸 싫어합니다. 짧게 회의하고 빨리 결론 내리는 걸 좋아합니다. 신규 교사들한테 학교생활의 불만을 얘기하라고 했더니 "회의 좀 빨리 끝내 주세요. 그리고 그냥 부장님이 빨리 결정해 주면 좋겠어요." 라고 해요. 신규조차 뭔가를 숙의해서 주체로 참여하고 토론하는 것을 싫어합니다. 그러니까 학교에는 갈등과 대립에 처한 구체적 개인들이 하나의 집합체를 만드는 장치로서의 커뮤니케이션이 존재하지 않고 대부분 문자화되고 문서화된 것만 있습니다. 관료체제가 지배하는 전형적인 예입니다. 일방향의 의사소통, 문서화된 의사소통, 형식화된 의사소통만 있는 가운데 자기의 정체성을 형성하게 되는 거예요.

공공 영역이란 여론이 형성되는 사회적 생활의 장입니다. 다시 말해 사적 개인들로 하여금 공적인 문제에 대해 그들의 이성을 사용하게 만드는 기제와 더불어 나타난 제도가 공론장이지요. 교사들은 공론장을 통해 발언을 하고 여론의 압력으로 학교의 정책 결정을 통제해 사회적 권력자, 국가 관리의 반공익적 남용을 제재할 수 있어요. 그런데 현재 학교에는 이러한 사회적 장이 거의 존재하지 않지요.

신규 교사들이 이런 말들을 많이 합니다. "시끄러운 거 싫다." "민주주의는 찬성하지만 교장, 부장 선생님들이 알아서 해 줬으면 좋겠다." 물론 하고 싶은 말이 있어도 자기 의견을 이야기하기가 눈치 보여서 참는다고 얘기하는 사람도 있습니다. 그런데 대부분의 교사들은 혁신과 변화보다 질서를 강조하는 관리적인 권력, 통제, 표준화, 책임성에 익숙해져 있어요. 위임과 참여에는 관심이 없습니다.

근대 정치의 핵심 공간인 공론장이 부재하면 교사들은 공동의 이익을 인식하고 이를 위해 집단행동에 나서는 대신 우선 자신을 보호하고 살아남기 위해 개별적이고 사적인 교환 관계만을 구축하게 됩니다. 학교에 잘못된 문화가 있어도 그것을 스스로 바꾸려 하기보다 좋은 교장이 오기를 기다리는 수동적이고 소극적인 자세를 갖게 되는 거지요. 교사들은 점점 교실에서 혼자 자신의 문제를 해결하게 되고, 학교 내의 각종 회의에는 지시, 전달, 명령만 남게 됩니다.

이 말은 학교라는 조직 안에 정치는 없고 '행정'만 존재한다는 것을 의미합니다. 이 안에서는 통제적이고 억압적이지 않은 소통적 권력이 나올 수 없습니다. 교사들의 참여 속에서 만들어지는 개방적인 집단의 힘이 없기 때문에 학교장의 지시가 학교 문화를 형성하게 되고요.

관료주의

이 행정의 극단적인 형태가 바로 네 번째 아비투스, 관료주의라고 봅니다. 학교 자체가 근대적 역할을 수행하기 위한 관료적인 조직이 되는 겁니다. 관료제가 합리성과 전문성에 기초한 분업의 원리를 구현한 것이라고 할 때, 학교 조직에서 이는 어느 정도 불가피한 면이 있습니다. 그러나 능률과 효율성을 지나치게 강조하게 되면 형식주의, 절차주의, 문서주의 등 부정적인 현상들이 나타나게 되고 이러한 분위기가 학교를 지배하게 되면 구성원들은 자기소외를 경험하게 됩니다. 그래서 최근 학교 조직을 혁신하려는 사람들이 관료제를 대체하는 운영 원리로서 구성원의 참여에 의해 이루어지는 협력적 거버넌스를 추구하고 있는데, 쉽지 않을 겁니다.

우선 관료제로 인해 학교에서 일어나는 가장 큰 문제점은 형식주의입니다. 상부 기관에 의한 지시와 통제 위주의 행정은 불필요한 업무량을 늘리고 학교가 실적 위주의 확인 행정에 치우치게 만듭니다. 자연스럽게 구성원들의 관계도 관료적으로 조직됩니다. 관료적이라는 건 역할을 전문성이라는 논리로 쪼개 버리는 거죠. 지시와 지침으로 사람들을 움직이게 만들려면 팀에서 함께 의사결정을 하는 체제는 굉장히 위험합니다. 일사분란하지 못하기 때문이죠. 그래서 교장 - 부장교사 - 교사로 각각의 의사소통을 분할시킵니다. 이런 체제 속에서 살다 보니까 자기 문제를 자기 스스로 결정하지 못하는, 하버마스 식으로 말하자면 '생활 세계의 식민화'가 이루어집니다.

이런 형식주의의 대표적인 경우가 학교폭력 대책, 인권교육 같은 겁니다. 학교폭력이 우리나라에서만 일어나는 게 아니잖아요. 북유럽 같은 데서도 왕따 문제로 서너 명의 청소년이 자살해서 학교폭력이 온 사회적 이슈가 된 적이 있습니다. 그때 사람들이 모여서 중장기 계획을 만들었습니다. 왜 이런 일이 일어났을까, 학교가 잘못된 방향으로 가서 학생들이 폭력적이었던 걸까, 이미 학교라는 공간이 폭력을 생산하는 공간은 아니었던가, 도대체 학교라는 곳이 어떤 곳인가, 이런 물음들에 대해 깊게 성찰하는 시기를 가졌습니다.

결국 그 사람들이 관심을 가졌던 것은 가해자와 피해자 사이에 있는 다수의 방관자입니다. 이들을 일종의 메신저로 본 것이죠. 약자들에게 조롱과 멸시의 시선을 보내는 한편 강자에게는 힘세면 저렇게 해도 된다는 동경의식을 가졌던 다수의 방관자 계층을 교육적으로 지도하지 않고는 이 문제가 해결되지 않는다는 생각을 하고 굉장히 장기적인 프로그램을 만들어 냅니다.

그럼 관료체제가 지배하는 우리나라에서는 학교폭력에 대한 대응을 어떻게 할까요. 교과부에서는 언론의 공격을 받지 않을 총체적 계획을 수립합니다. 그리고 일선 학교에 학교폭력 연수를 편성하고 몇 시간 했는지 공문을 제출하라고 합니다. 그 질을 따지지 않아요. 수치로 실적만 보고하는 형식주의가 지배하는 겁니다.

재밌는 것은 진보 교육감들도 이걸 따라 한다는 거예요. 인권교육을 몇 시간 했는지 보고해야 해요. 그러니까 결국 인권교육도 법교육이 되고 맙니다. 집체 식으로 다 모아 놓고 "야, 애들 인권 중요해. 너 다른 사람들 권리 침해하면 혼난다"라는 식의 문화가 재생산된다는 것입니다.

신규 교사들도 이런 관료주의의식을 형성하게 됩니다. 모든 업무에서 서류상 필요한 자료를 준비해 두었는지가 중심이에요. 수업과 교육과정도 실제 운영되는 것보다 문서화된 교육과정과 지도안이 중심이 됩니다. 관료주의체제에 익숙해진 부장, 경력 교사들은 서류상으로만 완벽하게 하고 실제 활동은 마음대로 하는 방식을 취합니다. 쉽게 말하면 '다 한 척하기'입니다.

관료주의의 또 다른 문제점은 권위주의입니다. 권위주의는 기관 간, 직급 간의 위계질서를 중시하며, 지시와 명령 하달을 중심으로 일을 합니다. 이런 문화 속에는 전달 회의밖에 없습니다. 학교의 교무회의, 부장회의, 동학년회의를 생각해 보세요. 기획이라는 건 없습니다. 동어반복으로 전달하고 지시하죠. 전교조 선생님들도 똑같아요. "지침이야" 그러면 꼼짝 못해요. 신규 교사들은 공무원으로서 기안을 잘하는 방법, 윗사람에게 복종하는 방법, 결재를 맡는 방법을 배우며 지시, 전달 체제에 물들어 버립니다. 이렇게 학교 현장을 지시, 전달이 지배하게 되면서 다섯 번째로 자기감시라는 아비투스를 형성하게 됩니다.

자기감시

평가가 학생들에게 일종의 신호체계로 작동하듯 신규 교사들도 다양한 평가체계 속에서 자기감시를 해 나갑니다. 신규 교사라고 해서 다면평가, 개인·학교성과급, 교원능력개발평가, 근무평정, 학교장 경영평가, 학교평가 등에서 자유로운 것은 아니에요. 오히려 더 예민합니다.

지금 나이 든 교사들은 보수적이긴 하지만 임용 시험을 보지 않고 의무 발령받은 사람이 많아서 그나마 경쟁에서 자유로워요. 생각은 보수적이지만 덜 경쟁적인 사람들이죠. 신규 교사들은 이들보다 시간과 자원을 더 효율적으로 쓰려고 합니다. 각종 평가 지표는 신규 교사들의 학교생활 방식에 영향을 주면서 자기감시라는 아비투스를 형성하게 하고 그러한 변화는 교실 속에 은밀하게 침투하여 영향을 미칩니다.

평가 지표가 교사의 일상적 자기감시체제를 제도화한다는 것보다 심각한 것은 이것이 교육 활동을 왜곡한다는 것입니다. 최근 학교평가와 관련한 최대 논란거리는 국가수준 학업성취도평가의 결과를 평가의 지표로 활용하느냐 안 하느냐예요. 언젠가 하려고 하고 있죠. 이걸 저항해서 막아 내야 하는데, 찬성하는 쪽에서는 이런 논리를 내세웁니다. "학교 성과 지표에 학생들의 교육적 성취를 넣는 것은 너무나 당연하다. 학교는 학생을 교육시키는 것이 최고의 역할이기 때문이다."

그런데 이것과 비슷한 예가 있습니다. 1980~1990년대에 미국의 대형 병원들이 환자의 사망률을 공개하기로 결의했습니다. 병원의 투명성을 높이고자 한 획기적인 시도였지요. 그때까지도 병원들은 그들이 맡았던 환자의 사망률을 한 번도 공개하지 않았습니다. 그런데 병원은 환자를 치료하는 기관이니까 사망률이야말로 병원의 실력을 나타내는 객관적 자료라고 생각해서 공개한 겁니다. 그런데 이후에 어떤 일이 벌어졌을 것 같아요? 모든 병원들이 사망률을 낮추는 데만 열중하다 보니까 상태가 위중한 환자들을 받지 않고, 실험적인 임상 치료나 난치병 치료를 중단하게 돼 버립니다.

학교도 마찬가지입니다. 교육 활동을 얼마나 열심히 했느냐의 지표로 교육적 성취를 활용하는 순간 그 지표가 교사의 모든 활동에 영향력을 미치게 돼요. 지금 나타나고 있는 현상 중의 하나죠. 가난한 아이들이 어떻게 해서 공부를 못하게 됐는지에는 관심이 없어요. 우리 반에 가난한 아이, 말을 잘 못하는 아이, 표현이 더딘 아이들의 결점을 사회적 상처로 받아들이고 치유해야 한다는 의식이 없어지는 겁니다. 교사들은 실험적인 수업, 다양한 모습의 아이들과 함께 살아가는 교실을 꿈꾸려고 하지 않습니다. 오로지 관리하는 교실로 만들어 버립니다. 저는 그런 극단적인 형태가 외고, 과고, 자사고라고 봅니다. 오로지 질적으로 동일한 애들, 공부 잘하는 애들만 뽑아서 관리하고 명문대에 입학시킬 뿐 학교 내에서 아이들이 어떤 교육적인 체험을 했는지, 어떤 성과를 이루었는지에는 관심이 없죠.

저항하지 않는 방법의 내면화

마지막 아비투스는 저항하지 않는 방법의 내면화입니다. 신규 교사는 일꾼으로서 학교에 발령받습니다. 신규 교사가 온다고 하면 학교에서는 딱 준비하고 있죠. 기피 업무를 맡기려고요. 교사의 책임이 큰 업무, 아무리 열심히 해도 본전치기인 업무, 대외 행사를 많이 해야 하는 업무 등이 여기 속합니다. 네이스NEIS, 교육행정정보시스템, 스카우트, 방송반 같은 거죠.

한번은 제가 속은 적이 있습니다. 지금 제가 학교에서 연구부장을 맡고 있는데, 3년 차 이하에게 어떤 업무도 맡기지 않는다는 원칙을 만들었습니다. 이 원칙이 학교장과 합의하에 한동안 유지됐어요. 어느 날 남교사가 신규로 왔습니다. 그런데 갑자기 교장 선생님이 저한테 이러는 거예요. "그 교사가 6학년 하겠대. 그리고 스카우트도 맡고 싶대. 어렸을 때부터 꿈이 스카우트였대." 저는 그 말을 듣고 '아, 바보. 내가 이렇게 다 만들어 놨는데. 지가 아무리 스카우트를 하고 싶다고 해도 그렇지. 나중에 한마디 해야겠다' 이렇게 생각했거든요. 그러고 시간이 지난 뒤에 같이 술 먹을 기회가 있었어요. 그래서 물었죠. "너는 왜 스카우트를 한다고 했어?" 그랬더니 "교장 선생님이 하라고 했는데요" 그러더라고요.

윗사람들은 강제하지 않았다고 해서 스스로 선택했다고 생각하는 거죠. "요즘 신규들은 뭐든지 잘해. 성적도 좋고", "뭐든지 할 수 있어. 젊었을 땐 다 해 보는 거야"라고 얘기하면서 이들을 '아니라고 말할 수 없는 무능함을 가진 유능한 주체'로 만들어 버립니다. 대부분의 학교에서 학년 배정, 교과 전담 배정을 할 때 나름대로 합리적인 원칙을 만들지만 결국 마지막 조항은 '아무도 없으면 신규가 한다'잖아요. 그저 하고 싶지 않아도 신규니까 해야 한다는 의식만 내면화됩니다. '까라면 까'라는 군대식 사고와 같지요.

　신규 교사의 업무 편중이 가져오는 가장 큰 문제는 수업권의 침해입니다. 제가 연구부장을 하면서 교장, 교감에게 이야기했던 게 뭐냐면 신규 교사는 교사로서의 자기정체성을 갖기 위해 5년 동안 공문 쓰는 법, 예산 청구하는 법을 몰라야 한다는 것입니다. 오자마자 공문 쓰는 법을 가르치는 건 공무원으로서의 자기정체성을 가지라는 것이죠. 우리나라에서 교사는 공무원으로서의 정체성이 너무 강해요.

　신규 교사들은 이렇게 한 해 두 해를 보내면서 결국 저항하지 않는 방법을 내면화하게 됩니다. 그리고 자기가 '아니라고 말하지 않는 무능한 주체'였기 때문에 신규가 왔을 때 아니라고 말하면 완전히 왕따를 시킵니다. 전에 있던 학교에 한번은 신규 교사들이 여럿 왔었어요. 신규 교사들이 돌아가면서 임원 수련회 레크레이션을 맡았습니다. 이번 레크레이션은 A교사가 하고 그 다음 학기는 B교사가 하고요. 그런데 C교사가 안 하겠다고 한 거예요. 회식에도 참석을 잘 안 하고요. 그랬더니 그 교사는 튀는 교사, 부적격 교사, 무능력 교사, 공동체에 적응하지 못하는 교사로 왕따가 됐어요. "우리는 다 했다" 이거죠. 그 교사는 다음 학교로 옮기는 것에 부담감을 느끼고 학교를 그만두려고 했어요. 교사로서의 자기정체성을 공무원으로 만들려고 하는 선배 교사와 학교의 문화가, 교사가 되려고 하는 신규 교사에게는 너무나 억압적이었던 것이죠. 그런 문화에 동화되고 싶지 않은 교사, 익숙해지는 데 시간이 필요한 교사에게 너무나 폭력적으로 다가갔던 것입니다. 그리고 저 역시도 이러한 문화에 침묵하는 형식으로 동조했음을 고백합니다.

보수주의라는 총체적 아비투스의 형성

결국 자발성이 제거되고 일률적인 통제에 길들여진 채 신규 생활이 지나갑니다. 신규 교사들은 이렇게 교육에서 사회적 의미를 제거하고 관료주의를 내면화하며, 복종의 문화와 평가 지표에 따른 자기감시를 일상화함으로써 점점 '모범적인' 경력 교사가 되어 갑니다. 그리고 여섯 가지 아비투스를 통해 보수주의라는 총체적 아비투스를 형성해 갑니다.

우리 사회에서 경력 교사가 되었다는 것은 결국 이런 것을 의미하는 것이 아닐까요. 민주주의의 실질적 확장에 대해 부정하고, 복지 프로그램이 오히려 사회 전체의 빈곤을 증대할 것이라 생각하고, 학생인권을 강조하면 교권이 붕괴되고 학교폭력이 심화될 것이라는 보수주의적 레토릭을 내면에 형성했다는 것을요.

가령 학생인권조례가 만들어지기 이전에 서울시교육청에서 먼저 체벌 금지를 시행했잖아요. 그때 교사들이 굉장히 분노했습니다. 학교에서 이제 모든 교육적 지시는 끝났다고 생각했죠. 그런데 제가 여러 경로를 통해 조사를 해 봤을 때 실제 체벌을 했던 교사들, 비정기적으로라도 폭력을 행사했던 교사는 단 1%도 되지 않았습니다. 그럼 왜 그렇게 많은 교사들이 체벌을 금지하는 것에 대해 불안해했을까요. 제가 교사들과 인터뷰를 하면서 느꼈던 것은, 우리 학교가 동원 식의 근대화 과정에서 성장해 왔기 때문에, 사람들이 늘 유예해 왔을 뿐 언제나 교육적 지도를 위해 아이들을 때릴 수 있다는 폭력의 가능성들을 가지고 있었다는 점입니다. 실현된 폭력이 아니라 가능태로서의 폭력을 누구나 가지고 있었던 것이지요. 그것이 교육적 수단이 아니라고 말한 순간 최후의 보루가 사라지게 되면서 "모든 것을 상실했다"고 느꼈던 것입니다.

저는 인권의 한계가 교육의 한계라고 생각합니다. 우리가 인권을 넘어서려는 순간 교육은 폭력이 되거든요. 교장·교감 또는 경력 교사가 신규 교사에 대해 가하는 언어폭력이 대부분 이런 거죠. "나도 신규 겪어 봤어. 그땐 다 아니꼽지? 나이 들어 봐." "나도 다 해 봐서 아는데 너도 나처럼 될 거다." 이 말에 폭력이 내재돼 있는 것처럼, 교육이 그 아이의 모든 것을 다 책임지고 바꾸겠다고 하는 순간 교육은 인권을 넘어서게 되고, 폭력으로 변합니다.

몇 년 전에 이런 일이 있었어요. 한 교사가 급식 지도를 하면서 아이들에게 "절대 음식을 남기지 말라"고 했습니다. 그런데 아이가 먹고 싶지 않은 것을 먹게 되니까 토한 거예요. 그 아이에게 교사가 "토한 것도 먹으라"고 했어요. 저는 그 교사가 정신병자라고 생각하지 않아요. 너무 철두철미했던 거예요.

결론은 이겁니다. 우리가 지금껏 살아오면서 겪은 나의 근대, 나의 학창 시절에 대해 성찰해야 한다는 거예요. 그러면서 그동안 무뎌져서 못 보고 있는 영역을 봐야 합니다. 앞서 제 제자가 "선생님은 어떻게 이런 학교를 다녔어요? 저 같으면 못 다녀요"라고 했다고 했잖아요. 제 제자였다면 못 다녔을 그런 학교를 제가 다닐 수 있었던 힘은 '적당한 침묵'이었습니다. 그 문화에 대한 침묵과 동조, 그것이 모범 교사의 모습으로 나타나는 것입니다.

불온한 교사의 핵심은 개개인의 감수성과 자유를 확장시키는 것입니다. 집단화되지 않은 감수성과 집단화되려는 감수성이 있습니다. 일단 나의 문제를 집단의 문제, 조직의 문제, 계급의 문제, 사회의 문제로 치환해서 보려는 집단적인 불온함이 있어야 합니다. 또 한편으로는 "나는 반바지 입고 싶어", "친목회 안 하고 싶어", "나는 저 집단에 동화되고 싶지 않아"라면서 개인의 자유를 신장시키려는 불온함이 있어야 하고요. 이 양 날개가 있어야 합니다. 이를 토대로 여러분들이, 마음의 그림을 그리면서 감정적인 치유를 할 게 아니라, 혹시 누가 시키지 않아도 스스로 자유로운 성과사회의 주체가 되어서 자아 속에서 익사하고 있지는 않은지, 쳇바퀴 속에서 마모되고 있지는 않은지 성찰하시길 바랍니다. 그래서 '아니라고 말할 수 없는 무능함을 가진 유능한 주체'보다는 '아니라고 말할 수 있는 유능함을 가진 무능한 주체'가 되었으면 좋겠습니다.

> ❝ ❞

이형환 : 저도 교대를 나왔습니다만, 특정한 계층이 특정한 직업을 다 가져가 버린다는 문제의식이 있습니다. 제 친구 중에 검사인 녀석이 있는데, 학창 시절에 집이 굉장히 어려운 아이였거든요. 집에서 빚을 내서 지원을 해주고 결국 검사가 됐는데 그게 어쩌면 개천에서 용 난 마지막 세대가 아니었나라는 생각이 듭니다. 제가 2000학번인데 저 학교 다닐 때만 해도 부잣집 애들이 거의 없었어요. 근데 2004년, 2005년을 지나면서 학교 주차장에 차를 댈 데가 없어지더라고요. 가난을 경험해 보지 않고 공부도 잘했던 사람이 과연 학교에서 아이들과 제대로 소통할 수 있을까요? 특정 계층이 괜찮은 직업을 싹 가져가 버리는 이런 구조가 학교 현장 또는 사회 전반에 소통을 불가능하게 만드는 원인이 아닌가 싶어요. 그런 부분에서 어떤 대안을 찾을 수 있을지, 좀 답답합니다.

정용주 : 우리가 혁명을 할 수 없기 때문에 국가를 사회민주적으로 만들자는 거거든요. 전 가난 앞에 '사회적'이라는 말을 붙여야 한다고 생각해요. 가난이라는 게 먹고살기 어려워지는 거잖아요. 그렇다고 사회 밖으로 나가서 산에서 살라고 할 수 없는 상황이라면 그 가난을 사회에서 해결해야죠. 그러지 못하면 그들은 폭동을 일으킬 수밖에 없거든요. 그럼 강제적 수단으로 계급을 철폐하든가 그렇지 않으면 부모효과를 제로로 만들든가 해

야죠.

　우리가 핀란드를 얘기할 때 가장 중심이 됐던 건 하나입니다. 대학 입학이나 사회적 성공에서 부모효과를 제로로 만드는 것. 그 방법은 시작부터 끝까지 무상으로 하는 거죠. 그러면 부모가 잘살고 못살고는 그 아이의 성취에 절대효과가 안 되니까요. 학업성취도국제비교연구PISA에서 핀란드 성적을 보면 부모효과가 거의 없더라고요. 그런 환경을 만들지 않으면 우리나라도 앞으로 어떻게 될지 장담할 수 없는 거죠. 자본주의체제를 유지하고 존속시키고자 한다면 박근혜가 먼저 나서서 복지를 해야 합니다. 실제로 그렇잖아요. 독일에서 우파들이 했던 복지가 있고 일종의 계급적 타협으로 했던 북유럽의 복지가 있는데 실제 배경은 달랐지만 결과적으로는 모양이 같았습니다. 우리나라가 계급 이동성이 거의 없는 사회라면 그런 고민을 해야 하죠.

이형환 : 선생님 학교에서 비정규직, 영어회화 강사와 같이 교과실을 안 쓰려고 했던 문제는 어떻게 해결했습니까?

정용주 : 썼어요, 결국은. 그런 의미에서 학교장이 보수, 진보를 떠나 기관장으로서 책임 있는 리더십을 발휘하는 게 중요합니다. 그 문제에 대해 교장한테 건의를 했고, 학교장도 비정규직과 정교사, 전담 강사가 교과실을 따로 쓰는 것은 용납할 수 없다고 말했죠. 결국 교사들도 동의했습니다.
　그런데 교사들한테 "왜 영어회화 강사에 대해 그렇게 부정적이냐" 물었더니 "쟤 땜에 초등 교사로 와야 할 우리 후배들이 임용이 안 되잖아요" 이

런 논리를 펴요. 보건교사가 수업을 한다고, 보건 시수를 늘려 달라고 했을 때도 교사들이 비슷한 논리로 반대했거든요. 보건교사가 5, 6학년 대상으로 한 학기에 17시간씩 수업을 하게 돼 있어요. 보건교사들이 보건교육의 중요성을 강조해서 애초에 체육 영역에서 하던 것을 재량 시간에 하기로 했습니다. 근데 초등 교사들이 "보건교사 때문에 우리 교사들이 수업 시수를 빼앗긴다, 우리를 치고 들어올 거다"라고 얘기하고, 또 "보건교사들이 보건교육한다고 교실에 올라가면 보건실은 누가 지키냐. 보건교사가 아닌 사람이 그 자리를 지킬 때 사고가 발생하면 누가 책임지냐" 이런 얘기를 하는 거예요. 집단에 매몰돼서 정상적인 문제 해결 방법을 생각하지 못하는 거죠.

학교에서 보건이 담당하는 영역이 많잖아요. 성교육만 해도 초등 교사들이 다 가르칠 수 없는 큰 영역이거든요. 지금의 교대가 갖고 있는 가장 비상식적인 담론은 초등 교사가 모든 걸 가르쳐야 한다는 거예요. 초등 교사의 전문성이 모든 과목을 다 가르치는 데 있는 것처럼 담론을 만들고 유포합니다. 보건교육을 하느라 보건실 자리를 지킬 사람이 없는 게 문제라면 보건교사가 둘이 돼야죠. 둘이 서로 협조하면서 보건교육과 일상적 응급처치를 같이 해 나가야 합니다.

비슷한 예로 이런 경우가 있어요. 지금 서울 초·중·고교에는 교무행정지원사라고 해서 업무를 보조하는 사람이 하나씩 와 있거든요. 잡무를 그 사람에게 떼어 주어서 교사들을 수업과 생활지도에 집중하게 만든다는 논리입니다. 비정규직을 한 명 더 뽑고 그 사람에게 일을 몰빵으로 시켜요. 그래 놓고 우리 정규직 교사들은 업무가 줄어들었다고 말하거든요. 하지만 그 사람에게는 어떤 업무까지 해야 하는지, 어느 선을 넘어가면 잡무인지, 업무 영역을 정해 주지 않아요. 그럼 그 사람의 업무 부담은 누가 책임질 거예요. 그래서 저는 그들에게도 잡무를 정해 줘야 한다고 생각해요. 이 업무 외에는 하지 않아야 한다고 정해 주고 영역을 벗어나는 업무는 또 다른 고용을 창출해서 다른 사람에게 맡겨야 합니다. 근데 그런 생각은 안 하는 거죠. 내 잡무만 줄어들면 된다고 생각하는 거예요. 그렇게 해서 비정규직이 양산되고 그 사람은 1~2년 고용을 유지합니다.

우리 학교 교무행정사도 교감하고 싸우다가 그저께 그만뒀습니다. 일을 계속 시키니까 못 하겠다고 했거든요. 근데 정상적으로 문제 제기하는 사람한테 교감이 그래요. "어른한테 어디 눈을 똑바로 뜨고. 건방지게." 그러니까 사람들은 "그것도 못 해? 네가 하는 일이 뭐 어려운 일이야? 시키면 그때그때 하는 게 네 역할이지"라고 사고하는 거예요. 교무실에 있는 비정규직 노동자가 자기의 업무는 특별하지 않고 잡무라는 인식으로, 막 시키는 일을 거부도 못 하고 감정노동까지 하다가 "건방지다"는 말을 듣고 결국 그만둔 겁니다.

지금 행정이 마비 상태예요. 그런데도 교장, 교감은 "괜찮아. 하루 이틀이면 또 사람 있고, 뽑아서 하루 이틀 일 시키면 금방 해"라고 말합니다. 우리가 갖고 있는 비정규직에 대한 폭력성이라는 게 이런 거죠. 교사들이 잡무라고 밀어낸 영역을 그 사람들은 모두 다 할 수 있다는 생각이 학교를 계급화하고 있습니다. 이건 우리가 사회적으로 같이 풀어 나가지 않으면 안 돼요.

김소희 : 저희도 줄어든 업무를 교무행정지원사분이 하고 계시는데, '이거 정말 아무나 할 수 있는 쉬운 일이 아니야'라고 생각하세요. 그리고 같은 일이어도 정규 교사가 맡아서 하다 실수가 벌어지면 그냥 별 말 하지 않다가도 교무행정지원사가 잘못하면 일이 커지더라고요.

정용주 : 고용 관계에서 갑의 위치에 있는 기관장들이 비정규직인 을에게 하는 말이 있죠. "쟤네는 시키는 일만 해. 도무지 스스로 움직이지 않아." 근데 이런 거예요. 왜 배달 아르바이트를 하는 사람이 목숨을 내걸고 달려야 하죠? 걔네 성격이 괴팍해서 그런 건가요? 아니잖아요. 20분 안에 배달 안 하면 돈을 물어 줘야 하거나 자기에게 벌금이 가해지는 시스템 속에 있기 때문이죠. 그 아르바이트생들처럼 학교 비정규직들도 4대 보험 간신히 내고 돈 백만 원 받는 사람들이에요. 내 노동력이 하찮은 일이고 아무것도 아닌 일이라고 평가받는 사회에서 어떤 사람이 자율성을 발휘하겠어요.

환경만 생태적으로 접근할 게 아니라 복지도 생태적으로 접근해서 풀어야 합니다. 나라 발전 시켜 놓고 복지는 나중에 하자는 주장이 말이 안 되는 것처럼, 지금 정규직의 수업이 중요하니까 일단 정규직이 생활지도와 수업에 집중할 수 있게 만들어 주고 비정규직 문제는 천천히 풀자, 이렇게 하면 안 된다는 겁니다. 교장과 갑을 관계가 형성돼 있는 상태에서 한두 명이 어떻게 해결하겠어요. 이런 상황에서 그들을 동정하지 않고 사회적 연대를 해 나가는 게 필요한 거죠. 우리가 하는 동정이라는 게 사실 뻔하거든요. 돈 없으니까 친목회비를 반값으로 깎아 주거나 내지 말라고 하는 거, 이게 다잖아요.

박동준 : 선생님이 '무능한 주체'에 대한 이야기를 하셨잖아요. 저도 성과급이나 교원평가에 대해서는 비판적이에요. 그런데 한편으로 관료적인 정책이 사라진다고 평교사가 교육적인 활동에 올인할 수 있을 것인가에 대해서는 회의적이에요. 평교사의 무능함을 강조하다 보면 교사로서 해야 하는 수업 준비, 연구를 안 하는 행동에 대해 옹호한다는 오해를 사지 않을까요? 위에서 내려오는 것 중에 불합리한 게 많다는 건 알지만 평교사도 노력이 필요하다고 보거든요. 제가 봐도 이상한 교사 많고요.

정용주 : 제가 지금 무능함이라고 말하는 것도, 누구의 지시와 통제에 길들여지지 않고 자기 스스로 자신의 공백, 사회적 경험에 대해 성찰하면서 나서야 한다는 의미입니다. 그러려면 평교사 담론을 해체해야 합니다. 승진하지 않은 모든 사람이 정의로운 교사는 아니거든요.

일례로 평교사들이 교육개혁의 실질적인 동력이기 때문에 곽노현 전 서울시교육감이 이들을 믿고 지지를 얻으려고 했어요. 그런데 서울에서 혁신학교 전환의 가장 걸림돌이 되는 게 바로 이 평교사들입니다. 혁신학교로 지정받으려고 하는데 부르주아 평교사들이 "난 늦게 퇴근하기 싫은데", "나는 그렇게까지 열심히 교육 활동을 하고 싶지 않은데" 그러면서 거부해요. 그 사람들은 신자유주의의 노예가 아니에요. 이 사람들은 가난한 지역을 선호하지 않습니다. 부자 지역 모퉁이에 가서 적당히 학생들 관리나 하면서 살아가길 원하죠.

제가 오늘 강의하면서 전달을 잘 못한 것 같은데, 평교사를 집합적으로 봐서는 안 되고 계급적으로 끊어서 볼 필요가 있습니다. 그들 중에서 부르주아적 자기정체성을 가지고 있는 사람들, 그래서 교육의 사회적 기능에 대해서 침묵하는 사람들, "엄마들이 학교에서 다 해 주길 바라면서 애들 가방만 싸서 보낸다"라고 흉보는 사람들, 이런 사람들과는 치열하게 싸워야 한다고 생각해요.

이지영 : 강의를 들으면서 저를 많이 돌아봤어요. 우리 학교도 혁신학교로 전환하는 과정에서 비정규직한테 행정 일 넘기고 그랬거든요. 이 과정에서 저도 별 생각이 없었던 것 같아서 부끄럽습니다.

정용주 : 최근 공지영 작가가 쓴 《의자놀이》라는 책을 보면서 무심코 교실에서 하는 놀이를 성찰하게 되었습니다. 쌍용자동차 문제도 그렇지만, 용산참사를 다룬 영화 〈두 개의 문〉을 보면 특정한 가해자가 지목되지 않잖아요. 전부 이명박의 잘못인가요? 경찰이 다 책임지면 되나요? 우리가 철거민을 대상화하고 나는 철거민이 아니라고 얘기하면서 그들의 삶에 대해 침묵하지 않았나요? 침묵하면 끝이거든요. 임금을 '사회적 임금'으로 바라보는 순간 비정규직을 품을 수 있는 것처럼 주거의 문제도 사회적으로 바라봐야죠. 침묵하는 순간 우리는 철거민이 되지 않기 위해 치열하게 경쟁하는 방법밖에 없잖아요.

 우리가 사회적 문제에 공분하지 않고 문제의 원인을 인격화시켜서 모든 것을 이명박 때문으로 밀어내는 순간, 모든 것은 안철수면 해결해 줄 수 있다는 또 다른 인격화가 나타나거든요. 그건 박정희가 없었으면 근대화가 안 됐다고 근대화를 박정희로 인격화시키는 것처럼, 김대중이 아니면 우리 민주주의가 없었다고 민주주의를 김대중으로 인격화하는 것처럼 굉장히 위험한 거죠. 〈두 개의 문〉에서 가해자를 특정하지 않았듯 저런 사태가 또 벌어지지 않으려면 침묵하는 방관자들의 문화 속에 내가 있었던 건 아닌지, 그 안에서 일조하지 않았는지 성찰을 해야 해요.

신규 교사들의 정체성 중에 아주 재밌는 것이, 모든 사람들에게 칭찬받고 인정받으려는 욕구가 있다는 거예요. 모든 사람에게 칭찬받으려고 하면 진정한 친구도 없고 동지도 없거든요. 전교조도 이 함정에 빠져 있어요. 모든 평교사가 함께 가야 한다고 하잖아요. 그런데 욕먹을 교사에겐 욕해야 하거든요. 그들이 반성하게끔 공적인 분노를 표현하고, 그런 담론을 만들어 내야 하는데 그러지 않아요. 성과급 문제도 그렇잖아요. 끝까지 싸우지 않고 전교조가 어느 순간 나이별로 가자, 경력순으로 나눠 갖자, 이런 얘기를 먼저 했어요. 그러니까 교장, 교감이 "능력이지 무슨 경력이야"라는 말을 할 수 있게 만든 거예요. 요지는 나의 학교 경험과 지금의 학교생활에 대해서 성찰했다면 결국 사회적 행동을 해야 한다는 겁니다.

혁신학교도 5년 안에 완성할 수 없는 실험이고 결과적으로 실패할 거라고 봅니다. 그렇지만 해야 하는 실험이에요. 깨지고 나면 엄청난 반향이 몰아치겠죠. "그거 봐." 1990년대 열린교육처럼 흔적도 없이 제거하려는 흐름이 있을 겁니다. 지금 혁신학교를 지정하는 건 문제가 아니에요. 나중에 교육감이 바뀌고 혁신학교를 깨려고 했을 때 그 혁신학교의 가치를 얼마만큼 지켜 내느냐가 관건이라고 봅니다.

미국도 루스벨트가 집권해서 뉴딜을 추진하기까지 얼마나 많은 기득권의 저항이 있었습니까. 아마추어 정권이라고, 능숙하지 못한 좌파가 정권을 잡았다고 계속 비판을 받았습니다. 우리는 노무현정부를 경험했고 보수주의로 회귀한 이명박정부를 경험했으니 그다음은 조금 더 달라지겠죠. 5년의 실험으로 실패, 성공의 틀에 갇히면 결국 기존에 연구시범학교를 지정했던 것처럼 성과주의에 빠지게 됩니다. 몇 개를 얼마큼 지정했느냐, 이런 성과는 언제든 사라질 수 있어요. 실험 자체가 끝날 거라는 두려움을 갖지 않아야 합니다.

혁신의 성과는 어느 순간 또 다른 사람이 이어받을 겁니다. 그걸 내 대에 완성하려 하면 오만해지거든요. 완벽해지려는 욕심을 버리고, 누구에게도 인정받으려는 생각을 버리고 할 말은 하면서 집단화되지 않으려는 개인의 자유를 어느 정도 구현하면 학교가 좀 더 다양해지지 않을까 생각합니다. 그 외에 공인, 직업인으로서 교사의 정체성은 분명히 형성해야죠.

제가 관료제에 대한 연구를 계속하고 있는데요, 관료제를 제거하지 않으면 가르치는 사람으로서 교사의 정체성이 없어지기 때문입니다. 지금 저는 대부분의 교사들을 교사라고 하지 않고 '지식관료'라고 말합니다. 시험을 위해서 정해진 교육과정을 학생들에게 전달하는 지식관료. 이런 지식관료가 되지 않으려면 자기정체성을 형성해 나가기 위해 눈을 똑바로 떠야 할 겁니다.

- 학습 목표

불온한 행위를 실제 생활에 적용, 실습하며 익힌다.

- 학습 대상

머리로는 불온의 원리를 이해하고 있지만
왠지 모르게 따로 노는 육신을 지닌 심신분리증 환자.
몸의 불편함을 감내하기 위해 용기와 격려가 필요한 보통 사람.

- 학습 팁

강사들의 이야기에서 좀 불온해 보이는 행위들에
일일이 번호를 매긴다. 하루에 하나씩 실천해 본다.
어떤 날은 반드시 샌들을 끌고 학교에 가게 된다.

배려와 존중의 교사 문화 가꾸기

"좋은 교사 셋이면 학교가 바뀐다"

안정선 서울 경희중 교사

강원도 삼척시에서 교단 첫발을 디디고 월간 《우리교육》을 잠시 거쳐 지금은 경희중학교에서 근무하고 있습니다. 남자 중학생만 가르쳐 온 23년의 세월을 무슨 훈장인 줄 착각하며 살고 있습니다. 유능한 교사이기보다 아이들에게 '엄마 같은 좋은 선생님'이 되기를 희망합니다.

강의하러 오기 전에, 이 되바라진 제목의 강의를 자발적으로 선택한 분들은 도대체 어떤 분들일까 궁금했어요. 그래서 '불온'이라는 단어가 갖고 있는 뜻을 생각해 봤어요. "삐뚤어질 테다"라고 대놓고 얘기하면 세 보이는 것처럼 강고한 냄새가 나요. 하지만 이 단어가 들어간 연수를 선택한 분들의 마음속에는 불안감도 숨어 있을 거라고 생각해요. 자신의 나약함에 대한 불안감이요. 이 보수적인 한국 사회에서 가장 보수적인 공간 중의 하나인 학교. 그 안에서 하루에도 수십 번씩 싸우지 않으면 안 되는 일들과 부딪히게 되잖아요. 그때마다 '아, 용기를 내야 하는데…… 하지만 귀찮은데…… 힘든데…… 모른 척해 버릴까?'라는 유혹을 받을 테고, 또 한편으로는 '내가 이러면 안 되지. 강해져야지'라고 마음을 다지는 사람들이, 그렇게 강해지기 위해 이 연수를 선택했을 것 같아요. 저는 선생님들의 그 강고함 뒤에 숨은 불안감과 나약함, 갈등의 과정을 극복한 이 선택이 굉장히 소중하다고 생각합니다. 반갑습니다.

교사로서의 시작, 실패한 5년

저는 사립학교에 20년 넘게 있었는데, 처음 5년은 강원도 삼척시의 조

그만 사립학교에 있었어요. 대학을 갓 졸업한 스물다섯에, 차에 간단한 이불 보따리와 '부루스타'를 싣고 엄마랑 아빠랑 남자친구랑 같이 눈 덮인 대관령 고개를 넘어 삼척으로 갔어요. 엄마, 아빠는 여관방에 부루스타랑 이불이랑 저를 던져 놓고 서울로 가 버리셨죠. 동생들이 아직 어려서 챙겨 줘야 했거든요. 남자친구라도 놓고 갔으면 참 좋았을 텐데, 데리고 가시더라고요. (웃음)

그렇게 삼척에서 교사생활을 시작했어요. 개인적으로는 아름다운 추억이 많은 시간이었습니다. 부모님으로부터 독립한 것도 좋았고, 그때 만난 아이들과도 행복한 시간을 보냈으니까요. 그런데 거기까지예요. 교사로서 저의 5년은 사실 실패한 시간이었거든요.

제가 임용된 해가 1989년이었는데 그해 전교조가 결성되었어요. 전교조 신문을 돌리는 것 자체가 투쟁이던 시절이었죠. 우리 학교가 강원도에서 전교조 신문이 들어오는 유일한 사립학교였다고 그래요. 제가 돌렸거든요. (웃음) 그리고 1991년에 강경대 학생이 경찰의 구타로 사망하면서 전국의 교사들이 이 사건을 개탄하는 시국선언을 발표해요. 그때 저도 그 선언에 함께하고 그 때문에 경고도 받고 그랬어요. 저는 교무실에서 흔히 이야기하는 '벌떡 교사'였어요. 회의 때마다 일어나서 싸웠거든요. 나름 저는 열심히 싸웠는데 왜 실패했다고 할까요?

교사가 된 첫해에 한번은 이런 일이 있었어요. 갑자기 3학년 교과 담임들만 모여서 보충수업을 할지 말지를 놓고 회의를 하는 거예요. 육성회 임원인 학부모들한테 요청이 들어왔대요. 상위권 아이들 열 명 정도만 따로 보충수업을 해 달라고요. 그때는 고등학교도 비평준화여서 좋은 고등학교에 진학하면 중학교 교문에 현수막이 걸리는 시절이었거든요. 이 회의를 통해서 상위권 아이들을 위한 보충수업을 할지 말지 결정한다고 하지만 사실은 거의 해야 하는 분위기잖아요. 돌아가면서 의견을 이야기 하라는데 다른 선생님들은 거의 말씀을 안 하셨어요. 그리고 제 차례가 왔어요. 저는 상위 열 명이 아니라 오히려 공부 못하는 애들을 더 지도해 줘야 한다고 생각했거든요. 그래서 "저는 3학년 이백 명 모두의 교사이지 상위권 열 명만의 교사가 아닙니다. 보충수업을 하기로 결정하더라도 저는 안 합니다" 그렇게 선언하고는 자리를 박차고 나가 버렸어요. 그러니까 한 선배 교사가 쫓아 나와서 저를 붙잡고 그러시더라고요. "네 말은 옳다. 그런데 네가 이렇게 나가 버리면 남아 있는 다른 선생님들은 뭐가 되냐. 저 사람들은 다 바보라서 저기 앉아 있느냐."

그때는 그 말의 진정한 의미를 몰랐어요. 그리고 생각해 보면 당시 저한테 선배 교사들을 얕잡아 보는 마음이 있었던 것 같아요. 그때 저는 이렇게 생각했어요. 독재정권이 학교에 부당한 명령을 내려요. 교장이 그걸 대변하죠. 교무실에 앉아 있는 많은 선생님들이 그게 잘못됐다는 걸 모르는 걸까요? 그 판단을 못 한다면 바보인 거잖아요. 그럼 알고도 아무 말 안 하는 걸까요? 그럼 비겁한 거잖아요. 그러니까 어느 쪽을 가정해도 선배들은 바보거나 비겁한 사람인 거예요. 하지만 선배들 입장에서는 '대학 갓 졸업한 네가 학교에 대해, 교육에 대해 뭘 아느냐. 설령 네 생각이 옳아도 네 언행에는 동의할 수 없다'고 생각했던 것 같아요.

5년이 지나고 개인적인 사정으로 사표를 썼어요. 학교를 나오면서 생각해 보니 그동안 여러 가지 활동을 했어도 남은 게 없었어요. 선생님들도 저를 보내면서 별로 아쉬워하지 않았고요. 아시겠지만 힘을 다 합쳐서 싸워도 성과를 내기가 어려워요. 혼자서 하는 건 갈등만 야기하지 어떤 결과를 불러일으키진 못하죠. 그런데 어떤 싸움은, 성과를 내지는 못하더라도 같이 싸운 사람들의 마음을 묶어 내는 역할을 해요. 사실 그게 성과일 수도 있죠. 그런데 저는 부끄럽게도 5년을 보내면서 동료 교사들하고 뭔가를 함께한 적이 없었어요. 마음을 함께하지 못한 거죠. 그게 교사로서 저의 첫 경험이었어요. 만약에 교단에 다시 서게 된다면 이런 잘못을 저지르지 말아야겠다고 생각했죠.

좋은 교사 셋만 있으면 문화가 바뀐다

지금 제가 있는 학교는 대학재단 병설학교예요. 인사나 행정이 대체로 투명해서 흔히 생각하는 사립학교의 전횡 같은 문제는 별로 없어요. 공립학교처럼 근무평정이나 연수 점수에 목을 맨다거나 교육청 눈치를 심하게 살피는 일도 상대적으로 적고요.

사립학교로서 단점이 있다면 오래 같이 근무한다는 거죠. 길면 30년까지도 같이 근무할 수 있으니까요. 특히 젊은 선생님들은 동료나 선배들한테 '경우 없는 녀석이다', '무능하다', '게으르다'라고 한번 찍혀 버리면 만회하는 데 너무 시간이 오래 걸려요. 그래서 책잡히지 않으려다 보니 싸워야 하는 일에 싸우지 못하고 움츠러들기도 하고요. 물론 오래 같이 근무하다 보면 너무 정이 들어서 방학 때면 그리워하기도 하지만요.

이런 환경이라 교사 문화가 정말 중요해요. 학급에서도 학기 초에 아이들한테 그런 이야기를 많이 해요. 마흔 명이 안 되는 반에 정말 좋은 애들 셋만 있으면 배려와 존중이 넘치는 따뜻한 반이 되고, 나쁜 맘 먹은 애 둘만 있으면 그 반은 왕따가 넘치는 개판 반이 된다고요. 한 명으로는 그렇게 안 되거든요. 한 명이 깝쳤을 때 동조하는 애가 한 명은 있어야 해요. 그러면 '아, 이렇게 해도 되는구나' 생각해서 계속 그렇게 하는 거죠. 좋은 아이들도 그래요. 어떤 애가 친구를 도와줬을 때 잘했다고 하는 애들이 두 명만 옆에 있으면 그게 당연한 것이 되는 따뜻한 학급을 만들 수 있어요. 저는 교사들도 그렇다고 생각해요.

최근 제 고민은 학교의 부당한 업무 구조, 그리고 그것을 조장하는 관리자와의 갈등인데요, 이런 건 혼자 해결할 수 없는 문제잖아요. 교육정책의 문제니까요. 관리자와의 갈등만 하더라도 어떤 개인의 인격 문제라기보다 누구나 교장, 교감이 되면 '나쁜 사람'이 되는 시스템의 문제죠. 그것은 교장 선출 제도의 문제이기도 하고 권한과 책임이 집중되는 문제이기도 하고 관리의 문제이기도 해요. 민주적인 제도가 만들어지면 좋은 교사가 교장이 될 수 있을 것이고 그들이 일도 더 잘할 겁니다. 이것이 바로 우리가 함께 시스템 개혁, 제도 개선, 정책 개발을 외쳐야 하는 이유죠.

교사들 중에 좋은 교사가 되려고 노력하는 분일수록 '내가 아이들한테 잘못했구나'라고 혼자 반성하는 경우가 많아요. 물론 자기반성을 한다는 건 고민한다는 것이고 그건 교사가 건강하다는 증거이기도 해요. 하지만 아이들한테 잘못할 수밖에 없게 만드는 상황이 있거든요. 정작 그런 상황을 만든 나쁜 사람들은 따로 있는데 교사는 만날 자기반성만 하고 있어요. 그러면 문제가 풀리지 않아요. 이제 반성만 할 게 아니라 정책과 제도를 바꾸려고 노력해야 합니다. 혼자가 아니라 둘, 셋 이렇게 바로 옆에 있는 동료와 함께 말입니다.

사실 이게 '나의 문제'가 아니라 구조의 문제라는 것도 옆에 있는 다른 교사와 이야기를 나눴을 때 알게 되잖아요. 대화를 통해 그들도 같은 문제를 겪고 있다는 것을 알게 되는 순간 내가 속해 있는 시스템이 틀렸다는 것을 깨닫는 거거든요. 그래서 교사 문화가 중요한 거예요. 교사들이 현실을 연구하는 문화, 편하게 고민을 나누는 문화, 자유롭게 이야기하는 문화…… 그런 게 없으면 계속 내 안에 갇혀서 반성만 하다 끝날 테니까요. 그럼 제도를 바꾸는 싸움도 불가능해지고요.

그럼 이제 무엇을 어떻게 해야 할까요? 이게 우리의 고민이죠. 그런 이야기를 나누어 봅시다. 먼저 우리 학교 이야기를 들려드릴게요.

동료와의 만남은 문제 해결의 시작

제가 작년에 학교에서 꼭 해결하고 싶은 문제가 하나 있었어요. 수업 시수에 대한 건데, 우리 학교는 부장교사가 16시간, 평교사는 많게는 21시간까지 수업을 해요. 오래전부터 부장교사한테 수업 시수를 덜 주고 있잖아요. 저는 늘 이게 부당하다고 생각했어요.

아주 오래된 관행인데, 예전에는 대개 연공서열대로 연세 많은 선생님들이 부장을 하셨잖아요. 그러니까 말하자면 젊었을 때 고생하셨다고, 나이 든 교사를 배려하는 차원에서 부장에게 수업을 덜 주는 일이 마치 관습법처럼 지금까지 이어져 온 거죠. 그런데 요즘엔 젊은 부장이 많아지고 담임 업무는 더 과중해지면서 상황이 달라졌어요.

저는 오히려 담임이 수업을 적게 해야 한다고 생각하거든요. 이 시수를 법률로 만들자고 10년 전에 전교조가 법제화 투쟁을 했는데 아직도 해결이 안 났어요. 중국 상하이는 담임을 맡은 교사한테 수업을 12시간만 준다고 하더라고요. 이 이야기를 누구한테 들은 줄 아세요? 교장 선생님이에요. 상하이에 다녀온 교장 선생님이 이 얘기를 들려주면서 "선진화된 좋은 학교"라고, "중국이라고 우습게 알지 말라"고 그러셨어요. 그게 옳은데 우린 왜 담임이 수업을 더 많이 하냐고요. 담임 업무 외에 행정 업무를 안 하는 것도 아닌데요.

선생님들은 학교에서 꼭 해결해야 하는 문제가 있으면 어떻게 하세요? 흔히들 하듯이 교무회의 때 일어나서 문제 제기를 하는 방법이 있죠. 그런데 한계가 있어요. 누가 갑작스럽게 어떤 사안을 이야기하면 다른 사람들이 '저 말이 맞아', '저 이야기에 힘을 실어 줘야 해'라고 생각을 하더라도 아직 준비가 안 돼 있으니까 동조 발언을 하기 어려워요. 관리자들은 누군가 그렇게 문제 제기를 하면 '도발'했다고 생각해요. 그래서 문제 제기의 옳고 그름을 떠나 방어적으로 대응하기 쉽고요. 그러다 회의가 끝나 버릴 수도 있거든요.

그래서 저는 이 문제를 회의 자리에서 제안하기 전에 선생님 몇몇을 먼저 만났어요. 합리적으로 의견을 나눌 수 있는 선생님들을 개인적으로 만나서 "올해 이 문제를 해결해 보자"고 제안하고 힘이 될 선생님들과 식사 자리를 마련했죠.

그때가 시험 기간이었는데 낮에 삼계탕 집에 갔어요. 점심을 먹으면서 얘기를 했는데 어느덧 정신을 차려 보니까 우리가 낮술을 먹고 있더라고요. (웃음) 저희 교과에서 마련한 수업 시수 제안서를 선생님들한테 드리고 이 문제를 해결할 방안을 같이 의논해 보자고 이야기했어요. 근데 선생님들이 뚱한 표정으로 "해야죠. 교육과정위원회에서 이야기하면 되겠네요"라고 하시더라고요. 제 딴에는 '이게 공감할 만한 이슈가 아닌가' 싶어 조금 실망을 했죠. 저는 내심 "회의 때 한번 제안해 보자. 선생님이 일어나서 이야기하면 제가 동조 발언하고 누가 또 쓰리쿠션으로 하고……" 그런 적극적인 반응을 기대했거든요.

대신 그날 다른 소득을 얻었어요. 저희가 이야기하면서 새로운 사실을 알게 됐거든요. 선생님들은 '부장 16시간, 평교사 21시간'이라는 이 수업 시수의 기준이 어디에 있는지 아세요? 근거가 무엇이기에 학교마다 이걸 다 따르는 걸까요? 상식적으로 생각하면 교육법 어딘가에 있을 것 같잖아요. 그런데 없어요. 자료를 찾아보니까 학교규정집 '초과근무수당 지급에 관한 건'에 있더라고요. 그것도 "부장교사 16시간 이상, 평교사 21시간 이상 수업을 했을 때 초과근무수당을 지급한다"라고 딱 한 줄 나와요. 그날 그걸 발견한 거예요.

우리는 규정집에 그런 게 있는지도 몰랐어요. 물론 교육법에 대해서도 몰랐고요. 그냥 부장은 당연히 16시간 수업하는 줄 알고 살았던 거예요. 우리는 우리 자신의 무지에 경악했어요. 그리고 규정에 관해 공부를 해 보기로 했습니다. 각자가 공부해 보고 싶은 교육법이나 규정들을 모아 커리큘럼을 짰고, 교과부 홈페이지 등에서 필요한 자료를 찾아 모았어요.

다시 소모임을 만들자

교사들이 알아야 할 교육 관련 규정은 뭐가 있을까요? 일단 초·중등 교육법이 있죠. 그 교육법에 따라다니는 시행령을 기본적으로 알아야 하고 연수나 복무, 징계에 관한 것은 교육공무원법이나 행동강령에 있으니까 이것도 공부해야 할 필요가 있더라고요. 그리고 우리는 사립학교니까 사립학교법을 알아야 하고 또 재단마다 사립학교법에 의한 재단 정관이 있어요. 아이들과 관련된 건 학교폭력예방 및 대책에 관한 법률, 학교안전사고예방 및 보상에 관한 법률 같은 것들이 있더라고요.

선생님들도 규정 공부모임을 만들어 보세요. 적극 권합니다. 그냥 규정을 읽고 이야기만 나누지 말고 전원이 각자 문제 제기할 것, 궁금한 것을 적어 와서 그걸 가지고 이야기를 나누어 보세요. 학교에는 그 법규에 적용해 볼 만한 실제 사례가 있잖아요. 가령 휴가에 대해 공부한다면, 지난번에 아무개 선생님이 결혼 특별휴가 받을 때 학교 측에서 휴가를 주네 마네 했다더라, '법정 교원 수'에 대한 공부를 한다면, 우리 학교 법정 교원 수는 모두 몇 명인데 실제로는 몇 명이다, 이렇게 실례 적용이 가능하니까 재미있게 공부할 수 있어요.

이후에 수업 시수 문제는 결국 교육과정위원회에서 제기됐고 여러 교과의 동의를 얻어 부장 수업의 기준 시수를 18시간으로 조정하는 것으로 정리가 되었어요. 그런데 저는 부장의 수업 시수를 조정한 것보다 오히려 이렇게 규정 모임을 만든 것 자체가 큰 성과였다고 생각해요.

우리 학교에는 그렇게 만들어진 모임 말고도 소모임이 몇 개 있어요. 재단에서 한 학교에 7개 정도의 교사 동호회에 활동비를 지원해요. 영화감상반, 맛집탐방반, 등산반도 있고 독서토론모임도 있어요. 작년에는 수업연구모임을 했어요. 돌아가면서 자기 수업을 보여 주는 거예요. 방과 후에 수업의 엑기스만 딱 보여 주면 거기에 대해 다른 교사들이 피드백을 해 줘요. 실제 수업에 많은 도움이 되었어요. 올해는 상담연구모임에 들어갔는데 학생 상담에 필요한 자료를 공유해요. 지난번에는 상담 선생님이 학생 자살에 대한 자료를 준비해 주셔서 함께 토론했어요.

우리 학교에 소모임이 많아지는 이유는 재단의 지원과 몇몇 선생님들의 노력 때문이기도 한데, 교사 문화가 바뀌는 것 같기도 해요. 얘기 들어 보면 다른 학교도 비슷한 것 같더라고요. 십 년 전쯤에는 선생님들이 잘 모이지도 않고 술도 안 먹고, 소모임도 안 하고, 각자 자기의 취미 생활을 하는 분위기였는데 얼마 전부터 소모임들이 다시 늘기 시작한대요. 교사라는 직업이 상대적으로 안정화되면서 한동안 교사들 사이에서도 '직업인으로서 교사'라는 의식이 커졌잖아요. 그런데 학교가 점점 메말라 간다는 위기의식에 교사들도 다시 하나둘씩 모여서 소모임을 꾸리고 공부를 시작하는 게 아닌가 싶어요.

공부하자, 모여서 공부하자

교사는 기본적으로 공부하는 사람입니다. 수업을 위한 공부는 기본이고요. 제가 첫 학교에서 지금 있는 학교로 건너오기 전에 10개월 정도 월간 《우리교육》 기자로 있었어요. 어느 날은 제가 취재한 기사가 월간지에 실리지 않게 돼서 약간 울적해하고 있었거든요. 그랬더니 당시 편집부장이 저한테 이렇게 말씀하셨어요. "좋은 기자는 말이야, 100을 취재해서 40을 기사로 쓰는 사람이야. 그렇게만 해도 훌륭한 기사를 쓰는 거야." 40을 건지기 위해 버려질 수도 있는 60을 취재하러 발로 뛰는 기자의 모습을 이야기한 거겠죠. 저는 천상 기자가 아니었기 때문에 그 말이 "좋은 교사는 말이야, 100을 연구해서 40을 가르치면 훌륭한 수업을 한 거야"라고 바뀌어 들리더라고요.

지금도 저는 한 차시 수업을 하기 위해 두 배 세 배의 시간을 들여 준비합니다. 그러면 나머지 60은 사라지는 걸까요? 그건 지하수처럼 내 안으로 스며들어서 아이들한테 보이는 40의 뿌리가 되겠죠. 제가 아이들 앞에 섰을 때 자신감으로 드러나기도 하고요. 수업 연구를 열심히 하면 농담 한마디를 해도 달라요.

아이들은 선생님이 공부를 열심히 해서 교사가 된 줄 알고 있어요. 지금도 선생님들은 열심히 공부하겠거니 생각할 테죠. 그런데 정작 교무실에서 보면 책을 읽고 공부하는 교사들은 드물어요. 수업 준비 말고도 교사는 기본적으로 공부하는 사람, 연구하는 사람이어야 마땅하다고 생각해요.

다만 한 가지, 혼자 공부하는 것은 위험합니다. 자기가 잘못된 방향으로 가도 몰라요. 공부를 많이 한 사람은 나름의 아집이 있거든요. 그래서 더더욱 검증받아야 한다고 생각해요. 그래서 모여서 공부하는 게 참 중요하죠. 그럼 결론이 났네요. 우리가 해야 할 첫 번째 일은 이거예요. "공부하자. 그리고 모여서 공부하자."

선생님들은 "우리 학교에는 같이 공부할 사람들이 없다"고 말씀하실지도 몰라요. 학교에서 맘 맞는 동료를 찾기 어려우니까 자꾸 학교 밖에서 연수를 듣게 되고, 그럴수록 '여기 오면 이렇게 괜찮은 사람들이 많은데 우리 학교는 뭐지'라고 생각하게 돼요. 문제는, 그곳에 있을 때는 뭔가 흐뭇하고 내가 더 괜찮은 교사가 되어 가고 있는 것 같아도 학교에 돌아가면 여전히 난 혼자라는 겁니다. 혼자서는 못 하잖아요. 학교의 문제를 해결하기 위해서는 동료가 필요하거든요.

한 학교에서 근무하는 세월이 쌓이면 점점 말을 안 하게 되죠. 학교에 지치면 내가 어떤 사람인지 보여 주고 싶지도 않아요. 그건 나뿐만이 아니라 동료들도 그래요. 그들 안에 별빛을 감추고 있어도 학교가 너무 우리를 힘들게 하기 때문에 '차라리 없는 듯 살 테야' 하고 숨어 버리는 거죠. 그런 숨은 보석들이 많아요. 그게 어느 날 접점을 만나면 스파크가 딱 일어나는데, 그런 기회조차 못 만나고 흩어져 버리는 경우가 너무 많습니다. 조금만 눈높이를 낮추면 뜻밖에 '같은 고민을 하는 사람이 여기 있었구나' 하실 거예요. 그러니 공부하되 혼자보다 여럿이서, 바깥보다는 학교 안에서 하시길 권합니다.

존중받는 아이들이 교사를 존중한다

제가 우리 학교에서 가장 자랑하는 게 교사들이에요. 아이들한테 존댓말을 하는 선생님들이 많아요. 수업 시간에야 대부분 경어를 쓴다 해도 개인적으로 만날 때는 잘 안 하게 되잖아요. 그런데 아이가 교무실에 와서 조퇴하고 싶다고 그럴 때도 "어디가 아파요? 한 시간만 참아 봐요"라든가, "병원에 가서 처방전 꼭 챙겨서 오세요"라고 말해요. 심지어 야단칠 때도 존댓말을 해요.

"친구랑 싸웠어요? 왜 싸웠어요?"

"○○이가 시비를 걸어서 싸웠습니다."

"올해 몇 살이죠?"

"열네 살입니다."

"열네 살이면 친구랑 싸우면 안 된다는 걸 모르지는 않을 거예요. 부모님께 죄송한 줄 아셔야죠. 지금 ○○군이 한 행동이 얼마나 부끄러운 일인지 생각해 보세요."

막 언성을 높이는 게 아니라 준엄한 목소리로 이야기하는 거예요. 이런 선생님이 꽤 많아요. 저도 수업 시간에 '자네', '군'이라는 호칭을 많이 써요. "자네 한번 읽어 보게"라거나 "아무개군 이리 나와 봐"라고요. 그럼 웃길 것 같은데 생각보다 아이들은 진지하게 받아들이더라고요.

그런 교사 두세 명이 모여서 만든 교무실 분위기는 이후 들어온 신규 교사한테 많은 영향을 줘요. 올해도 세 분의 신규 교사들이 들어왔는데 그분들이 보니까 이 학교는 "이 새끼가 어디 쌈박질을 해!" 이런 분위기가 아니라 아이들을 존중하는 분위기란 말이에요. 그럼 본인도 그렇게 하게 되는 겁니다.

우리 학교가 남자 중학교니까 주변 분들이 드센 남자아이들 때문에 교권 침해가 일어나지 않느냐고 걱정을 많이 하는데 그런 사례가 많지 않아요. 오히려 다른 학교에 비해 우리 학교가 생활지도 문제도 덜한 편입니다. 저는 교사들이 아이들을 존중해서 그렇다고 생각해요. 아이들도 느끼거든요. 내가 존중받고 있다는 느낌을 받으니까 선생님한테 함부로 못 하는 거예요.

학교 안을 오가다 보면 남자 선생님들이 복도에서 아이를 폭 안아 주는 모습을 많이 봐요. 특히 평소에 말썽을 많이 피우는 녀석들을 가슴에 안고 다독이는 선생님도 있고요. 애들이 먼저 선생님한테 달려가서 매달리기도 하고요.

저는 '학생을 사랑하는 교사가 되자'라고 말하고 있는 게 아닙니다. '학생을 존중하는 교사가 되자'고 말씀드리는 거예요. 학생들을 사랑하는 것은 너무나 당연한 거고요. 거기에서 더 나아가 아이들을 귀하게 여길 때 아이들로부터 존중받는 교사가 되고 서로 존중하는 학교가 되겠죠.

또 한 가지 자랑하고 싶은 이야기가 있어요. 우리 학교 선거 이야기예요. 요즘 학교 선거는 민주주의를 배우는 장은커녕 일진들의 조작 선거가 판치거나, 어른들 선거판 흉내 내기에 급급하죠. 아니면 형식적인 절차에 불과하거나. 그런데 작년 우리 학교 학생회 선거는 달랐어요. 학생회가 선관위가 돼서 차기 학생회를 구성하는 선거를 주도한 거예요. 이 과정을 아이들 스스로 했어요. 모든 논의 과정을 대의원회의, 선거관리위원회, 후보자회의에서 결정하고 그대로 집행했죠. 선거 홍보물도 조잡하고 선거 진행도 세련되지 않았지만 토론만은 치열했고 그렇게 학생회를 일궈 냈어요. 그래서 그런지 선거 후 새로 꾸려진 학생회가 난립했던 후보들을 학생회 임원으로 끌어안고 그때 나온 정책들을 품고 가더라고요.

더 멋진 게 뭔 줄 아세요. 아이들의 자부심이 대단해요. 그 학생회 선거, 자기들이 했다 이거죠. 제가 보기엔 지도 교사의 힘도 컸어요. 아이들이 활동하기 좋은 마당을 마련하고 멍석을 펴 줬거든요. 아이들이 상처받지 않도록 관리자들과 갈등하지 않고 그 과정을 진행했어요. 이렇게 지도 교사가 섬세하게 발로 뛰어다녔지만 정작 아이들은 그 모든 과정을 자기들이 해냈다고 믿어요. 그래서 자부심이 충만한데, 전 이게 진짜 교육이라고 생각해요. 교사에도 등급이 있어요. "우리 선생님이 정말 잘 가르쳐요"라고 아이들이 칭송하는 선생님은 고수예요. 하지만 최상급은 아닌 겁니다. 최상급은 뭘까요? 노자老子식으로 말하면 그건 아이들로 하여금 '우리가 해냈어!'라고 생각하게 만드는 교사랍니다. 이건 정말 아이들을 깊이 배려하고 존중하는 마음이 없으면 불가능한 일이죠.

배려와 존중이 부족한 교사 사회

배려와 존중은 교사와 학생들 사이에서만이 아니라 교사들 간에도 중요한 문화로 자리 잡아야 해요. 교사 사회에서 특별히 존중과 배려를 받아야 할 사람들이 있습니다. 누굴까요?

먼저 평교사로 늙어 가는 원로 선생님들이에요. 이분들에게 젊은 선생님들이 충분히 존경과 존중을 표현해야 해요. 젊은 선생님들은 '말 안 해도 우리가 존경하는 걸 알고 계시겠지?'라고 생각하지만 그분들은 몰라요. 모른 채 교무실의 뒷방 늙은이처럼 계시거든요. 그런 분들에 대한 존경을 겉으로 표현하는 문화가 필요해요. 모임이 있으면 같이 가시자고 하고, 업무에 대해서도 일부러 찾아 가서 자꾸 물어보고요.

우리 학교는 저보다 연세 많은 평교사들이 많이 퇴직하셨어요. 노교사들이 담임도 맡지 않고 업무도 맡지 않으니까 교무실에서 선생님들이 말을 걸 건수가 없었던 거예요. 어떤 교사 무리에 끼기도 어려우셨겠죠. 물론 아이들하고의 소통도 힘들었을 테고요. 그래서 결국 명예퇴직을 신청하고 다 나가 버리셨어요. 명예퇴직을 고민하신다는 말을 듣고 다가가서 "선생님, 학교 떠나지 마세요. 업무도 맡으시고 담임도 맡아서 후배 교사들 좀 가르쳐 주세요. 술자리 같은 데도 함께 어울리시고요. 이렇게 학교를 그만두는 건 후배들에게도 패배감을 심어 줘요" 그렇게 많이 말렸어요. 하지만 아이들과도 소통이 안 되는 이 학교에서 노교사들은 자신의 존재감이 점점 사라지는 것을 견딜 수 없었을 겁니다.

평교사로 나이 드는 교사들이 학교에서 점점 소멸해 가는 현상은 교육 전반에 굉장히 안 좋은 영향을 끼쳐요. 그분들 개개인의 자존감에도 상처가 되지만 무엇보다 젊은 교사들이 그 모습을 보면서 '아, 나는 저렇게 초라하게 늙어 가면 안 되겠구나. 어떻게든 부장이 되고 교감, 교장이 돼야겠다'라고 생각하거든요. 그래서 수업 중심, 학급운영 중심이 아니라 행정 중심, 성과 중심의 학교가 돼 버려요. 학교는 회사와 분명 달라야 하는데도 말이죠. 나이 든 평교사의 모습은 곧 우리의 미래이기도 해요. 그분들이 존경받는 분위기를 일부러라도 만들어야 우리도 건강하게 나이 들 수 있습니다.

두 번째로 존중과 배려를 받아야 할 분들은 신규 교사와 기간제 교사예요. 우리가 없애야 하는 교사 문화 중에서 제일 나쁜 것이 신규 교사나 기간제 교사에게 일을 몰아주는 거라고 생각해요. 이건 특히 신규 딱지를 떼고 어느 정도 경력이 생긴 선생님들이 중간에서 딱 끊어 주셔야 해요. 군대처럼 자기가 초임 때 당했다고 '신규만 들어와 봐라' 이를 갈고 있다가 그 많은 업무를 넘겨주는 게 아니라, '비록 억울하지만 여기서 끊는다' 그러면서 막아 줘야죠.

사람들이 하기 싫어하는 업무나 과중한 일이 있을 때 가장 아름다운 장면은 이런 모습일 거예요. 선배 교사가 먼저 나서서 '힘든 일이니까 내가 하마' 하고, 후배들은 '저희가 하겠습니다' 하고. 결국 그 일은 품앗이로 힘을 합쳐 함께 해내는 거죠. 이게 불가능할까요? 저는 그것이 이루어진 사례와 반대로 신규 교사에게 업무가 집중되다 결국 교사 간의 갈등으로 폭발하는 나쁜 사례를 모두 보았어요. 업무 효율 면에서나 학교 분위기 면에서 어느 쪽이 훌륭한 결론인지는 두말할 것도 없죠. 처음에 어려운 일을 스스로 맡겠노라 했던 선배 교사나 중견 교사는 얼핏 손해를 보는 것 같지만 다음에 어려운 일을 해야 할 때 동료와 후배들이 와서 돕는다는 것을 알게 될 겁니다.

연구하는 교무실, 수다스러운 교무회의로

그런 노력을 모아서 교무실 문화를 바꿔 봐야 하지 않겠어요? 저는 교무실을 수업 연구하고 공부하는 분위기로 만드는 것이 바람직한 것 같아요. 중·고등학교의 경우 쉬는 시간에 교사들이 교무실에 모이는데, 애들 불러다 야단치고 먹을 것 나눠 먹으면서 수다 떠는 곳이 아니라 수업 연구하고, 선생님들하고 수업 이야기하는 공간으로 만드는 거죠. 쉬는 시간이라고 인터넷 서핑을 하는 게 아니라 여기저기서 열심히 수업 준비를 하고 책도 읽고 그 책을 동료와 나누고 책과 수업에 대해 이야기하는 장면이 교무실에서 연출되는 거예요.

이견이 있을 수 있어요. 중학교의 경우 교무실이 아이들과 만나는 장소이기도 하기 때문에 고요히 연구만 하고 있기가 어려워요. 사실 교무실이, 아이들이 편하게 북적거리며 교사들과 대화를 나누는 상담의 공간이 되어야 한다는 의견도 있거든요. 그런데 상담 공간은 교무실과 별도의 장소에 충분히 만들어 달라고 학교에 지속적으로 요구해야 하는 거고요, 쉬는 시간이나 방과 후가 아닌 일과 중에는 연구실 같은 교무실을 만들어 가는 게 맞지 않을까 싶어요.

반대로 교무회의는 수다스러워야 해요. 보통 교무회의가 굉장히 형식적이잖아요. 부장들만 주로 이야기하고. 그런데 저희는 최근 들어서 회의 때 자꾸 질문이 나와요. 심각한 이야기도 나오지만 사소한 질문을 하는 경우가 생겨요. "몰라서 묻는 거"라면서요. 그게 은근히 좋은 것 같아요. 다양한 담론이 나오는 열린 교무회의가 되려면 꼭 정치적이고 투쟁적이고 쟁점이 되는 이야기만이 아니라 사소한 아이들 이야기, 축하, 그냥 순진한 질문 같은 긴장감 없는 이야기가 자연스럽게, 많이 나오는 문화를 만들어야 하지 않을까요? 그래야 심각한 문제가 나와도 긴장하지 않을 수 있고요.

각종 위원회에 적극 참여하고 발언하는 것도 중요한 것 같아요. 인사위원회나 학교운영위원회에 귀찮아서 안 들어가려고 하잖아요. 근데 의도적으로 들어가서 많이 이야기하고 분위기 좋게 만들고, 선생님들 회의를 수다스럽게 만드는 거죠.

교내 메신저를 활용하는 것도 좋은 방법이라고 생각해요. 일반 회사에는 사내 게시판이 있는데 우린 그런 게 없잖아요. 그러니까 메신저로 소소한 소식도 전하고 의견도 나누고, 좋은 자료가 있다면 그런 것도 주고받고요. 그런 게 일상화되면 교무회의 때 마이크 잡고 발언하기 어려웠던 이야기를 전체 메신저로 전해서 토론을 유도할 수도 있겠지요.

이 모든 일이 혼자서는 안 돼요. 옆에서 같이하는 동료를 조금씩 늘려가야 분위기가 바뀌는 거죠. 그럼 내가 그 학교를 떠나도 남은 사람들이 또 다음에 들어오는 선생님들과 그런 문화를 이어 가겠죠.

희망이 없다, 그래서 보듬어야 한다

얼마 전에 안토니오 그람시의 《옥중수고》를 읽었어요. 대학 때 "이성으로 비판하되 의지로 낙관하라"라는 말을 인상적으로 들었는데 잊고 있던 이 말이 갑자기 떠올랐거든요.

우리 학교에 참 멋진 30대 선생님들이 많아요. 경력이 10년 정도 되면서 수업도 잘하고 업무도 잘하고, 아이들을 정말 예뻐하는 유능하고 괜찮은 교사들이죠. 성실하지만 성실하기만 하지도 않아요. 부당한 현실을 정확히 보고 자기 발언도 할 수 있는 이 친구들을 보면, 좋은 선배를 갖고 싶다는 소망은 충족되지 않았지만 좋은 후배, 좋은 동료를 많이 얻었다는 생각에 즐거워요. 그리고 교단이 점점 진화하고 있다는 확신을 갖게 돼요. 그런데 문제는 이 멋진 교사들이 교단을 견디지 못한다는 거예요. "선생님, 학교 다니는 게 너무 힘들어요. 학교에 희망은 있는 걸까요? 예전엔 아이들을 보고 학교 다녔는데 요즘은 아이들마저 변하는 것 같아요. 학교 시스템은 고리타분하고, 게다가 성장이니 경쟁이니 하면서 인성교육은 내팽개치죠. 교사들이 성과급을 더 받으려면 아이들한테 성적 올리라고 아주 대놓고 말해야 하는 이게 교육입니까?"

이렇게 절망하는 선생님들에게 저는 말하죠. "그래도 제가 지나온 세월을 돌아보면 학교는 점점 좋아져 왔어요. 이명박정권 들어서 다시 나락으로 떨어지고 있지만 역사라는 게 앞으로만 쭉 나아가며 수직 상승하는 건 아니더라고요. 그러니 궁극적으로 당신들이 교단을 지키는 훗날의 학교는 좀 더 나아질 거예요……."

이런 현실, 웃기지 않나요? 젊은 교사들은 절망을 말하고 나이 든 교사는 없는 희망을 닥닥 긁어 그들 눈앞에 사금파리처럼 들이미는 현실. 희망을 잃어 가는 이 젊은 친구들을 어떻게 힘 나게 할 수 있을까 고민하는데 갑자기 대학 때 들었던 그람시의 그 말이 생각나더라고요. 그 책에 혹시 조금이라도 희망의 근거가 있을까 해서 집어 들었어요. 책에서 답을 찾는다기보다 마음을 기댈 지푸라기라도 잡아야 한다는 심정이었던 거죠.

이성으로 하나하나 뜯어보면 대개의 현실은 비관적일 수밖에 없어요. 12월 대선도 그렇게 희망적이진 않잖아요. 또 야당이 집권한다고 해서 교육 현실이 획기적으로 좋아질 것 같지도 않고요. 대단한 자가 교과부 장관이 된다 한들 대입 중심의 한국 교육을 바꿔 낼 수 있을까요? 이렇게 따져 보면 현실은 한없이 비관적이죠. 그렇다고 "이 대책 없는 싸움은 하지 말자!" 이럴까요?

1989년, 처음 교사로 학교 현장에 왔을 때는 지금보다 더 무서운 상황에서 선생 노릇을 해야 했어요. 애들 데리고 야외수업을 했다고 빨갱이 소리를 듣고, 아이들과 두레를 짜서 교실 환경미화를 했다가 북한식이라고 트집 잡혔지요. 제가 대학을 다니던 1980년대 전두환 군부독재 시절은 더 어두운 시대였어요. 하지만 그때 젊은이들은 정말 뜨겁게 싸웠어요. 절망의 무게가 지금보다 덜해서 그렇게 격렬하게 싸웠을까요? 아니요. 젊은 청년들이 쥐도 새도 모르게 어딘가 끌려갔다가 피멍 든 시신으로 야산에서 발견되는 시대였지만 이보다 더 참혹한 시대는 없을 테니까, 이대로는 살 수 없으니까, '20년이 걸리든 30년이 걸리든 군부독재는 종식될 것이다. 아니, 종식되어야만 한다'라고 생각하고 싸웠어요. 그건 희망이 아니라 당위죠. 극히 미미한 희망과 강렬한 염원이 우리를 살게 했어요.

사람들을 비관하고 진정 죽게 만드는 건 이성, 논리, 현실의 질곡, 이런 게 아니고요, '희망 없음'이에요. 그러니까 '이성으로 비관하되 의지로 낙관하라'라는 이 말이 멋진 거죠. 어찌 보면 참 무식한 말일 수도 있겠네요. 희망은 없지만 그렇다고 죽을 수도 없으니까 열라 싸우자는 말이잖아요. 그런데 무식해도 어쩔 수 없어요. 오늘날의 학교가, 공교육이 희망이 없다고들 말해요. 그렇다고 버려요? 우리는 여길 버리고 가도 다른 직업을 택하고 살아갈 수 있겠죠. 그럼 아이들은요? 아이들은 어쩔까요? 그들도 버릴까요? 학교에서 버림받은 아이들이 모두 유학도 가고 대안학교도 가고 홈스쿨링도 할 수 있으면 좋겠지만 지금 학교에 나와서 버티고 있는 저 아이들은 학교 아니면 갈 데도 없어요. 그러니까 학교가 지옥이라고 해도 꼬박꼬박 나오잖아요. 그런 저 아이들을 어떻게 버려요.

버릴 수 없으면 그게 희망인 거죠. 당위가 희망이 되기도 해요. 다들 공교육의 한계를 이야기하고 학교가 대대적으로 변하지 않으면 안 된다고 말하지만, 그리고 가장 큰 책임을 교사에게 지우지만, 교사들이 대오각성해야 하는 것도 맞지만, 바로 그래서, 별 뾰족한 희망이 없기 때문에 더더욱 이 넌덜머리나는 학교를 꼭 보듬어 안고 가야 하는 겁니다. 어머니가 자식을 절대 포기하지 않는 것처럼 말이죠.

고꾸라지고 다시 일어나기를 반복하면서 또 역사는 발전하는 거예요. 선생님들이 선배 교사가 됐을 때는 "옛날에 힘들었지만 그래도 학교는 조금씩이나마 좋아지더라. 아이들이 있어서 우린 앞으로 나아갈 수 있었다"라는 말을 할 수 있게 되리라 믿습니다.

안정선 : 제가 어린 교사였을 때는 선배들을 보면서 '어째 이렇게 닮고 싶은 선배가 없나', '모델이 되는 선배 하나만 있으면 정말 행복할 텐데'라는 생각을 많이 했거든요. 근데 정신 차리고 보니까 어느덧 저도 귀감이 돼야 하는 나이가 되어 있더라고요. 요즘은 정말 '괜찮은' 선배 교사로 늙어 가는 것, 저 사람처럼 되고 싶다는 마음이 들게 하는 것이 비판보다 더 어렵다는 생각이 들어요. 그래서 선생님들이랑 그런 이야기를 해 보고 싶어요. 선생님들은 어떤 교사 문화 속에서 일하고 싶어요? 어떤 선배 교사가 되고 싶나요?

조형숙 : 저는 학교에서 '안 할래'가 가능했으면 좋겠어요. "안 하고 싶어요. 우리 반은 이거 안 하고 다른 거 하고 싶어요"라는 말을 하고 싶어요. 안 한다는 말을 하고 거기에 동의가 돼야 그다음으로 제가 무엇을 하고 싶은지, 애들이랑 어떤 시간을 보내고 싶은지, 우리 반을 어떻게 끌어가고 싶은지 생각할 수 있을 것 같은데, 이것부터 허용이 안 되니까 제가 '무엇을 하고 싶다'라는 생각조차 못 한 채 현실에 안주해 버리는 것 같아요.

윤규식 : 후배 교사들한테 "나의 말들을 잊어도 돼요"라고 할 수 있는 쿨한 교사가 되고 싶어요. 때로는 자극이 있어도 움직이지 않는 사람이 있고, 단

지 기회가 없었을 뿐 자극이 주어지면 충분히 움직일 수 있는 사람이 있잖아요. 여러 사람한테 이러저러한 거리를 던져 주면서도 '내가 한 만큼 저 사람이 따라왔으면' 하는 욕심을 부리지 않는, 노력에 대한 대가를 바라지 않는 사람이었으면 해요. 제 이야기를 듣고 누군가 나름대로 고민을 해 오면 거기에 대해 더 깊이 나누고, 반응이 안 오더라도 저로서는 기회를 준 거니까요.

홍유지 : 저는 후배를 가르치려 들지 않고 같이 이야기 나눌 수 있는 선배 교사가 되고 싶어요. 순천의 안준철 선생님하고 메일을 주고받다 어느 순간 그런 생각이 들더라고요. 제가 안 선생님의 경지에 있었으면 저 같은 애송이가 하는 이야기는 가소로울 것 같거든요. 더군다나 교사는 그게 직업병이잖아요. 뭐만 하면 가르치려 들고 충고하고 싶고. 그런데 선생님은 한 번도 가르치려는 투로 얘기하거나 조언하지 않으시더라고요. 저도 배운다는 느낌보다는 같이 이야기를 나눈다는 느낌이 많이 들었고요. 이전부터 교육은 내가 일방적으로 가르치는 게 아니라 함께 배우는 거라고 생각을 했는데, 문득 선생님과 메일을 주고받다 보니 그런 선배 교사가 되고 싶어졌어요.

박동준 : 저는 수업을 마치고 교무실에 들어오면 방금 수업에서 어떤 점이 좋았고 어떤 점이 아쉬웠는지, 그런 이야기를 동료 선생님들과 나눌 수 있는 문화가 학교에 있었으면 좋겠어요. 제가 먼저 이야기하면 듣는 선생님도 자기 경험을 이야기해 주고, 힘든 아이들 이야기를 하면 같이 눈물도 글

썽이면서 안쓰러워해 주고요. 안타깝게도 저는 교사들이 아이들 뒷담화 까고 같이 비웃는, 그런 모습밖에 못 봤거든요.

안정선 : 저도 하고 싶었던 이야기예요. 선생님들이 교실에 들어가면 '내 세상'이거든요. 초기에는 수업에 대한 고민을 해요. '내가 수업을 잘하고 있는 걸까?' 아이들 반응이 없으면 반성하면서 다르게 해 보려고도 하고요. 그러다 5년 차 넘어서 10년 차에 다가가면 "나는 수업을 잘해", "괜찮은 교사야"라는 검증도 안 된 자신감이 생겨요. 아집도 생기고요. 그래서 동료한테 수업을 보여 주고 수업에 대해 이야기를 나누는 건 굉장히 중요하다고 생각해요.

최영락 : 좀 괜찮은 말을 하고 싶은데 제 머릿속에는 왜 '뽀대', '간지' 이런 싼 티 나는 말들만 떠오를까요. (웃음) 좀 격식 있게 말해서 '매력적인 교사'가 되고 싶어요. 박진영이 지금처럼 안 유명할 때 TV에 나와서 그런 말을 했어요. "연예인은 보고만 있어도 멋있어야 돼." 전 그 말이 너무 좋더라고요. 20대 때는 수업이 '기술'이라고 생각했어요. 연마하면 내 세상이 되리라 생각했는데 안 되는 거예요. 늘 새로운 기술이 나오니까 따라갈 수도 없고요. 그러다가 "애들이 선생님을 좋아하면 수업이 잘돼"라는 이야기를 들었어요. 그때부터 고민을 했죠. '어떻게 하면 애들이 날 좋아할까?' 갑자기 잘해 주면 부담스럽잖아요. 내가 매력적인 선생님이면 애들이 좋아할 것 같더라고요. 보기만 해도 말 걸어 보고 싶은 선생님 있잖아요. 그러려면 겉모습도 가꾸고 유머도 있어야 할 것 같아요. 있어 보이긴 하는데 다가가기

어려운 사람은 되고 싶지 않아요. 나한테 해 준 건 없어도 보면 그냥 좋은 사람, 그런 매력이 있는 사람이 되고 싶어요.

안정선 : 교사는, 연예인까지는 아니지만 연예인에 버금가는 그런 쇼맨십이나 자기애가 있어야 하는 것 같아요. 가끔 그런 자기최면도 걸잖아요. '아이들이 나를 좋아한다'라고. (웃음) 갈고닦아야 해요.

이은희 : 저는 비난보다 격려해 주는 선배 교사가 되고 싶어요. 제가 가끔 신규 교사로서 힘든 일이 있으면 선배 선생님들한테 이야기하면서 내심 격려나 조언을 기대하거든요. 그런데 선생님들은 항상 "너가 그러니까 그래. 더 소리 지르고 더 무섭게 해야 돼"라고 말하더라고요. 잘되라고 그러는 거겠지만 비난처럼 들릴 때가 있어요. 제가 선배가 되면 주변 동료나 후배 선생님들을 격려하면서 서로 배워 가고 싶어요.

김소희 : 제가 신규 발령받은 첫해에 선배가 처음 밥을 사 주면서 그랬어요. "올 1년 동안 선배들과 밥 먹는 자리에서는 절대 지갑 꺼내지 마. 대신 내년에 후배가 들어오면 너도 그렇게 해 줘야 해." 동학년 부장 선생님도 "1년 동안 너에게는 학년 업무를 주지 않을 거야. 너는 그동안 학교와 학년이 어떻게 돌아가는지 보고 배우면서 반 아이들에게 집중해"라고 배려해 주시더라고요. 하지만 가장 고마웠던 건 따로 있었어요. 그때 우리 반 교실이 정말 난장판이었거든요. 아마 옆 반 선배 교사들은 정말 싫었을 거예요. 어떤 때는 우리 반 문을 벌컥 열고 조용히 좀 하라고 한마디 하고 싶었을 텐

데, 한 번도 그러지 않고 그 안에서 제가 아이들과 만들어 가는 세계를 굉장히 존중해 줬어요. 그게 정말 큰 힘이 되더라고요.

지금 동학년에 신규 교사가 한 명 있는데요, 제가 신규일 때보다 훨씬 잘하고 있어서 배울 점이 많아요. 그런데 바로 옆 반 선생님은 그 반이 너무 소란스러웠나 봐요. 그래서 하루는 담임이 교실에 있는데도 옆 반 선생님이 문을 열고 들어와서 애들한테 "야, 이 새끼야!"라고 소리를 지르셨대요. 그건 좀 아닌 것 같거든요. 그 이야기를 듣고 제가 후배에게 "우리 반이라고 안 그럴 것 같냐. 우리 반은 교실에서 아예 야구를 한다. 그런데 옆 반에서 모르는 건 문을 꽁꽁 닫아 놓고 밖에 못 나가게 하기 때문이다"라고 이야기 했어요. 나이 든 선생님들은 그 신규 교사한테 "아이들을 잘 잡기 위해서는 무서운 교사가 돼야 해. 2학기부터라도 절대 웃지 마"라고 충고와 조언을 해 줬대요. 그래서 제가 "그러지 마. 1학기 때와 너무 다른 모습으로 대하면 네가 한 학기 동안 아이들과 쌓아 온 신뢰가 흔들릴 거야"라고 말했어요. 물론 어떤 게 그 친구에게 도움이 될지는 모르겠어요. 다만 저도, 신규 때 제 선배들이 저에게 해 준 것처럼 제 기준으로 그 친구의 모습을 혹은 그 친구 반에서 일어나는 일들을 판단하거나 평가하지 않는 선배 교사가 됐으면 좋겠어요.

꼰대 탈출 프로젝트

"프로페셔널? 매 순간 쩔쩔매는 교사가 되고 싶다"

조영선 서울 영등포여고 교사

교사로 '행복한 밥벌이'를 하기 위해 고군분투하다가 학생인권을 만났습니다. 학생인권을 통해 '내 안의 꼰대스러움'으로부터 해방되면서 학교를 견디는 힘이 커지고 있어요. 학교에서 좌충우돌하는 것을 귀찮아하지 않는, 괜찮은 교사이기보다는 '괜춘한' 인간이고 싶습니다.

안녕하세요. 저는 조영선입니다. 12년 차 교사인데, 7년은 중학교에, 4년은 고등학교에 있었어요. 올해는 학생인권조례 때문에 생긴 서울시교육청 인권교육센터에서 파견 근무하고 있고요. 저는 오늘 '꼰대 탈출 프로젝트'라는 주제로 이야기를 해 보려고 합니다.

제가《학교의 풍경》이라는 책을 썼는데요, 지금 보시는 바로 이 책입니다. 보니까 어떤 느낌이 드세요? 여기 보면 이계삼 선생님이 또 추천사를 죽이게 썼어요. "자유를 갈구하는 아이들의 종달새 같은 울음소리가 어디든 배어 있는 바로 이 '학교의 풍경'", 이런 식으로요. 그래서 엄청 고전적이면서도, 읽으면 '이런 참교사가 있나' 하면서 눈물이 나는, 교사로서의 어떤 지침을 주는 책일 것 같잖아요. 근데 대부분의 내용은 제가 학교에서 찌질함을 어떻게 견뎠는지에 대한 기록이에요. 그 찌질함을 견딜 수 있게 한 동력은 뭐였고 비굴함을 견디면서도 학생들과의 관계에서 다르게 행동해야겠다고 느끼게 한 것은 뭐였나, 뭐 그런 것들이요. 사실 누구나 꼰대가 되기 싫어하지만 교사를 하다 보면 어느새 그렇게 되잖아요. 제가 왜 꼰대를 탈출해야겠다는 생각을 하게 됐는지, 11년의 학교생활을 중심으로 말씀드릴게요.

놀라움과 충격의 연속체, 학교

저는 원래 교사를 되게 하고 싶었어요. 학교를 좋아하는 애였고 크게 부족한 게 없었고, 공부하는 게 재밌진 않았지만 그렇다고 또 죽을 것 같지도 않았어요. 그래서 교사가 된다는 게 저한텐 나쁘지 않은 선택이었죠. 제가 교사가 되겠다고 하니까 오히려 엄마가 "평생 학교에 다니려고? 그게 대단한 결심인 건 알고 있니?"라고 말씀하셨어요.

저는 모든 애들이 그럴 거라고 생각했어요. 각자의 희로애락이 있고 그래서 속살은 다르지만, 학교는 그래도 누구에게나 추억을 만들어 주는 '어쨌든 좋은 공간'이라는 느낌을 갖고 있었던 거지요. 드라마 속의 학교를 생각하고 있었던 거예요. 학교를 좋아했다는 사실 자체가 꼰대의 자질이었던 거지요. 꼰대라는 게, 기존에 자신이 가지고 있는 권력을 성찰하기보다 당연하게 여기고, 그것에 문제 제기하는 사람들을 가르치려고 드는 사람이잖아요. 저는 사실 학교에서 인정받는 학생이었기 때문에 교사가 돼서도 인정받을 수 있을 거라고 생각했어요.

그렇게 학교에 갔는데, 일단 학교 모습이 제가 다닐 때랑 너무 똑같아서 놀랐습니다. 예를 들어 2001년 제가 임용될 당시에도 운동장 조회가 있었어요. 딱 봐도 아무도 안 듣는데 교장 선생님이 저를 소개하고 수백 명 앞에서 머리를 숙이게 합니다. 그리고 그런 걸 '인사'라고 해요. 교직원 회의라는 걸 하는데 선생님들은 다 졸고 있어요. 주로 교무주임 선생님이 회의 사회를 보잖아요. 그때 제가 간 학교는 전교조가 비교적 활발하게 활동하는 학교였는데도 불구하고 회의에서 어떤 선생님이 마이크를 잡고 말씀하시는데 교무주임이 중간에 마이크를 꺼 버리더라고요. 또 놀라웠던 건, 교육 내용이나 교육과정을 결정하는 데 교실은 하나도 안 중요하다는 사실이었어요. 차후년도 교육과정을 짜는 데도 학생들에 대한 고려가 하나도 없어요. 수업 시수를 짤 때도 그렇고 담임 배정할 때도 그렇고 교무실에서의 정치가 훨씬 중요한 거예요. 교실이 전혀 중요한 공간이 아니라는 게 저한텐 참 충격이었습니다.

그런 와중에 애들을 만났어요. 저는 애들 앞에서 "신규로 왔고 잘해 보고 싶다"고 말했죠. 드라마에서는 선생이 그러면 애들이 관심을 보이면서 말도 걸어 주고 그러잖아요. 제가 영화 〈여선생 VS 여제자〉의 염정아나 드라마 〈신사의 품격〉에 나온 김하늘처럼 예쁘진 않지만 그래도 그런 걸 기대했는데, 애들 반응은 이런 거였어요. "이봐 신규. 나는 학교생활 9년 차. 네가 내 말을 들어야 내가 네 말을 들을 이유는 없는 것 같다." 포스가 딱 그랬어요. 그렇게 저를 한 10초간 바라보다가 각자 자기 일을 하더라고요. 대학교 상담학 시간에는 그럴 때 아이들이랑 아이메시지I-message를 하라고 배우잖아요. "너희가 이렇게 떠들면 내가 너무 힘들어" 이런 이야기를 하라는 건데, 그것도 누가 나를 주목해 줘야 하죠. 아무도 나를 안 보고 있는데 어떻게 해요. 어느 시점에 그 말을 해야 하는지도 모르겠고요. 45분 수업하는데 애들 앉히는 데만 10분씩 걸리고 그랬어요.

수업이 너무 안 되니까 한번은 교육학과 다니는 후배한테 제 수업을 컨설팅해 달라고 제안을 했어요. 그런데 후배가 제 수업을 보더니 "마치 축구경기 관람과 비슷하다"고 하는 거예요. 무슨 이야기냐면, 축구경기 관람하는 사람들이 그러잖아요. 처음에 경기 시작하면서 "우리 선수, 누가 있고요~"라고 막 중계를 열심히 해 줄 때는 좀 봐요. 그러다 공을 빵 차고 경기가 시작되면 열심히 안 보게 되죠. 그리고는 "슛 골인!" 할 때 딱 보잖아요. 근데 제 수업도, 애들이 시작할 때는 좀 듣고 중간에 계속 딴짓하다가 '슛 골인'의 시점에 갑자기 집중한다는 거예요. '슛 골인'의 시점이 언제냐. "야! 이거 시험에 나온다고!"라고 할 때. 그런 생활을 했어요.

그러던 어느 날, 애들이 안 그래도 수업 시작할 때 잘 안 앉는데 그날따라 더 안 앉더라고요. 왜 그러냐니까 옆 반이 두발 지도를 해서 지금 교실이 미용실이래요. 두발 검사 때문에 머리를 깎여서 바닥이 죄 머리카락이라는 거예요. 조금 있으니까 제가 있던 교실에도 생활지도부장 선생님이 "두발 검사하겠습니다" 하면서 문을 열고 들어오셨어요. 그때가 3월 중순, 그러니까 제가 교사 3주 차 됐을 때였거든요. 그런데 제가 선생님한테 "수업 중이니까 수업 끝나고 하시면 안 되겠어요"라고 한 거예요. 그 선생님이 저를 딱 보더니, "수업 분위기 좋아지라고 하는 겁니다" 그러세요. 그래서 제가 "수업 분위기 좋아지라고 하는 건데 애들이 자리에 앉지를 않아서요. 수업 끝나고 하시면 안 될까요?" 그렇게 말했어요. 선생님이 "이런 드러운 꼴을 봤나" 하고는 문을 딱 닫고 나가시더라고요.

그때 저에게 두 가지 감정이 있었어요. '이제 어떻게 될까. 교무실에는 어떻게 가지?' 하는 두려움과 '뭔가 지켜 냈다'는 뿌듯함. 애들 앞에서 '가오'가 선 느낌이랄까. (웃음) 근데 뒷줄에 주르륵 앉아서 저를 관람하고 있던, 소위 일진 애들이 그러더라고요. "아, 샘 이제 죽었어요." "인제 생활지도부 끌려간다고." "샘, 학교 관두겠네~." 물론 제가 "오 캡틴, 마이 캡

틴!" 같은 대사를 기대한 건 아니에요. 근데 애들이 저를 생각하는 것 같기도 하고 비웃는 것 같기도 한 묘한 반응을 보이니까 순간 '이건 뭐지?' 싶었죠. 그러고 나서 다음 수업 시간에 들어갔더니 저는 이미 짤린 존재로 소문이 나 있었어요. 그때 알게 됐죠. 학교는 아무런 원칙도 없고 명분도 없는, 그냥 힘에 의해 굴러가는 곳이라는 걸.

재밌는 건, 제가 그날 오후에 교무실에 갔는데 우리 학교의 전교조 분회장 선생님께서 혹시 이러이러한 일이 있었냐고 묻는 거예요. 그래서 제가 "왜요, 선생님?" 하고 되물었더니 그 생활지도부장 선생님이 분회장 선생님한테 수업 중 두발 지도 거부가 분회의 결정이냐고 묻더라는 겁니다. 그땐 제가 전교조에 가입하기도 전이었거든요. 그런데 생활지도부장은 '이 신규 어린것이 저렇게 독단적인 행동을 할 수 없었을 것'이라고 생각해서 분회장을 찾아갔던 거죠. 저는 그것도 되게 기분 나쁘더라고요. 저는 정당하게 수업권을 요구할 수 있는 정규 교사가 아니라 학생보다 약간 높은 존재에 불과했던 거예요.

또 한번은 제가 애들이랑 야영을 하려는데 학교에서 못 하게 하더라고요. 당시만 해도 야영은 허용해 주는 분위기였는데 이상하게 까다롭게 구는 거예요. 그래서 제가 교무실에서 막 울고 다녔어요. 야영 못 하게 한다고 부장 선생님한테도 말씀을 드리고요. 그렇게 해서 결국 야영을 할 수 있게 됐죠. 마지막 결재를 받으러 교장실에 들어갔는데 교장 선생님이, 그런 걸 왜 선생님들한테 알리고 다니냐는 거예요. 그리고 밤새지 말고 10시에 끝내래요. 그때는 제가 전교조에 가입한 이후였거든요. 그래서 분회 선생님한테 일렀죠. 분회 선생님은 "교장 선생님한테는 그렇게 한다고 하고 그냥 자라. 교장이 완전히 물러서기 어려우니 그 정도로 얘기한 거다. 수위 아저씨한테 고기 좀 갖다 드리면 된다" 그래요. 그래서 '그런가 보다' 하고 야영을 했어요. 애들이랑 즐겁게 놀고 영화를 볼 참인데, 9시에 교감 선생님이 왔어요. 제가 10시에 끝내는지 교장이 보고 오라고 했다는 거예요. 너무 황당했죠. 마지막 프로그램이 불꽃놀이였는데 어쩔 수 없이 애들한테 그냥 불꽃놀이 막대를 나눠 주고 급하게 마무리를 했어요. 무참한 기분이 들더라고요.

그런 일들을 겪으면서 학교가 정말 교사의 자율성이 없는 공간이라는 생각을 많이 했어요. 모범생으로서 사람들에게 인정받는 데에만 익숙했던 제가 발톱의 때만도 못한 존재라는 걸 처음 느꼈던 거죠. 그때부터 학교라는 공간이 이상하다는 생각을 했던 것 같아요. 그래서 그런 '이상한 상황'을 극복하기 위한 방식을 찾아내야 했고요.

당시 저는 우리 학교 전교조 분회에서 막내 같은 존재였기 때문에 힘든 상황이 생길 때마다 주로 울고 다녔어요. 어떻게 보면 애들이랑 똑같아요. 애들도 맞고 오면 일러바칠 인맥을 구축한다잖아요. 저도 맥을 구축한 거죠. 학교가 안전한 공간이 아니고 교사로서 정당하게 행사할 수 있는 권한이 굉장히 제한된 상태에서 제가 기댈 수 있는 맥은 전교조였던 거예요. 그렇게 울면서 이르고 다니면 조합원 선생님들이 해결해 주는 생활을 했습니다. 그러는 동안은 '조직에 가입하니 이런 든든함이 있구나'라고 느끼기도 했고요. 어쨌든 이렇게 핍박받는 경험을 통해 저의 꼰대 탈출 프로젝트는 시작되었습니다.

학생인권에 빠지다

그러다 '그 일'이 생겼어요. 제가 학생회를 담당했었는데 학생회에서 내는 신문이 있었거든요. 애들이 그 신문에 학교 체벌규정을 그대로 실은 거예요. 그때만 해도 학교에 그런 규정이 있었어요. '체벌할 때는 안 보이는 데서 정해진 매를 가지고 해야 한다'는 내용인데, 그걸 신문에 실은 건 말하자면 규정대로 체벌을 하라는 의미였겠죠. 문제는 애들이 표제를 "아프냐, 나도 아프다"라고 뽑은 거예요.

애들 딴에는 선생님도 체벌하면 마음이 아프다는 걸 표현한 거였어요. 근데 교사들은 아이들이 교사들을 비꼰다고 생각한 거예요. 그리고 그걸 이유로 교감이 검열을 했어요. 그리고 체벌규정을 신문에 싣지 말라고 했죠. 저는 그것이 부당하다고 싸웠고 늘 그랬듯이 또 전교조 분회총회를 열었습니다. 그러면 해결될 거라고 생각했거든요. 근데 놀랍게도 분회총회에서, 그 표제는 오해의 소지가 있으니 고치라는 것으로 결론이 났어요.

저는 내용을 얼마나 고치는가보다 학생이 만든 신문을 학교가 그런 식으로 검열할 수 있다고 가르치는 게 더 큰 문제라고 생각했거든요. 그 내용이 옳든 그르든 간에요. 그래서 저는 이 기사에 대해 문제 제기가 들어오면 다음 신문에 반론을 받겠다, 아니면 체벌 찬반에 대해 아예 기획 기사를 제안하거나 특별 호를 내겠다고 이야기했어요. 근데 분회에서조차도 "그 글을 고치자", "분회 선생님 중에서도 체벌하는 선생님이 있다", 그렇게 얘기가 되더라고요.

그때 그런 느낌을 받았어요. '참교육이든 거짓교육이든 교사가 왕이다.' 교사의 개인적인 교육 행위들이 대부분 공적 지도 행위로 이해되고 있는 거죠. 그렇지 않고서는 교사들이 학생들의 의사를 무시하고 그런 결정을 하기 어렵다는 생각을 했습니다. 하지만 아무리 훌륭한 생각도 전체에게 강요할 때 독재가 되잖아요. 그건 민주주의를 거스르는 일이고요. 그때부터 저의 꼰대 탈출 프로젝트의 시즌2가 시작된 거예요. '이상한 학교에서 제정신으로 살아가는 것' 자체가 시즌1의 목표였다면 시즌2에서는 '교사들이 제정신이라고 생각하는 것을 아이들에게 강요할 수 있는가?'가 저의 고민이 된 거죠. 그러면서 학생인권이라는 문제에 대해 더 관심을 갖게 됐어요.

저도 체벌의 유혹을 받았던 적이 있어요. 발령받은 첫해 3월 초에 애들이랑 수업이 안 됐다고 했잖아요. 그때 그런 일도 있었어요. 제가 수업에 들어와 있는데 남자애 둘이 싸웠어요. 그걸 말렸더니 저를 가운데 두고 양쪽에서 주먹질을 한 거예요. 잘못하면 얻어맞을 수 있는 상황이었어요. 그걸 어떻게 진정시켜서 한 애를 양호실에 내려보냈는데 애가 자기 얼굴에 피가 난 걸 알고 튀어 올라왔어요. 수업을 다시 하려고 하는데 애가 "씨발놈아" 그러면서 문을 벌컥 열고 들어와 상대 애를 또 팬 거예요. 수업 시간 중이었으니까 완전히 공권력이 무너진 거죠.

그 일에 대해서 동료 선생님들하고 얘기를 하는데 체벌을 해서 힘을 보여 줘야 한다는 의견이 있었어요. 무너진 공권력을 다시 세워야 한다는 얘기도 있었고요. 반면 체벌을 반대하는 선생님들은 두 가지 질문을 던졌어요. "때려서 가르칠 수 있을까?"라는 질문과 "때려서라도 가르칠

게 있을까?"라는 질문. 고민을 막 하다가 때릴 자신도 없고, 때려서까지 가르칠 것도 없겠다는 생각이 들어서 체벌을 접게 됐죠.

학생인권의 또 다른 상징이 두발 자유잖아요. 우리 반 애들이 신체의 자유를 보장받아야 한다고 주장해서 우리 반에서는 두발 규정 위반을 안 잡기로 했습니다. 그러고 나니까 우리 반만 두발 규정을 어기는 애들이 많아지잖아요. 생활지도부 선생님들이 우리 반 수업에 들어오시면 그렇게 애들을 잡게 되고 결국 생활지도부랑 우리 반 사이가 안 좋아지더라고요. 그리고 제가 볼 때는 우리 반 애들이 그렇게 나쁜 애들이 아닌데 선생님들마다 허용치가 다르니까 제 앞에서 하던 행동을 다른 선생님 앞에서 똑같이 하면 혼나는 거예요. 예를 들어 이런 거예요. 애들하고 글쓰기 수업을 하면서 "학교 안에서 너희가 원하는 걸 논리적 근거를 갖고 자유롭게 써 봐라" 그랬어요. 근데 한 애가 아무것도 안 하면서 놀고 있는 거예요. 담배를 피우는 애였거든요. 그래서 제가 그랬죠. "야, 흡연실 만들어 달라고 그래~. 흡연자도 흡연할 권리가 있잖아. 어때? 써 봐. 자유로운 상상력 내지는 브레인스토밍?" 그랬더니 걔가 자다 깬 게슴츠레한 눈으로 절 쳐다보고는 그래요. "샘, 그건 좀 또라이 같아요." 그런 식의 말버릇을 다른 선생님들한테 하면 되게 혼나는 거죠. 그러니까 애들이 그래요. "선생님, 인권 그거 좀 안 좋은 것 같아요. 자꾸 다른 선생님한테 혼나요." 인권이라는 게 공기와 같은 건데, 제 시간에는 숨을 쉬다가 다른 선생님들 시간에는 숨을 못 쉬니까 학교에 대한 답답함이 훨씬 심해지는 거예요. 다 똑같이 답답할 때는 원래 삶이란 게 그런가 보다 했는데 어느 선생님 시간에는 되고 어느 시간에는 안 되니까 학교에 대한 스트레스도 생기고요. 그걸 보면서 학급 단위로 변화를 시도하는 건 한계가 있다는 생각을 하게 됐죠.

그래서 2005년에 학교 단위로 두발 자유화를 추진했어요. 당시 학교 운영위원회에 전교조 선생님이 많기도 했고 운영위원으로 위촉한 학부모님이 두발 자유에 엄청나게 찬성해 주셨거든요. 우리 애가 이놈의 두발 단속 때문에 학교를 못 견딘다고요. 그 학부모님이 그런 말도 하셨어요. "애들이 머리 때문에 집 나가고 난리다. 왜 이깟 문제로 애들을 독립운동시키냐." 어쨌든 이렇게 엄청난 지지를 얻으면서 두발 자유가 전격적으로 이루어졌죠. 학생인권조례가 제정된 지금도 파마, 염색에 대한 규제는 까다로운 편인데, 그때는 오히려 "원색의 염색은 금지한다"고만 규정했어요. 빨주노초파남보만 아니면 된다는 거죠. 처음엔 파마도 너무 꼬불꼬불하게는 못 하게 하려고 했는데 애들이 "왜 펴는 파마는 되고 꼬불 파마는 안 되냐. 이건 곱슬머리에 대한 인권침해다" 그래서 허용하기로 했어요. 굉장히 뿌듯했죠.

그러고 나서 학교를 옮겼어요. 그런데 나중에 그 학교가 주변 아파트의 초등학교 학부모들한테 기피 학교가 됐다고 하더라고요. 노는 애가 많다고 소문났대요. 그래서 애들을 잘 잡는 생활지도부장이 새로 와서 두발 규정을 다시 만들고, 아버지학교도 만들었대요. 그렇게 이 학교가 '거듭났다'는 내용이 신문에 났더라고요. 결국 저 때문에 우리 학교가 타락했다가 갱생 조치를 받은 거죠. 그 기사를 보면서 이런 변화가 학교 단위로도 안 된다는 걸 느꼈습니다.

"교육복지도 두발 자유도 너의 몫은 아니"라는 교사들의 메시지

두 번째 학교는 이전 학교와 반대로 굉장히 못사는 지역에 있었어요. 임대 아파트 단지였는데 한 반 스물일곱 명 중에 기초생활수급자만 열 명 정도였어요. 대졸 부모가 한 반에 한두 명뿐이고요. 이 학교 전교조 선생님들은 교육복지 업무를 되게 열심히 하고 계셨어요. 교육복지라는 건 복지사가 학생들을 일대일로 케어하면서 사회적 지원 서비스를 해 주는 건데요. 그런 학교인데도 애들하고 글쓰기를 해 보면 "우리의 소원은 두발 자유"예요. 그래서 교육복지 담당하시는 선생님한테 "애들이 원하는 건 두발 자유다. 두발 자유 해야 될 것 같다"고 말씀드렸죠. 그러니까 그 선생님이 "우리 애들은 부모가 없고 당장 먹을 것도 없고, 설거지거리가 쌓여 있다. 그런 애들한테 두발 자유가 뭐가 중요하냐" 이렇게 얘기하시더라고요.

그런 와중에도 학생회 하는 애들은 두발 자유화를 하고 싶어서 "선생님, 제가 1인시위를 해야 할까요?"라면서 고민하더라고요. 결국 한 친구가 1인시위를 했어요. 걔 주변에 노는 친구들이 많았거든요. 거기서 동력이 나온 거죠. 이미 '자체 두발 자유'로 규제에서 자유로운 애들이 점심시간에 구령대에 올라가서 중식 집회를 했어요. "아 씨발, 두발 자유!" 막 이러면서 저질 집회를 한 거죠. 정치적 권리를 인정받을 수 있는 아름다운 집회를 해야 하는데, 전교조 교사들이 보기에도 안 예쁜 집회, 감동을 주지 못하는 집회를 했어요. 전교조 선생님들은 "우리 선생님을 지켜 주세요" 이런 거 좋아하잖아요. (웃음)

재밌는 건, 그 시위를 부학생회장이 주도하고 학생회장은 전면에 못 나섰다는 거예요. 학생회장은 외고 준비하느라 교장 추천서를 받아야 하는 입장이었거든요. 자기가 못 움직이니까 부학생회장을 움직인 거죠. 학생들의 세계도 어른들 세계랑 하나도 다르지 않아요. 학교에서도 그렇잖아요. 승진 체계에서 자유롭지 못한 사람은 반대 의견을 내지 못해요. 이런 사회 질서가 애들에게도 그대로 영향을 미치는 겁니다.

이후에 그 건으로 학교에서 회의가 열렸는데 우리 교장 선생님이 그러셨어요. "조영선 선생님이 사주했다는 흔적이 곳곳에서 발견돼서 교장실 청소로 마무리하고 애들을 용서하겠다." 그렇게 마무리가 됐어요. 우리 분회 선생님들도 저한테 "네 개인 신념이면 네가 싸우지 왜 애들을 앞세우냐" 그러시더라고요. 이전 학교에서는 전교조 선생님들과 약간의 시각차가 있었어도 전체적인 방향에서는 합의가 됐는데, 여기서는 제가 완전히 '따'가 된 거죠.

저는 그때 그게 참 싫었어요. 교육복지 하는 선생님들이 집회를 주도한 애들한테, "학교가 너네한테 얼마나 잘해 주냐. 방과 후에 빵도 주고, 놀 곳도 마련해 주고, 공부도 공짜로 가르쳐 주지 않냐. 그런데 너희가 학교에서 보이는 모습은 고작 이런 거냐" 이렇게 훈계를 하시는 거예요. '내가 너희에게 이 정도 시혜를 베풀었으니 이 정도 자유는 양보해야 하는 것 아니냐'는 식이에요. 저는 그게 훨씬 더 모멸적이라고 생각했어요. 두발 자유는 아이들의 권리가 아니라고 생각하시더라도, 적어도 본인들이 하고 있는 교육복지에 대해서는 '너희가 불쌍해서 이 대접을 받는 게 아니야. 이건 너희의 당연한 권리야'라는 메시지를 줘야 한다고 생각했거든요. 근데 그렇게 이야기하면서 애들한테 이중 삼중의 상처를 주는 거예요.

애들이 집회를 했다는 건 굉장히 정치적인 행위고, 전 그것을 통해 아이들이 '내가 나의 자유를 요구하는 것은 정당한 나의 권리다'라는 생각을 갖는 게 중요하다고 생각했습니다. 그 표현 방식이 세련됐건 서툴건 간에요. 그런데 그 선생님이 준 메시지는, '교육복지의 시혜도, 두발 자유도, 그 어떤 것도 너의 몫은 아니지만 학교가 이 정도는 해 줄 수 있다'였습니다. 그때 제가 굉장한 정신적 충격을 받고 학교를 떴어요. 고등학교로 내신을 냈지요.

한편으론 그런 마음도 있었어요. 중학교는 입시에서 상대적으로 자유로우니까 이런저런 다양한 교육 활동이 가능했는데, 고등학교에서는 다들 입시 때문에 불가능하다고 하잖아요. 그래서 입시라는 게 뭔지, 이렇게 자유를 제한당할 만한 가치가 있는 건지 내가 한번 겪어 봐야겠다는 생각도 했습니다.

입시에 목매는 교사 VS 입시에서 자유로운 아이들

그렇게 2008년에 고등학교에 가게 됐어요. 중학교에 있을 때도 학교가 애들한테 심하게 한다고 생각했는데, 고등학교는 정말 너무하더라고요. '초전박살'이라고 할까. 고1 학생들이 입학했을 때 학교가 주로 하는 건 협박이에요. 대학이나 초등학교랑 비교해 보면 완전 잔혹사예요. 생각해 보세요. 초등학교에 처음 신입생이 들어오면 어떻게 하나요? 일단 학교부터 안내해 주고 심지어 한 달은 적응하라고 집에 일찍 보내 주면서 학교에서 스트레스를 안 받게 하려고 굉장히 노력하잖아요. 대학교도 그래요. 신입생 오리엔테이션을 하면 동아리도 소개해 주고 학교생활에 어떻게 적응할 수 있는지, 활용할 수 있는 학교의 교육적 자원은 어떤 게 있는지 소개해 주잖아요. 근데 고등학교는 오리엔테이션이랍시고 신입생을 불러다 놓고는 일단 바닥에 꿇어 앉혀요. 그때도 애들이 노스페이스 점퍼를 입고 다녔던 것 같은데, 입학한 날부터 겉옷을 입지 말라고 방송을 계속 했었거든요. 그날이 3월 5일이었으니까 방송 3일째였어요. 앉아 있는 애들 가운데 한 명이 빨간 점퍼를 입고 있었는데 생활지도부장이 오리엔테이션을 하는 중에 걔를 일으켜서 따귀를 갈겼어요. 고등학교에 처음 온 애들이나 저나 똑같이 놀랐습니다. 그렇게 엄청나게 규제하고 그 규제를 못 견디는 애들을 속속 퇴출시키는 거예요.

그때 제가 전교조 지회 활동을 하고 있었는데, 하루는 중학교 선생님한테 어떤 아이 이야기를 하게 됐어요. 우리 학교에 이러이러한 애가 있는데 그 아이가 담배를 세 번 피워서 어제 학교에서 잘렸다고요. 근데 그 선생님이 "나 걔 알아. 내가 그 애 학교에 밥만 먹으러 와도 조퇴나 지각 처리해서 졸업시켰는데 어떻게 고작 담배 세 번으로 자를 수가 있어? 내가 걔를 어떻게 졸업시켰는데! 고등학교 정말 너무하다" 그러면서 막 분노하시는 거예요. 중학교 교사들이 애들을 고이고이 달래서 올려 보내면 고등학교가 그렇게 솎아 내는 거죠.

그렇게 해서 입시를 한다고 하는데, 입시가 잘되면 좋아요. 문제는 학교선택제, 자사고 이런 게 생기면서 입시가 중학교로 내려갔고, 고등학교는 철저하게 서열화됐다는 점이에요. 그래서 우리 학교는 상위 30%대 이상이 반에 서너 명뿐이고 나머지는 80~90%대예요. 하루는 국어 시간에 〈그 여자네 집〉을 가르치는데 "곱단이는 선망과 동경의 대상이었다"라는 대목이 있었어요. 애들한테 "선망은 좋아한다는 뜻이야. 동경은 무슨 뜻일까?"라고 물었더니 한 애가 "중국 수도!" 그래요. 그럼 옆의 애가 "병신새끼. 일본 수도라고~" 이런 대화가 이뤄져요. 어휘 수준이 그래요.

1학년 담임을 했을 때는 애들이 국사책을 가져와서 막 물어봤어요. 조사 빼고는 무슨 말인지 하나도 모르겠대요. 그래서 "왜 나한테 물어. 국사 선생님한테 물어봐야지" 그랬더니 국사 선생님이 그런 건 국어 선생님한테 물어보라고 했대요. 내용이 아니라 단어 뜻을 자꾸 물어보니까 그랬던 거죠. 이런 상황에서 입시 지도가 될 수가 없죠. 입시 위주로 교육한다는 건 거기서 소외된 나머지 아이들을 재운다는 뜻이에요.

그때 아이들이랑 돌아가면서 수업일기를 썼거든요. 하루는 어떤 학생 차례가 됐는데 솔직히 그 친구한테는 수업일기장을 주기가 싫었어요. 만날 자는 학생이었거든요. 안 쓰고 분명히 잘 텐데 그걸 갖고 실랑이하고 싶지가 않더라고요. 줄까 말까 고민하다 결국 줬어요. 근데 그 친구가 수업일기를 쓰더라고요. 내용이 이랬어요. "〈장마〉라는 단원을 배웠다. 장마가 오는데 뱀을 기다리다 할머니가 죽은 이야기다. 그 이야기까지 듣다가 오늘도 변함없이 잤다. 근데 국어 선생님은 웃으면서 늘 좋은 기를 나눠 주신다. 그래서 나는 좋은 기를 받으면서 잤다." 그걸 보고 제가 울컥

했어요. 그때가 한창 학생인권조례운동 시작하면서 반대하는 사람들한테 공격받을 때였거든요. 주로 받았던 비판이 "그러면 애들을 포기하란 얘기냐. 애들을 깨워서 수업을 듣게 하지 않고 다 내팽개치자는 얘기냐. 너는 애들을 방임하고 있는 거다"라는 내용이었어요. 근데 아이가 자면서도 좋은 기를 받고 있다잖아요. (웃음)

애들한테 그 일기를 들려줬더니 다들 킥킥킥 웃었어요. 수업 시간에 잔 이야기를 썼으니까. 근데 제가 "되게 감동받았다"고, "내가 여러분을 존중한다고 하면서 포기하고 있는 건 아닌가 고민을 많이 했는데 좋은 기를 받는다는 말에 위로가 됐고, 같이 할 수 있는 수업이 뭔지에 대해서도 고민할 수 있는 계기가 됐다"고 얘기했어요. 그러면서 "여러분이 아무리 미성숙하고 짐승 같다고 해도 존엄한 존재라는 걸 잊으시면 안 됩니다. 흑흑." 이렇게 울먹였거든요. 그날도 대략 1/3 정도의 아이들이 자고 있었는데 애들이 자는 애를 툭툭 치면서 깨우더라고요. "야, 일어나, 일어나. 국어 울어, 울어." 그 말을 듣고 깬 애가 옆에 있는 애한테 물어요. "야, 근데 존엄이 뭐야?" 저한테는 감동적인 순간이었지만, 애들한테는 너무 어려운 말을 쓴 거죠. (웃음)

제가 말씀드리고 싶은 건, 제 입장에서는 그런 애들이 다 이해가 된다는 거예요. 애들 대다수는 수업을 못 알아듣고, 그렇게 못 알아듣는 걸 억지로 집어넣어도 좋은 대학에 갈 수 있다는 기대감도 별로 없어요. 우리 학교도 대학을 간 애나 안 간 애나 고등학교 졸업 이후의 생활이 거의 평준화됐어요. 다 근처 치킨집이나 편의점에서 알바하고 있어요. 좀 예쁜 애는 커피숍에서 알바한다는 차이가 있을 뿐이죠.

그런 삶을 목격하다 보니까 애들은 대학을 가야겠다는 생각이 별로 없고요, 어떻게 보면 자체적으로 현재를 즐기고 있죠. 옛날에는 '대학 가서 술 먹고 담배 피우고 연애해야지' 했지만, 요즘 애들은 고등학교 때도 술 먹고 담배 피우고 연애하잖아요. 근데도 학교의 모든 것은 여전히 입시에 맞춰서 굴러가요. 예를 들어 8월 말에 축제가 끝나면 2학기에 행사가 하나도 없어요. 진짜 숨 막혀요. 그런다고 애들이 공부하는 건 아니거든요. 고3 수업에 들어가도 대여섯 명 빼놓고는 다 DMB 보고 있어요. 학교에 오면 공부하는 척하면서 노는 거예요. 애들은 고2 2학기가 지나면 소위 의미 있는 대학에 갈 수 없다는 걸 알거든요. 그러니까 학교가 거대한 수용소 같은 느낌인 거죠. 그런데도 수능을 준비시킨다며 모두 다 EBS 문제집을 풀고 있습니다. 대부분 수시로 대학에 가는 지금조차도요.

창의적인 수업이라 포장하고 놀아 보자

저는 교사들끼리 합의만 되면 교육과정에서 자유로워도 괜찮을 것 같다고 생각해요. 특히 고등학교는 국정교과서도 아니어서 입시로부터 자유로울 수 있어요. 전 그런 것도 해 봤어요.
〈붕대클럽〉이라는 일본 영화가 있는데, 학교폭력이랑도 관련이 있어요. 어떤 내용이냐면, 상처받은 사람이 인터넷 게시판에 사연을 올려요. 그럼 그 사연을 보고 붕대클럽 학생들이 출동해서 상처 준 장소나 사람한테 붕대를 감고 사진을 찍어요. 그 사진을 게시판에 올려 주면 사연 올린 사람이 그걸 보고 위안을 얻는 거예요. 그 내용을 우리도 따라 해 보기로 했어요. 애들이 상처라는 말에 대한 감수성을 가졌으면 좋겠더라고요. 아무것도 아닌 말이나 행동이 누군가에게는 상처가 된다는 걸 애들한테 보여 주고 싶었어요. 그래서 모둠별로 붕대클럽을 만들었어요. 각자 구로, 개봉, 고척동 안에서 상처받은 사연을 포스트잇에 써내면 그걸 다시 모둠별로 나눠 주는 거예요. 그럼 애들이 사연 속 장소에 찾아가서 붕대를 감고 사진을 찍어서 올리는 거죠. 장난스럽게 한 애들도 있어요. "내 얼굴이 상처다"라고 적어 내서 애들이 그 애 얼굴에 붕대를 감기도 하고. 이 학습 목표를 전혀 인지 못 하는 애들이죠. (웃음) 어떤 애는 자기 아버지가 오랜 투병 생활을 했는데 그 병원에 자주 못 가 봤대요. 그래서 아버지가 돌아가신 이후에 그 병원행 버스가 서는 정류장에 너무 가기 싫었다는 거예요. 그래서 애들이 그곳에 붕대를 감아 주고 오는 감동적인 사연도 있었어요. 웃지 못할 일도 있었어요. 애들한테 말로 체벌하는 교사가 학교에 있었거든요. 정말 모멸감이 생길 정도로 말을 하는 분인데, 그 선생님한테 붕대가 엄청 몰린 거예요. 그 선생님은 영문도 모르고 붕대에 감긴 채 사진을 찍히셨어요. 교사와 학생이 서로 화해하는 의미에서 붕대를 감고 같이 사진을 찍는 거라고 말씀드렸죠, 뭐. 제가 문과반을 맡아서 하는 일은 이렇게 공부하는 척하면서 놀기예요.

　최근에는 학교선택제 때문에 하위권 애들끼리 모여 있는 상황이 만들어지니까 그런 조건에서 할 수 있는 활동을 계속 고민하게 돼요. 이게 교육에 굉장히 심각한 영향을 미치거든요. 예를 들어 몇 개 반은 거의 60% 이하 애들만 모여 있어요. 그런 반 애들은 모둠 수업을 해도 조 이름을 '리더가 필요한 조'라고 지어요. 자기들끼리 모여도 회의가 안 되거든요. 역할 분담을 진행할 줄 아는 애들도 없고요. 어떤 문제에 대해 틀을 짜서 배분하고 정리하는 집중력이 없는 거예요. 그만한 능력이 있는 애들이 한 반에 다섯 명 이하니까 전체가 사십 명이면 여덟 명씩 거대 조를 짜야 해요. 애들에게 역할을 나누어 준다고 모둠을 잘게 쪼개면 진행이 아예 안 되더라고요.

사람들은 모든 일을 1/n로 분배해야 한다는 신화를 갖고 있어요. 협동에서도 그래요. 근데 코뮤니즘이라는 건 능력에 따라 일하고 필요에 따라 분배하는 거잖아요. 능력 있는 사람이 많이 일하는 건 나쁜 것이 아니라는 생각이 들더라고요. 학습도 1/n로 분배돼야 하는 건 아닌 것 같아요. 소위 리더라는 애들에게도 "저 잉여스런 아이가 할 수 있는 역할이 뭔지 생각해 봐라. 그런 사람에게 좋은 평가를 주겠다"고 말해요.

그게 가능하려면 활동이 단순해야 하고 소품을 쓰면 안 돼요. 소품을 쓰면 공부 잘하는 애가 가져오게 돼 있거든요. 준비물을 가져와야 한다는 개념은 공부하는 애들만 갖고 있어요. 이 잉여스런 애들은 현재에 집중하기 때문에 매일이 새로워요. 어제가 다르고 오늘이 다르고. 식단은 외워도 시간표는 안 외우는, 현재를 즐기는 애들이거든요. 그래서 연극을 할 때도 다 오브제objet를 쓰라고 했어요. 탁자 같은 것도 사람이 엎드려서 표현하게 하고, "절대로 효과음 같은 거 컴퓨터로 준비해 오지 말아라. 이게 다 도구다. 이런 게 비언어적 표현이다" 이렇게 전문용어를 쓰면 애들은 또 그런 줄 알아요. (웃음) 어쨌든 애들한테, 이 잉여스러운 존재가 도움이 됐다는 메시지를 갖게 하는 게 중요하니까요.

예전에는 애들을 지적으로 훈련시키고 말을 잘하게 하는 것이 중요하다고 생각해서 배심원 토론 같은 것도 많이 시켰거든요. 그런데 공부 잘하는 애들의 논거가 너무 빵빵하다는 문제가 생기더라고요. 한번은 대학 평준화에 대해 찬반 토론을 하는데, 계급적 차이가 딱 드러나게 나뉘었어요. 반대하는 애들은 공부 잘하는 애들이고, 찬성하는 애들은 공부 못하는 애들이에요. 그렇게 토론을 하면 찬성하는 애들이 논리 싸움에서 점점 밀리잖아요. 그럼 화가 나서 그래요. "야, 니네가 우리 학교에서 잘하니까 대학 잘 갈 것 같지? 목동 애들한테 비해 봐. 너네 완전 밀리거든!" 사실 그게 계급에 대한 본질적인 통찰이잖아요. 이 애들이 좀 차이 나는 것 같아도 사실은 오십보백보거든요. 근데 문제는 그런 논리적인 토론을 할 때 애들이 "대학 서열화는 계급을 재생산합니다"라고 우아하게 얘기하지 않는다는 점이에요. "아 씨발, 목동한테 진다고!" 이렇게 얘기하죠. 계급 문제의 본질을 꿰뚫고 있지만 우아한 언어로 표현되지 않기 때문에 좋은 점수를 받지 못하는 거예요.

또, 찬반 토론을 자주 하다 보면 모든 의견이 찬성과 반대로 나뉘는 것이 자연스럽다는 생각을 갖게 되고, 찬성도 근거가 있고 반대도 근거가 있다는 이상한 중립주의를 학습해요. 여기서 논리적 자기 발언을 중심으로 하는 민주시민교육에 대한 환상이 깨졌습니다.

그 뒤로 저는 논리보다는 인권감수성에 대한 문제, 자기 처지나 말, 느낌, 직감을 긍정하게 하는 문제에 관심이 많아졌어요. 그리고 애들이 하는 즉각적인 반응이 어떤 뜻을 내포하고 있는가에 관심을 갖게 됐고요. 가령 애들이 "씨발"이라고 욕을 하면 '이 맥락에서 무슨 얘기를 하고 싶어서 저 '씨발'이 나온 건가. 뭔가 억울한 감정이 드러난 것일 수도 있고, 남을 기죽이려고 눈을 부라리면서 센 척한 것일 수도 있는데 저게 무슨 신호인 걸까. 후자라면 쟤가 저기서 왜 센 척을 하려고 하는 걸까' 하면서 저에 비추어 생각해 봐요. 사람이 언제 센 척을 하게 되나요. 저 같은 경우 애들을 설득시킬 자신이 있을 때는 편하게 말하다가 애들한테 밀린다는 생각이 들 때 센 척을 하거든요.

그래서 가만히 들여다보니 학교의 모든 사람이 센 척을 하는 거예요. 학생들의 의견을 원천 봉쇄하려고 교사들이 냉정하고 공식적인 어투로만 이야기하거나 위압적인 어조로 얘기하는 것도 일종의 센 척 같아요. 센 척을 안 하는 사람은 센 척할 필요가 없는 사람뿐이에요. 교감에게 악질적인 역할을 맡긴 교장 선생님 말고는 다 어느 정도 센 척을 해야 살아남을 수 있는 거죠. 교사든 학생이든 자연인으로서 살고 있지 않은 겁니다.

참교육도 거절당할 수 있다

저는 꼰대가 돼 간다는 의미가 이 '센 척'을 하는 데 제도적인 외피와 명분, 지위나 권위를 대는 거라고 생각해요. 꼰대가 된다는 건 "내가 교감인데", "내가 교사로서" 같은 수식어가 붙는 거죠. 지위를 드러내는 순간 그 권위가 권위주의로 빠진다는 생각이 들거든요. 사실 권위 있는 말은 지위 없이도 통해요. 말 자체에 권위가 있으면 지위를 드러낼 필요도 없죠. 말이 안 먹힌다 싶을 때 저도 "너 선생님 말을 이렇게 안 들을 수 있어?"라고 말하게 되거든요. 그 권위를 유지시키는 게 나의 지위인지 아니면 나의 능력인지, 나의 소통 방식인지 내용인지, 이런 것들을 더 고민해 봐야 한다고 생각해요. 그것이 지위에 머물러 있을 때 사람들은 꼰대 같다는 느낌을 받는 거고요.

그리고 열심히 하려는 교사일수록 참교육이 거절당할 수 있다는 전제를 갖는 것이 중요한 것 같아요. 전교조 선생님들은 기본적으로 참교육은 거절당할 리 없다는 생각을 갖고 계시거든요. 그런데 그런 생각은 학생에게 강요하는 교육과 샴쌍둥이 같은 면이 있어요. 학교선택제로 입시가 중학교까지 장악하고, 학급당 학생 수도 많고, 모든 사고의 책임이 교사에게 돌아가고, 학교 자체가 불안정한 지금의 기형적 교육 시스템 속에서 교사가 학생을 장악하고 있다면 그건 뭔가 문제가 있는 거예요. 센 척이 됐든 제도적 남용이 됐든 아니면 개인적인 노력이 됐든 기형적 시스템을 메우는 뭔가를 동원한 거죠. 저는 이렇게 잘못된 걸 잘못되지 않은 것처럼 보이게 하는 건 사기나 다름없다고 생각해요. '참교육'의 이상 속에는 나의 헌신으로 시스템의 구멍을 메울 수 있다는 강한 확신이 있어요. 그건 참교육에도 안 좋다는 생각이 들어요. 시스템의 구멍을 메울 수 있을 정도로 헌신할 수 있는 교사만 참교육을 할 수 있다는 거거든요. 그런 참교육은 절대 확산될 수 없는 것이죠. 그러니까 참교육의 재생산을 위해서도 그런 생각은 옳지 않다고 느끼는 겁니다.

한국 교육이 문제라고 말은 하면서도 내 수업이 망가지는 모습을 보면 자꾸 애들을 원망하게 되고, 어떤 강력한 수단을 써서라도 내 수업을 지켜야겠다고 생각하는 거죠. 전 이런 생각부터 다시 돌아봐야 한다고 생각해요. 애들은 오히려 참교육을 말하는 교사가 짜증 날 수도 있거든요. 교장도 그렇잖아요. 처음부터 꼴통인 교장에게는 기대가 없어요. 그런데 민주적으로 학교운영을 할 것 같다가 교사들이 협조적이지 않다 싶으면 독재적으로 변해 버리는 교장에게는 큰 배신감을 느끼잖아요. 애들도 마찬가지예요. 참교육을 할 것 같은 교사한테 애들은 마음을 열어요. 그런데 한계에 부딪혀서 교사가 그 노력을 거둘 때, 어렵게 마음을 열었던 애들은 훨씬 더 큰 상처를 받거든요. "지가 참교사래~" 이런 배신감이 있어요. 시스템으로서의 참교육이 아니라 개인의 미덕이 된 참교육이 나쁜 결과를 초래하는 경우죠. 학생들은 늘 인간다운 대접을 받는 게 아니라 좋은 인격을 가진 선생님이 상태가 좋을 때만 인간 대접을 받게 되니 참교육에 대해서도 냉소적일 수밖에 없는 겁니다.

기관의 일부가 아닌 개인으로 만나기

저는 이렇게 불안정한 한국 교육 시스템 속에서 가장 믿을 건 서로에게 인간적인 모습을 보이는 거라고 생각해요. 나는 이런 걸 원하지만 잘 안 되고 있다는 걸 애들한테 노출하는 겁니다. 그리고 내가 이 시스템의 일부라고 생각할 필요가 없어요. 내가 구축한 시스템이 아니니까요. 전 애들 앞에서 교장 선생님 욕도 많이 해요. 그럼 어떤 선생님들은 "너는 학교의 일부인데 왜 학교 욕을 하느냐"고 얘기해요. 지금 파견 나가 있는 교육청에서도 똑같은 욕을 먹어요. 교육청의 일부인데 교육청을 비판한다고. 그런데 제가 무슨 교육청의 일부예요. 저는 학생인권조례를 시행하려고 온 거고, 이 교육청이라는 전체 시스템을 만드는 데 권한이 전혀 없는데요.

우선 교사가 이 기관의 일부라는 환상에서 벗어날 필요가 있습니다. 그래야 학생들도 학교라는 제도를 빼고 개인 교사를 공격해서 이 문제가 해결되지 않는다는 것을 쉽게 깨달아요. 제가 학교에 대해 이런저런 얘기를 하면 우리 애들은 "어유, 선생님 불쌍하네요. 우리야 수업 시간에 자기라도 하지" 그래요. (웃음)

이전에는 기관에 숨어서 권위를 유지할 수 있었죠. 학교가 지식을 독점하는 권위 있는 공간이었으니까요. 그런데 지금은 독점되지도, 독점될 수도, 독점돼서도 안 되는 지식을 독점하는 척하며 권력을 휘두르는 곳이 학교예요. 지금 학교에 대한 학생들의 생각을 고려해 봐도 자신을 학교의 일부처럼 생각하는 게 오히려 마이너스라고 생각해요. 부당한 일이 일어났을 때 적극적으로 싸우는 모습을 보이는 것까지는 어렵더라도, 학생들이 "선생님도 거기에 동의하느냐"는 질문을 던져올 때 "아니"라고 답할 수 있어야 한다는 거죠. 그런 이후에 학교가 왜 그러는지, 학교에서 걱정하는 부분은 무언지 이야기해야 통하는 거지, 학교의 되지도 않는 논리를 대변하려고 할 때 오히려 교사의 권위가 떨어집니다.

그리고 제대로 된 교육공동체를 일구기 위해서라도 개인을 발굴하는 일이 굉장히 중요합니다. '교육공동체'의 공동체가 전체주의를 의미하는 건 아니잖아요. 교사들이 동일한 목소리를 내야 한다는 생각에서 벗어나야 학생들이 동일한 목소리를 내지 않아도 이해하고 왕따시키지 않을 수 있습니다. 한 애가 선생님 의견에 대해 잘 모르겠다거나 다르게 생각한다고 말했을 때, "아, 저 새끼 또 나대" 이렇게 반응하는 게 사실 왕따 문제의 시초거든요. 전체 마흔아홉 명 중에 한 명만 다른 뜻이 있을 때 우리는 "그 의견도 얘기해 볼 가치가 있다"가 아니라 "너만 동의하면 끝"이라고 여기는 구조잖아요. 최근 인권침해가 심한 한 고등학교에서 한 학생이 그걸 제보했더니 교사들도 그 학생에게 전학 가라고 하고 학생들도 전학 가라고 했답니다. 그런 구조 속에서 계속 왕따를 만들어 내고 있는 거예요. 전체주의, 폭력에 대한 감수성이 생기기 위해서라도 교사가 기관의 일부라는 생각에서 벗어나야 합니다.

저는 학교가 갑자기 좋아질 거라는 생각은 안 해요. 그렇기 때문에 학교에서 아이들이 부당하다고 느끼고 보내는 신호를 알아채고 의사소통이 되는 구조를 만드는 것이 중요하다고 생각해요. 교사도 한국 교육이 매우 불완전하다는 것을 알지만 교장 선생님이 교사들의 의견을 들어서 학교 지침을 결정하면 부족한 점이 있어도 인정할 수 있거든요. 결정하는 데 참여했기 때문입니다. 그런데 학생들한테는 그런 기회가 주어지지 않잖아요. 이런 불완전함의 문제를 공유하는 것 자체가 학생들의 마음을 얻는 전략이 될 수 있고, 또 학생이 주인이 돼야 한국 교육이 망가지는 데 대해 학생들도 자신의 책임을 느낄 수 있습니다. 세상에 참여한다는 것은 세상에 대한 책임감을 느끼게 된다는 것이 아닐까요? 저는 이 끔찍한 세상을 그저 견디는 데 급급해하지 않고 참여함으로써 세상에 대한 책임감을 학생들과 공유하고 싶습니다. 여기서 제 이야기를 마치겠습니다.

"

박동준 : 저는 올해 4년 차 교사인데요. 서두에 선생님이 말씀하셨던 학교 현장의 이상한 모습이 100% 공감되더라고요. 우리 학교도 한번은 정말 어이없는 사건이 있었어요. 학교폭력대책위원회가 열린 다음 학년부장이 교장에게 회의할 게 있다고 하더라고요. 알고 보니 가정환경도 열악하고 가출도 많이 하고 수업 태도도 안 좋아서 학교를 휴학한 아이가 있었는데 이 친구가 담임한테 연락해서 돌아오겠다고 한 거예요. 그것 때문에 관리자와 부장들이 진지하게 회의를 했어요. 가출한 애를 학교로 데려오기 위해서가 아니라 학교로 돌아오려는 애를 막으려고요. 중학교에서는 자퇴가 안 되니까 휴학 처리하고 싶었던 거예요. 그런데 이걸 이상하다고 생각하는 사람이 학교에 저 혼자뿐인 것 같으니까 정말 미치겠더라고요. '내가 대단히 진보적인 사람도 아닌데, 내가 이상한 건가?' 하고 진지하게 고민했어요.

그래서 조영선 선생님이 초임 때 생활지도부장을 막으셨다는 이야기가 더 놀라웠어요. 젊은 선생님들이 다 그렇지만, 한마디 하고 싶어도 주저하게 되는 게, 상대가 연세 있는 분들이기도 하고 그분들이 일을 엄청 많이 하는 걸 봤기 때문이잖아요. 물론 잘못된 일을 하는 거긴 하지만. 어쨌든 그런 면에서 저항하는 게 힘들더라고요.

그런 부분에 대해 전교조도 별 답을 주지 못해요. 전교조 기관지인 〈교육희망〉도 받아 보면 현장 고민을 수렴한 살아 있는 언어가 아니라 관제화

돼 있는 것 같고. 전교조를 지지하지만 그런 느낌을 받는 게 사실이에요.

조영선 : 제가 생활지도부장 선생님을 그렇게 막아설 수 있었던 건 3월 셋째 주여서 그랬던 것 같아요. 전 그때 학교가 너무 이상했거든요. 그 이후에는 오히려 못 그랬어요. 그러다 3년 차인가, 광주에 계신 배이상헌 선생님 강연을 들었는데 "우리에게는 동업자의식이 있잖아요, 그게 연대의식이 되면 좋은데" 뭐 그런 말씀을 하시더라고요. 그때 '동업자의식'이라는 단어에 되게 꽂혔어요. 서울시교육청에서 체벌 금지 이야기가 나왔을 때, 교육의 다양성을 말하면서 "때리는 것도 사랑이다"라고 주장하는 사람들도 있었잖아요. 교사 문화에서도 각자 자기 교육철학이라는 명분하에, 교사의 자율 영역을 서로 존중한다는 명목하에 행해지는 폭력들이 상당히 많고요. 거기에 어떤 식으로든 제가 공모한다는 걸 알게 됐어요.

그런 것들에 대해 저도 건건이 "그러면 안 되는 것 아니에요?"라고는 못해요. 그런데 애들한테 대신 사과하거나 "잘못된 일이라고 생각한다"고 말하려는 노력은 해요. 당장은 아이들이 그런 대접을 받더라도 그게 잘못됐다는 걸 아는 건 중요하다고 생각하거든요. 그게 잘못된 일이었다는 걸 알아야 다음에 자기가 저항할 힘이 생겼을 때는 같은 상황에 처해도 맞설 수 있고, 그렇게 되어야 나쁜 관행들이 재생산되지 않아요. 애들이 폭력적인 경험을 합리화하면 이후 비슷한 상황이 다시 생겼을 때 오히려 지레 잘못했다고 거짓말을 하거나 자신보다 힘이 약한 다른 사람에게 그와 똑같이 폭력적인 반응을 보이게 돼요. 그래서 저는 인권을 말하는 교사로서 싸워주지도 않고 완전 찌질하게 "그럼 네가 저항해 보지. 네 일이잖아. 왜 너도 못 하는 걸 나한테 하라고 해"라고도 얘기해요. 제가 무서워서 애들한테 책임을 넘기는 것이기도 하고요, 다른 한편으로는 자기 존엄을 지키는 건 자기 책임이라는 생각도 하거든요. 어릴 때부터 존중받으면서 키워진 애들은 자신의 존엄을 스스로 지켜야 한다는 걸 생활 속에서 습득하지만 많은 애들은 몰라요. 모멸적인 경험을 하면서도 사랑이라고 여기고요. 그건 좀 알려 줘야 해요.

아까 우리 학교에 말로 체벌하는 선생님이 있다고 했잖아요. 그 선생님한테 당하면 여자애들은 질질 울고, 남자애들은 화가 차서 나가거든요. 그럼 저도 그 선생님 앞에서는 말 못 하고 애들 따라 나가서 그래요. "야, 진짜 고생했다. 네 잘못은 아니라고 생각한다. 이 세상이 부당하다고 생각하든 저 선생님이 아프다고 생각하든 이 상황이 정상은 아니다." 그렇게 말하면 그 순간 그 선생님 앞에서 말하지 못한 저도 부끄럽잖아요. 저한테 그런 감각을 남기는 것도 중요한 것 같아요. 그래야 저 자신이 폭력에 무감각하게 변해 가지 않을 수 있을 테니까요.

교사 개인이 넘을 수 없는 벽이 많아요. 영화 〈도가니〉를 보면서 제가 가슴 아팠던 장면이 뭐였냐면요, 남자애들을 성폭행했던 교사가 교무실에서 애를 때리는데 다른 교사들이 컴퓨터에 코를 박고 있는 장면이었어요. 그 장면이 잊히지를 않아요. 저도 비슷한 경험이 있거든요. 어떤 선생님이 제 옆에서 어떤 학생을 개 패듯이 패는데 저는 아무 저항도 못 했어요. 그게 저한테 엄청난 트라우마로 남더라고요. 가정 폭력을 경험하는 게 비슷한 느낌일 것 같아요.

근데 학생인권조례가 만들어지면서 교사 개인이 넘을 수 없는 한계를 제도로 보장해 주는 측면이 생긴 것 같아요. 한번은 한 선생님이 조례 제정 전과 똑같이 애를 개 패듯 팼어요. 늘 그러던 선생님이었거든요. 그날도 "나는 6개월만 있으면 정년퇴직이다!" 그러면서 애를 패더라고요. 근데 한 선생님이 아이를 패는 선생님을 붙잡고 "아이고, 선생님! 명예롭게 퇴직하셔야죠!"라면서 말리더라고요. 원래 별 주관이 없고 '좋은 게 좋은 거'라고 생각하는 그냥 착한 선생님이셨는데 말이죠. 그걸 보면서 '모든 걸 제도화하는 게 문제는 있지만 최소한의 가이드라인을 준다는 면에서 의미는 있구나'라고 생각했죠.

전교조는, 저도 만날 탈퇴할까 말까 갈등해요. 그럼에도 탈퇴를 못 하는 건, 학교에서 개인적인 방식으로 할 수 있는 것들이 너무 적어서예요. 혼자 하다 보면 과도한 오만에 빠지기도 하고요. 전교조가 반대만 하고 대안을 만들어 내지 못한다는 비판을 많이 받잖아요. 그런데 반대를 잘 하는 것도 정말 중요해요. 교육청에 가 보니까 10년 전에 실패한 정책까지 폐기되지 않고 하고 있더라고요. 덜어낼 것을 덜어내지 않으니 새로운 것이 들어갈 자리가 없지요. 그 업무 위에 진보적인 정책까지 해야 하는 게 지금의 상황이니까 방향도 없고 실행력만 떨어지는 거예요.

지금 서울시에 1,300여 개의 학교가 있는데 여러 가지 교육정책에 대한 나눠 먹기 실험을 하고 있어요. 낡아빠진 것부터 혁신적인 것까지. 단위 학교는 그걸 다 하려니 얼마나 힘들어요. 토하는 거예요. 잘못된 걸 안 하게 하는 것만으로도 미덕인 거죠.

조문경 : 제가 발령 첫해에 신규 교사 교육을 받으러 갔는데 한 선생님이

그런 질문을 하시더라고요. "부장 선생님이 아이한테 너무 심하게 하는데 어떻게 해야 하느냐"고. 거기에 대해 장학사가 뭐라고 답했느냐면, "잘못됐다고 나중에 따로 얘기할지언정 그 앞에서는 지적해서는 안 된다. 같은 방법으로 아이를 훈육해야 한다"는 거예요. 저는 사실 그게 정답인 줄 알았어요. 용기를 내서 "아니"라고 말할 수 있어야 하는데 처음부터 신규 교사들을 무조건 "예"라고 하게만 가르쳐서 못 하게 만드는 것 같아요. 이런 생각이 드는 걸 보니 제가 점점 불온해지는 것 같네요. (웃음)

이형환 : 전교조 얘기가 나와서 말인데, 제가 교직을 떠날 즈음, 학생들이 건물에서 뛰어내려 자살하는 사건들이 있었어요. 정말 처참했죠. 그때 일부러 전교조 홈페이지에 들어가서 관련 성명서를 밑줄 긋고 읽었어요. 핵심은 그거였어요. "유감이다. 그런데 정부의 잘못이다. 우리는 희생해 가면서 정말 열심히 하고 있다." 아무도 믿지 않는 논리를 이렇게 공공연하게 발표한다는 데 놀랐어요. 교직은 희생이 아니에요. 월급 받고 하는 노동이지. 그리고 애들이 학교에서 뛰어내리는데 교사가 유감을 표한다는 게 말이 되나요. 이 사람들이 정말 애들을 생각하고 있나 의심스럽더라고요. 아이들 죽음을 충분히 애도하고 있지 않다는 생각이 들었습니다. 그러면서 두발 단속이나 한다는 게, 한 편의 부조리극을 보는 것 같았어요.

조영선 : 선생님의 말씀 속에 "이 사람들이 정말 애들을 생각하고 있나. 아이들의 죽음을 충분히 애도하고 있지 않다"라는 말이 핵심이라고 생각해요. 저도 학교폭력 국면에서 전교조를 포함해 누구도 진심으로 애도하고

있지 않다고 느꼈거든요. 애도가 없어요. 우리나라가 애도를 모르는 나라가 아니잖아요. 노무현 전 대통령이 죽었을 때를 생각해 보세요. 그런 면에서 애들이 정말 사회적 약자라는 생각이 들어요. 용산참사나 쌍용자동차도 그 폭력의 정도에 비하면 별 관심을 받지 못했잖아요. 사실 학교폭력의 문제도 책임을 떠넘기거나 학생과 교사를 옥죄는 수단으로만 부풀려졌지 정말 왜 그런 선택을 할 수밖에 없었을까 사회 전체가 반성하는 분위기는 아니었죠.

청소년은 전 국민이 경험하는 사회적 약자의 상태잖아요. 약자로서 비굴함을 경험해 본 게 평생 가거든요. 제가 청소년운동을 사회운동이라고 여기는 게 이 때문이에요. 학생들이 제도 안에서 엄청 큰 비굴함을 한껏 맛보고 가요. 그럼 그게 노동자로서의 비굴함을 정당화하는 심정적 기제가 돼요. 모든 인간이 한 번은 경험하는 제도적 굴욕감이 학교 안에 있는 거죠.

심동우 : 저는 다른 일을 하다가 교직생활을 늦게 시작한 편입니다. 아이들 때문에 도움을 많이 받아요. 아이들이 주는 관심이나 눈길 때문에 이 직업을 택한 것이 기쁜 순간이 많은데, 제가 애들한테 진짜 도움이 안 된다는 생각, 주는 게 없다는 생각이 많이 드니까 그게 힘들어요.

요즘은 시간이 지날수록 인권에 대한 감수성도 높아지고 아이들과의 관계 측면에서 좀 더 섬세해지고 당연시하는 것에 대한 문제의식도 더 높아졌지만, 고민이 많아질수록 힘든 부분도 있어요. 그래서 요즘 절망과 부끄러움 사이를 왔다 갔다 하고 있습니다. 부끄러워서 시도했다가 막히면 절망하고, 그러다 끝나지 않을까 하는 두려움이 있습니다. 이왕 이 직업을 택했으면 조금이라도 쓸모 있는 사람이 되고 싶어요.

조영선 : 선생님께서, 절망과 부끄러움 사이에서 왔다 갔다 하신다고 했는데 제가 《학교의 풍경》이라는 책을 쓸 수 있었던 이유는, 내가 절망하고 있었기 때문이에요. 우리 교육이, 절망할 정도로 고민하고 있지 않아요. 학교 폭력 문제 때문에 학생들이 줄줄이 죽어 나가는데도 제대로 된 애도가 없잖아요. 그런 상황에서 교실 창문을 반만 열리게 만드는 걸 자살 방지 대책이라고 내놓고 있는 거죠. 모든 사람이 "교육이 문제"라고 말은 하면서도 조금 고치면 어떻게든 되겠지 하는 안일함이 있는 것 같아요. 절망을 공유하는 문제가 중요하다고 생각합니다. 절망과 부끄러움 사이를 왔다 갔다 하는 게 쉬운 일은 아니죠. 누구나 인생에서 그런 감정만 맛보고 싶지는 않잖아요. 그러나 그걸 공유하는 사람이 생기면 주저하지 않을 수 있는 힘이 되는 것 같아요.

그리고 틈새를 찾아내는 것이 필요해요. 예를 들어, 저는 인권을 생각하면서 문제가 해결되는 것보다 해체되는 경우가 더 많았어요. 학교에서 지각을 없애려고 노력했다면 지금은 애들이 지각하는 이유를 제가 파악하고 있느냐가 더 중요해요. 애들이 지각하는 이유가 매일 다를 수 있다는 거예요. 나한테는 매년 같은 개학식이지만 애들한텐 고교 첫날이 처음이잖아요. 매일 애는 지각이라는 결과를 낳지만 하루하루의 감정 상태나 상황은 달라요. 매일 똑같아 보이지만 지각을 할지 말지, 애는 계속 투쟁하는 거거든요. 그렇게 생각하니까 몇 명이 지각을 하는지는 하나도 안 중요해졌어요. 스트레스도 안 받고 내가 집중해야겠다고 생각한 문제에 집중할 수 있게 되고요. 네이스 입력할 때만 좀 짜증 나죠. (웃음)

내가 개인적으로 할 수 있는 것이 전부라고 생각하고 거기 함몰되지 않도록 노력하는 것, 절망과 부끄러움의 감각을 유지하면서 버티는 것, 무감각해지지 않는 것, 그게 지각하는 학생을 지도하는 것보다 훨씬 큰 과제예요.

저는 10년 차에는 입만 열면 학생에 대한 노하우를 줄줄 꿰는 교사가 되는 줄 알았거든요. 이제 12년 차인데 지금도 '이게 아닌가?' 하면서 애들한테 휘둘리는 게 일상이에요. 그런데 저는 20년 차가 돼도 상황마다 쩔쩔매는 교사가 되는 게 꿈이에요. 애들이 하는 말을 안 듣고 '나 다 알아'라고 속단하는 순간, 내가 전문가가 아니라 꼰대로 가고 있는 징후가 아닌지 스스로 생각해 봐야 하지 않을까요?

발랄하게 싸우는 법

"싸워야 한다면 나처럼, 이~쁘게"

진웅용 사립고등학교 교사

일단 자기소개를 잘하려면 '자기 속에' 있는 걸 잘 얘기해야 하는데, 안 그래 자기야? 안 듣고 자기야? 저는 이런 말장난을 무척이나 좋아합니다. 말장난을 시답지 않게 생각하는 학생들 때문에 시 수업에서 고전을 면치 못하는 국어교사입니다. 원래 교과서 시는 시시해서 시답지 않아요. 시시껄렁한 얘기 그만하고! 저는 장인, 장모님과 아내와 두 딸을 모시고 사는 건전한 사위, 남편, 아빠입니다. 결혼 전에는 할머니와 여동생을 모시고 사는 착한 손자, 오빠였습니다. 가난한 집 맏아들로 태어나 자수성가하는 데 인생의 전반전을 보내고 이제 후반전에 들어서서 호시탐탐 쾌락을 꿈꾸는 나쁜 남자입니다. Old Boys, Be ambiguous(애매모호한). ㅋㅋ

저는 '발랄하게 싸우는 법'이라는 주제로 이야기를 함께 나눌 '신나'라고 합니다. 왜 '신나'냐면 말 그대로 신 나게 살고 싶어서이기도 하고요, 제 두 딸의 이름이 '시우'와 '나우'예요. 그 둘을 붙여서 신나예요. 그리고 사실 제가 가끔 욱하는 일이 있는데, 욱하면 불이 확 붙는 '신나'처럼 된다고 해서 이렇게 부르기도 합니다. 그런데 그런 일은 1년에 한두 번밖에 없어요. (웃음) 저는 '아직 교사'예요. 교육공동체 벗 조합원 중에 멋진 교사들이 교직을 하나둘 떠나고 있더라고요. '멋지게 살려면 떠나야 되는 것 아닌가'라는 생각이 들어서 '아직 교사'라는 표현을 썼습니다. 이러저러한 개인 사정상 정년까지 버티고 있어야 할 것 같긴 한데, 어떻게 될지 아직 모르겠어요. (웃음)

불온한 DNA, 가난

여러분은 기억의 시작이 언제부터예요? 젖 먹을 때부터 기억하는 사람들이 있죠. 아마도 젖을 늦게까지 먹었나 봅니다. (웃음) 농담이고요. 대부분 인상적인 장면으로 기억이 시작하죠. 제 인생 최초의 기억은 유치원 때예요. 유치원 선생님이 제 그림을 보고 칭찬해 주었던 일, 제가 수업 중에 집중을 잘해서 칭찬받았던 일이 기억나요. 주로 칭찬이란 충격이 제 기억에 남아 있는 거죠.

어느 날은 그렇게 좋은 선생님이 울고 계신 거예요. 어린 저는 도대체 누가 내 선생님을 아프게 했을까 궁금했겠죠. 선생님이 말씀하시길, 각하께서 돌아가셨대요. 누군지 모르지만 굉장히 훌륭한 분이 돌아가신 것 같아서 같이 울었어요. 나중에 알게 됐죠. 그게 바로 1979년 10월 26일 다카키 마사오가 죽은 날이었다는 걸. 제가 그렇게 착하고 순종적인 아이였습니다. 지금도 그런 착한 남자 콤플렉스가 있어요. 누가 내 험담을 하면 굉장히 슬퍼요. 그런데 공자님이 그러셨대요. "마을 사람들이 모두 다 좋아하는 사람은, 좋은 사람이 좋아하고 나쁜 사람이 싫어하는 사람만 못하다." 그런 생각으로 콤플렉스를 피해 가고 있습니다.

그런 제가 어떻게 불온해질 수 있었을까 생각해 봤어요. 몇 가지 떠오르는 장면들이 있더라고요. 초등학교 때 우리 반에 느림보 친구가 있었어요. 특히 글씨를 느리게 썼는데 그것 때문에 선생님한테 많이 혼났어요. 느리게 쓰긴 했지만 얼마나 예쁘게 쓰던지 저는 오히려 그게 부러웠거든요. 동네에서 칼싸움을 하고 놀다가 우연히 그 친구를 만났는데, 알고 보니 이웃집에서 단칸 셋방을 살고 있더라고요. 그날로 우리는 절친이 됐죠. 또 다른 친구 녀석은 우리 집 바로 윗집에 살았어요. 지저분하고 싸움을 좋아해서 친구 하기가 힘들었지만 그래도 그 녀석 집에 한번 찾아간 이후로 친하게 지냈어요. 그 친구가 부엌도 없는 단칸방에서 직접 해 준 불량 소시지 요리를 제가 맛있게 먹어 줘서 그랬나 봐요. 지금도 만나는 초등학교 여자 친구는 집에 화장실이 없어서 우리 집 화장실을 함께 썼어요. 어느 날 아침 너무 급한 마음에 화장실 문을 열었다가 쪼그리고 앉아 있던 녀석과 눈이 마주쳤는데요, 그 당황스런 얼굴을 아직도 잊을 수가 없어요.

저는 이렇게 가난한 친구들이 많았어요. 그래서 가난에 대해 경험하고 체화한 게 있어요. 그런 걸 요즘 애들은 잘 모르고 크거든요. 계급이 완전히 분화돼서 자기 계급 사람만 만나잖아요. 지금은 특히나 양극화사회이다 보니 하위 99%를 이해하는 사람이 드물어요. 99%에 속해도 마음은 늘 1%를 지향하고 있으니까요. 홍세화 선생님이 늘 말씀하시듯 '존재를 배반하는 의식'을 형성하는 교육을 받다 보니까 내 계급에 대한 의식이 없어요. 하지만 저는 가난하게 자라서 연민하고 공감할 수 있어요. 그 덕분에 우리 사회가 정의롭지 않다는 것을 감지했단 말이죠. 정의롭지 않은 사회, 불의한 사회에서 불온하지 않으면 그것이야말로 불온하다는 생각을 갖게 된 거죠. '순종하면 안 된다. 그래 난 불온해질 필요가 있다' 하고요.

그러고 보면 불온도 어느 정도는 타고나야 하는 것 같아요. 적당히 가난하고 적당히 병약한 저의 DNA에 감사하고 있어요. 너무 부자로, 너무 건강하게 태어난 사람들은 원치 않아도 마초적이고 폭력적일 수밖에 없잖아요.

교사가 불온해도 되려나? 중립의 허상

그런데 하필 우리는 교사란 말이죠. 학교에서 학생들을 가르치는 교사가 불온한 건 문제가 좀 있지 않을까요? 제가 지금 입은 것처럼 반바지에 샌들 신고 학교에 가면 어떨 것 같아요? 애들도 그건 좀 아니라고 해요. 저도 아이들 보기에 민망해서 스타킹은 신고 다녀요. 더운데 양말을 어떻게 신어요. (웃음)

사전에선 교육을 "지식을 가르치고 품성과 인격을 기름"이라고 정의해요. 그런데 그건 어디까지나 사전적 정의에 불과하죠. 그럼 교육의 현실적 저의底意는 무엇일까요? 교육은 사람을 사회에 '적응'시키는 겁니다. 좋게 말해서 적응이죠. 솔직히 말하면 '순응', '순종', '굴종'시키는 거죠. 대학수학능력시험의 준말인 '수능'은 '순응'과 발음이 같아요. 나쁘게 말해서 교육은 학생들을 무의식화하고 비인간화해서 사회에 필요한 부품을 만드는 거죠. 물론 선별한 소수 정예들에게는 창의성 교육을 받게 해요. 그러나 그것도 역시 기득권층의 체제를 공고히 하기 위한 수단에 불과하죠.

학생들만 이렇게 순응하게 만들까요? 교사도 마찬가지예요. "교사는 중립을 지켜야 한다"라는 말 많이 들으셨죠? 그런데 그 말이 과연 맞을까요? 중립은 다른 말로 중도, 중용, 중재 등으로 표현할 수 있어요. 이 말들의 공통점은 '아무튼 가운데'라는 겁니다.

그런데 생각해 보세요. '가운데'라는 것은 필연적으로 양 꼭짓점을 전제합니다. 가운데는 항상 무엇과 무엇 사이의 가운데잖아요. 문제는 어떤 사안에 대해 항상 좌와 우, 찬성과 반대 이렇게 양론만 있는 것이 아니라는 거예요. 그것이야말로 이분법적 사고의 극치이지요. 세계에는 무수한 입장들이 있어요. 그중 어떤 두 개의 입장을 꼭짓점으로 삼느냐에 따라 가운데 지점도 달라지겠죠. 그럼 꼭짓점만큼이나 무수한 '가운데'가 생길 거예요. 그중 교사가 지켜야 하는 '중립'은 과연 무엇일까요? 누가 자신 있게 대답할 수 있나요?

결국 교사가 지켜야 하는, 고정적인 의미의 중립 같은 건 허상이라는 거죠. 그런데도 마치 그것이 있는 양 수구세력은 우리더러 흔히 중립을 지키라고 합니다. 실상 중립이 없는데 중립을 주장하는 수구세력의 속뜻은, 우리보고 아무것도 하지 말라는 거예요. 그렇게 방관함으로써 수구가 기득한 당위, 가치, 주관을 지키라는 것이죠.

설령 중립이 있다고 가정하더라도 학교교육은 이미 중립적이지 않아요. 저는 중학교 때 툭하면 공항 주변 도로로 끌려가서 대통령 귀국 환영 깃발을 흔들었어요. 저는 학교에서 공부하고 싶었거든요. 그런 학생을 그곳으로 끌고 간 분은 다름 아닌 내 선생님들이었습니다. 이미 학교는 중립적이지 않았던 거죠. 독재를, 신자유주의를 따르도록 가르치는 사람들이 교육자는 중립을 지켜야 한다고 이야기하는 것은 모순입니다. 때문에 하종강 씨는《그래도 희망은 노동운동》이란 책에서 "중립을 유지하고자 하는 것은 무책임한 양비론"이라며 "바늘 끝만큼이라도 옳은 편이 있다면 그 편을 들어야 한다"고 주장합니다. 책의 일부를 들려드릴게요.

"자네는 박정희 나쁘다는 얘기는 그렇게 열심히 하면서, 왜 김일성에 대한 욕은 한마디도 안 하나? 공평하지 못한 것이 아닌가?" …… "김일성을 비난하는 이야기는 우리 사회에 흘러 넘치고 있지 않습니까? 그렇지만 박정희가 얼마나 나쁜 짓을 많이 했는지는 사람들이 너무 모르고 살잖아요. 하루아침에 귀한 목숨을 여덟 명씩이나 목 매달아 죽였는데 누군가는 학생들에게, 시민들에게 그런 일이 벌어지고 있다는 것을 알려야 하지 않겠습니까? 그러니까 저 같은 사람들이 전심전력을 기울여 박정희가 한 나쁜 짓을 세상에 열심히 알려도 우리 사회의 균형이 맞으려면 아직도 멀었습니다." …… 줄타는 광대는 손에 부채 하나만 달랑 들고 줄 위에 올라갑니다. 그런데 이 광대의 부채는 언제나 광대의 몸이 기울어지는 반대편으로만 펼쳐져야 합니다. '나는 이쪽저쪽 어느 쪽에도 치우치지 않고 항상 공정하게, 객관적으로, 중립을 유지할 거야'라고 똑똑한 척하며 부채를 가운데로만 펼쳤다가는 바로 줄에서 떨어져 버리고 맙니다. 우리 사회에 범람하는 양비론이 대부분 옳지 않은 이유는 그 때문입니다. "양쪽 모두에게 책임이 있다"는 양비론은 공정하고 객관적인 태도를 유지했다는 만족감을 줄 뿐, 무책임할 때가 많습니다. 바늘 끝만큼이라도 옳은 편이 있다면 그 편을 들어야 합니다. …… 한쪽은 막강한 자본과 권력으로 무장한 자본가들이고 다른 한쪽은 맨몸뚱어리밖에 없는 노동자들인데 그 사이에서 중립을 유지한다는 것은 불가능합니다. 노동조합을 탄압하는 성실한 인품의 인사노무관리자들이 회사 입장에서는 충신이지만 역사 앞에서는 죄인이 될 수밖에 없는 이유가 그 때문입니다.

사람이 생각하고 행동하는 모든 것에는 가치판단이 있습니다. 객관은 없고 주관만이 존재할 뿐입니다. 생각해 보면 오지선다 객관식 문제란

것도 출제자의 다섯 가지 주관 중에 하나를 고르라는 것이니, 오히려 그게 주관식보다 더 주관적인 것이죠. 따라서 우리는 중립을 고집하고 강요할 게 아니라 각자의 주관이 있다는 현실을 인정해야 합니다. 자신의 가치판단을 드러내고 타인의 가치판단과의 차이점을 인식하고 서로를 인정하는 것이 시작입니다. 하워드 진도《달리는 기차 위에 중립은 없다》라는 책에서 이렇게 이야기해요.

나는 학생들을 가르치면서 한 번도 내 정치적 견해 — 전쟁과 군사주의에 대한 혐오, 인종 불평등에 대한 분노, 민주적 사회주의와 전 세계 부의 합리적이고 공정한 분배에 대한 신념 - 를 숨기지 않았다. …… 나는 매학기 첫 강의마다 내 학생들에게 그들이 나의 관점을 듣게 될 것이라고, 하지만 다른 이들의 관점도 공정하게 다루도록 애쓰겠다고 분명히 말했다. 나는 학생들에게 나와 의견을 달리하라고 격려해 주었다. 나는 가능하지도 바람직하지도 않은 객관성을 가장하지 않았다. 학생들에게 '달리는 기차 위에 중립은 없다'고 말하곤 했다.

다시 한 번 강조드리지만 중립은 없습니다. 굳이 중립을 고집해야겠다면 중립은 가운데가 아니라 옳은 지점을 찾아 가는 것이고, 그 지점을 밤새 탐구해서 알려 주는 것이 교사입니다. 학교에서 터놓고 이야기하되 내 견해에 대해 학생들이 불편해할 수 있다는 걸 인정하고, 그 부작용보다 긍정적인 측면이 크다는 것을 설득해야 합니다. 내 견해에 부담스러워하는 걸 보듬어 주면서 너 자신의 견해를 밝혀야 한다는 것을, 누구의 견해에도 순종하지 않아야 한다는 것을 가르쳐야 합니다.

"학생이 사회라는 기계 속의 톱니바퀴가 되도록 할 것이냐. 아니면 그릇된 가치에 대항하는 창조적인 인간으로 서게 할 것이냐." 선택은 바로 우리 교사들에게 달려 있어요.

어느 날 불온이 운명처럼 찾아왔다

때는 2003년 10월 9일, 한글날을 기념해 한 국어교사가 파면을 당했으니, 그게 바로 접니다. 우리 학교 학생이 학교 비리를 교육청 게시판에 고발했다가 퇴학당했거든요. 저는 그 학생 구명운동을 하다 파면당했어요. 그래도 이듬해 복직하여 지금까지 같은 학교에서 잘 지내고 있어요.

사실 뭐 이렇게 얘기하면 제가 대단한 일을 한 것으로 오해들 하시죠. 우리 학교장도 그렇게 오해를 하더라고요. 제가 학교에 위장취업을 했대요. (웃음) 1980년대 운동권 학생이 노동운동을 하려고 공장에 위장취업 했던 것처럼. 솔직히 고백하지만 저는 그런 것 몰라요. 대학 때 워낙 먹고 사는 데 바빴고 근본이 날라리였거든요. 그래서 제가 사학민주화투쟁을 했다고 알려졌을 때 대학 친구들이 많이들 놀랐어요. '설마 네가 그럴 리가' 하면서 의심도 하고요.

저는 불온해야겠다고 마음먹은 적도 없고 불온해지겠다고 공부를 따로 한 것도 아닙니다. 불온해진 것은 그저 운명이었을 뿐입니다. 어느 날 그렇게 불온이 숙명적으로 다가왔던 겁니다. 20여 년 전에 군부재자투

표 비리를 내부고발했던 이지문 중위처럼요. 그분은 《사회평론 길》과 했던 인터뷰에서 자신의 행동을 이렇게 설명하더라고요.

"저도 생각해 보았습니다. 학생운동을 하다가 군에 들어간 사람도 많았는데 어떻게 내가 그런 사람이 되었을까? 저도 설명이 잘 안 됐어요. 그런데 작년에 대전에서 밤차를 타고 올라오다가 '아마 내가 처한 상황이 이런 경우가 아니었을까' 하는 생각을 했어요. 바로 앞자리에 여자가 하나 있었는데 술 취한 남자 두 사람이 타서 그 여자 옆자리에 앉아 자꾸 치근덕대는 거예요. 그래서 할 수 없이 내가 자리를 바꿔 주었지요. 그러고 나니 이 술 취한 사람들이 행패를 부릴까 봐 은근히 겁이 나대요. 내가 싸움을 잘하는 것도 아니고, 내가 다른 자리에만 있었으면 아마 가만히 있었어도 됐을 겁니다. 부정선거 고발도 바로 그런 일이었던 것 같습니다. 사병이라면 부대 밖으로 나가면 바로 탈영이라 나갈 수 없었을 테고, 또 우리 부대가 강원도 산골짜기에 있었으면 못 했을 텐데 부대 밖으로 나가면 바로 1시간 안에 광화문까지 도달하는 버스가 있었으니까요."

우리 학교 학생이 퇴학당한 건 2002년 12월인데요, 퇴학당하기 전부터 이미 고소도 당하고 여러 가지 고초를 겪고 있었습니다. 그러나 진작 나설 용기가 없었어요. 안 그래도 제가 전교조 조합원인 것 때문에 불이익을 받고 있었는데 이 사안에 나서면 불똥이 바로 노조로 튈 것 같더라고요. 그래서 최대한 안 나서려고 했습니다. 결국 학생이 퇴학을 당했는데도 움직이지 않아서 주변 학교 선생님한테 '네가 그러고도 교사냐'라는 욕을 먹기도 했어요. 이 와중에 조합원 한 분이 불쑥 피켓을 들고 1인 시위를 하기 시작했고 저도 합류하면서 모든 분회원들이 불나방처럼 불 속에 달려들었죠.

그 결과가 파면이었습니다. 다시 그런 상황이 벌어지더라도 똑같이 하겠느냐는 물음을 자주 받는데 그때마다 그렇게 하겠다고 답했습니다. 결과적으로 복직이 되었으니 그렇게 말하는 것 아닐까, 만약 아직도 해직 중이라면 다르게 말하지 않을까 자문해 보지만 그래도 역시 그렇게 하겠다고 답할 것 같아요. 미치지 않고서야 또 그렇게 하겠다는 게 납득이 가지 않죠? 그런데 굳이 자기합리화를 하자면, 돌이켜보건대 그 싸움이 은근히 재미있었어요.

폴 발레리가 "생각하는 대로 살지 않으면 사는 대로 생각하게 된다"라고 했다죠. 사는 내내 살고 싶은 대로 사는 것, 참으로 행복합니다. 하지만 사는 내내 단 한 번도 살고 싶은 대로 살지 못하는 것은 john나 불행해요. 최소한 인생에 한 번쯤은 하고 싶은 것을 해야 합니다. 그리고 그건 젊을 때 할수록 좋습니다. 설령 실패하더라도 오히려 좋은 경험으로 삼을 수 있으니까요. 제 나이 서른도 실패를 각오한 도전을 하기에 좋은 때였습니다. 예수도 마르크스도 체 게바라도 서른 살에 혁명을 시작했다죠.

학교에 천막을 치고 농성에 들어갔습니다. 지금 생각해도 참 맹랑한 시도였죠. 조합원들이 교대로 숙박을 하며 거기서 겨울을 났어요. 봄에 천막을 걷어 보니 그 자리가 따뜻했던지 때 이른 풀들이 나 있더군요. 천막 속에서 라면을 끓여 먹으며 같이 잠을 잤습니다. 수업에 들어갈 때를 빼곤 모두들 그 천막을 교무실 삼아, 휴게실 삼아 공부와 토론과 친교의 자리로 만들어 갔습니다. 물리적으론 참 초라하고 비참한 공간이었지만 정신적으론 그때만큼 분회원들이 행복했던 적이 없었다 느낄 정도로 역설적인 공간이었어요.

저는 운명적으로 불온을 실천했지만, 여러분들에게도 이런 운명을 권하고 싶지는 않습니다. 왜냐면 이건 정말 도박이기 때문입니다. 준비 없이 불온을 실천하는 것보단 준비하고 불온을 실천하는 게 현실적입니다. 마치 바다에서 윈드서핑을 하는 서퍼가 평소 부단히 연습하다가 경기하는 날 커다란 파도를 만나야 멋진 서핑을 할 수 있는 것처럼 말이죠. 연습하지 않은 서퍼가 큰 파도를 만나는 건 오히려 재앙일 수 있으니까요.

싸움의 비기祕記, 발랄과 명랑

아직 싸우고 있지 않은 분들은 여기서 귀를 막아 주세요. 이미 싸우고 있는 분들만 지금부터 제 말을 잘 들어 주세요. 이제 파도를 탔으니 얼마큼 버티는가가 문제예요. 그럼 그 비결은 무엇일까요? 애니메이션 〈쿵푸팬더〉에 그 해답이 있습니다. 주인공이 우여곡절 끝에 쿵푸의 비밀이 담긴 두루마리를 펼쳤을 때 그 안엔 아무것도 없었습니다. 뭐 대단한 비밀이 있을 줄 아셨죠? 하지만 실망스럽게도 별 게 없습니다. 그 방법은 이미 여러분도 알고 있는 겁니다. 이 닦는 걸 몰라서 안 닦지 않잖아요. 다만 귀찮아서 거르다 보니 이가 썩게 되는 거죠. 매일매일 안 하면 안 되는 것, 몰라서 못 하는 게 아닌 것, 그걸 매일 하는 게 방법이라면 방법이죠.

매일 해야 하는 걸 매일 할 수 있게 해 주는 게 오늘의 핵심이고 그 비결은 바로 '발랄'과 '명랑'입니다.

로베르토 베니니가 감독과 주연을 한 〈인생은 아름다워〉란 이탈리아 영화 보셨어요? 주인공 귀도는 자기가 죽을 수밖에 없다는 걸 잘 알고 있죠. 그 사람에겐 목표가 있어요. 아들을 살리는 것. 근데 그냥 살릴 수 없어요. 즐겁게 살려야 해요. 그래서 아주 멋진 연극을 합니다. 자신의 죽음까지 희극의 한 요소로 활용하죠. 그렇게 아들을 살려 놓고 자기는 죽습니다. 목숨보다 귀한 게 웃음이에요. 라지쿠마르 히라니 감독의 〈세 얼간이〉란 인도 영화에서는 "다 잘될 거야All is well"라는 영화 대사처럼 주인공들이 난관을 헤치고 마침내 해피엔딩을 맞이합니다. 해고된 홍대 청소 노동자들이 신 나게 복직 투쟁을 했듯, 금융 위기 때 미국인들이 월스트리트를 재미있게 점거했듯, 거품이 꺼진 뒤 일본인들이 기발한 시위를 했듯, MB정권 아래 한국인들이 촛불을 횃불처럼 들었듯, 그렇게 즐거워야 아름답고 정의로울 수 있습니다.

우리 학교 얘기를 좀 해 볼랍니다. 우리 학교가 얼마나 무서운 학교인데요. 주변에서 말하길, 학생, 교사 누구도 만족하지 않고 유일하게 학부모만 만족하는 학교래요. 아침 7시 반부터 오후 5시까지 학교를 철통같이 지키거든요. 외부로부터가 아니라 내부로부터요. 수위 아저씨는 위험한 사람이 들어오는 걸 막는 것보다 학생들이 나가는 걸 막는 데에 혈안이 돼 있어요. 그러려고 정문에 1억짜리 자동문까지 달았다니까요. 그래도 애들은 애들이에요. 치마 입고 뛰어요. 걔들을 올림픽에 내보내야 하는데. (웃음) 그런 애들을 누르다 보니까 자동적으로 튀어나오는 거예요.

건강한 애들이죠.

이 애들한테 학생의 날 '학교의 주인은 학생이다'라는 문구가 적힌 배지를 선물해 줬어요. 이걸 '뺏지'라고 발음해서 그런지 자꾸 뺏어 가더라고요.

(웃음) 학교에서 이걸 못 달게 하니까 애들이 어떻게 했게요? 오히려 수십 개씩 달고서 도망다니는 거예요. 이게 재치고 발랄함이고 명랑함이죠. 안타깝게도 여기에 범생은 해당 안 되는 것 같아요. 모범생이 아닌 비범생들만 열심히 뛰어요. 누군지 잘 봐 뒀다가 지역 균형 특례입학을 시켜야 돼요. 이런 애들이 권력을 쥐어야 우리 사회가 다채롭고 평등해지죠.

최근에는 저한테 뭐가 왔어요. '확인요구서'라고, 교장 선생님이 저한테 보낸 편지인데 "귀하는 교사로서 근무지를 이탈했으니 행정실에 소명을 제출하라"라는 내용이에요. 제가 공가를 쓰고 노동조합 회의에 갔더니 "허락도 안 했는데 나갔다"고 이런 걸 집으로 날린 거예요. 처음엔 기분이 나빴어요. 화가 났죠. 학교에서 나를 코앞에 두고도 암말 않더니 왜 이걸 집으로 보내요. 이걸 보내려고 공익근무요원한테 심부름을 시켰을 텐데, 공익근무요원은 공공의 이익을 위해 복무하는 거지 사적 이익을 위해 심부름하는 존재가 아니잖아요. 쓸데없이 국민 혈세로 우편요금이나 낭비하고. 막상 받고 나니 오만 가지 잡생각이 다 들더라고요. '또 잘리는 건가?' '10년 전에 잘렸을 땐 그래도 혈기 왕성했지만 지금은 아닌데.'

그때 이 강의 섭외가 들어왔어요. 발랄하게 싸우는 법에 대해 강의해

확인요구서

소속 : ○○○○고등학교
직급 : 교사
성명 : 진웅용

귀하는 학교법인 ○○학원이 설치·경영하는 ○○○○고등학교 교사로서 NEIS(나이스)의 복무와 관련하여 아래의 일자에 근무상황을 공가, 근무지 내 출장으로 신청하였으나 규정에 의거 결재가 반려된 상태에서 근무지를 떠난 것이 확인되었는 바, 이에 대한 귀하의 소명을 2012년 7월 26일까지 행정실로 제출하여 주시기 바랍니다.

2012년 7월 17일
○○○○고등학교장 ○○○

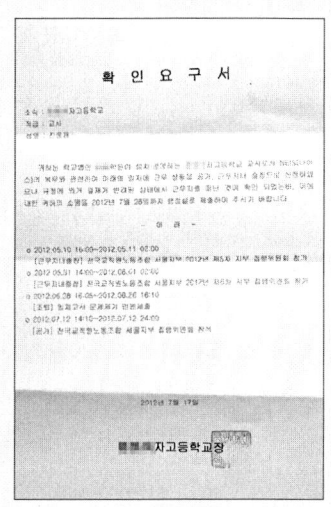

확인요구서

소속 : ○○○○고등학교
직급 : 교장
성명 : ○○○

귀하는 학교법인 ○○학원의 이사이자, ○○학원이 설치·경영하는 ○○○○고등학교 교장으로서 NEIS(네이스)의 복무와 관련하여 진웅용 교사가 아래의 일자에 근무 상황을 공가, 근무지 내 출장으로 신청하였으나 규정에 의거 결재를 반려한 상태에서 근무지를 떠나도록 유도하였는 바, 진웅용 교사는 결재가 반려되어 나간 적이 없는데 떠난 것이 확인되었다고 하였는 바, 반려 사유를 안 알려 근무지 무단이탈을 일부러 유도하고 무고한 사람을 죄인 취급한 이유에 대한 소명을 2012년 7월 26일까지 진로상담부로 제출하여 주시기 바랍니다. (요즘 장인께서 위독하시니 지난번 할머니 돌아가실 때처럼 치사하게 집으로 보내지 마세요. 그리고 등기우편요금 1,860원 혈세 낭비하지 마시고요.)

2012년 7월 25일
○○○○고등학교사 진웅용

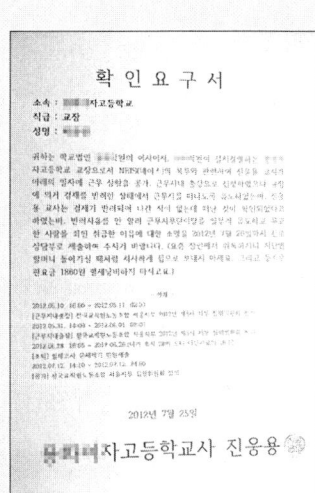

달라고. (웃음) '이거 어쩔 수 없구나. 이 강의를 위해서라도 발랄해져야 되는구나' 싶더라고요. 그래서 생각을 바꾸고 발랄하게 답장을 보냈어요. "죄 없는 사람을 죄인 취급한 이유를 써서 교무실에 제출하세요. 우편으로 혈세 낭비하지 말고 그냥 주세요"라고요. 직인을 만들까 하다가 좀 비쌀 것 같아서 그냥 있던 도장을 찍었는데⋯⋯ 좀 없어 보이나요? (웃음) 이걸 행정실에 보냈어요. 그 뒤에 답장이 또 왔어요. 집으로 보내지 말라고 했더니 정말 집으로 보내지 않고 학교로 보냈더라고요. 치사하게 방학 때. (웃음) 문자까지 왔어요. 안 찾아가면 집으로 보내겠다고요. 찾으러 갈 순 없고 궁금하긴 하니까 문자로 내용을 쏴 달라고 했지요. '경고'래요. 만감이 교차하더라고요. '일단 안 잘리는구나. 다행이다' 싶으면서도 다른 한편으로는 이런 생각이 들었어요. '이왕 줄 거면 파면을 주지. 그럼 그걸로 우리 딸들 장차 민주화유공자 특례입학시킬 텐데.' (웃음)

얼마 전에는 학교장이 충격적인 교내 방송을 했어요. "아침 7시 30분에 등교하고 저녁 5시에 하교하는 일과를 지키지 않는 학생들에게 학교장 추천서와 학교장 표창을 주지 않겠다"라고요. 정규 수업은 7교시에 끝나는데 8교시까지 붙잡아 두겠다는 거예요. 그 시간 동안 보충을 하든지 자습을 하든지 선택하라는 겁니다. 강제 보충, 강제 야자 문제로 지루한 공방전을 치르던 가운데 나온 방송 치곤 세죠. 그날 방과 후에 교문에 가 보니 수위 아저씨, 학교지킴이 선생님, 생활지도부장, 학년부장 등등이 교문을 막고 서 있더군요. 교문을 열어 달라고 부탁했지만 거절당해서 경찰을 불렀습니다. 형법상 감금과 협박 혐의로 학교를 신고했고, 사건 현장에 찾아온 경찰에게 상황을 설명한 뒤 증거 채집과 조사를 요구했습니다. 그 결과 지금 우리 학교에선 방과 후에 학생들이 자유롭게 하교할 수 있게 되었죠.

학생 다수와 학부모 절반은 제 편이었습니다. 그리고 동료 교사들도 말이 그렇지 저를 그렇게 미워하지 않을 거라고 믿어 의심치 않아요. 학생들은 하교를 자유롭게 할 수 있게 해 줘서 고맙다고들 하고, 심지어 저랑 사이가 좋지 않던 수위 아저씨마저 저에게 고맙다고 하시더군요. 솔직히 학생들 못 나가게 하느라고 학생들이랑 사이가 많이 안 좋아졌는데 이젠 그렇게 하지 않아서 좋다고요.

물론 후폭풍은 대단했습니다. 학교장한테 "눈물을 찔찔 짤 날이 올 것이다"라는 협박을 들었고 학교에 경찰을 부른 것에 대한 책임을 묻겠다며 경위서 제출을 요구받고 있습니다. 학운위 학부모들은 모두 적으로 돌아섰고 일부 공부 잘하는 학생들의 원망도 들었습니다. 게다가 동료 교사들에게 미움도 받게 되었고요. 2004년 복직 후 9년째 차곡차곡 쌓아 놓은 인심을 한꺼번에 잃은 느낌이었습니다. 하지만 결코 웃음을 잃지는 않았습니다. 위기를 기회로 삼았죠. 그리고 2년째 길러 온 머리와 수염을 깎았습니다. 그들에게 예쁘게 보이고 싶었던 거죠. '나 이렇게 예쁜데, 이렇게 예쁜 날 미워할 수 있겠니?' 하면서 말이죠. (웃음)

불온하기 위해 여러 저항의 방법이 있을 수 있는데 너무 비장할 필요는 없다는 거죠. 비장한 건 부작용이 있어요. 지율스님이 비장하게 단식을 100일 넘게 하셨잖아요. 전 비장하게 교육청 앞에서 일주일 했어요. 죽는 줄 알았지만 결과적으로 티도 안 났죠. 그분이 100일 넘게 하시고 나니까 앞으로 비장하게는 못 하겠더라고요. 그 기록을 깨야 할 것 아니에요. 너무 비장한 것도 후배들한테 민폐 끼치는 거예요. (웃음) 긴 병에 효자 없다고 하잖아요. 효자로 오래 가려면 만날 효심을 발휘하면 안 돼요. 만날 어떻게 손을 깨물어서 피를 내요. 나중엔 나올 피도 없을 텐데.

전교조 서울지부장이 쓰러져서 지금 병원에 계세요. 죽을 뻔하다 살아났는데 언어장애가 왔어요. 병문안을 갔는데 눈물이 안 나고 농담이 나오더라고요. 그냥 해 버렸어요. 이 무거운 분위기에서 벗어나야 그분을 다시 볼 수 있을 것 같더라고요. 제가 울고 있는 모습을 보면 그분도 편치 않을 것 같고요. 어쩔 수 없이 싸워야 하면 그 싸움은 즐거워야 해요.

혁명은 춤이다

멋진 말로 마무리를 하고 싶은데 제가 하고 싶은 말은 누구의 어느 책에 다 있더라고요. 아는 게 병이죠. (웃음)

제가 하고 싶은 말은 이미 엠마 골드만이 다 했어요. 그의 책《저주받은 아나키즘》에 이런 말이 있습니다. "투표를 통해 바뀌는 게 있다면 그들은 투표를 불법으로 만들 것이다." '그들'이 누구게요? 가진 자들이죠. 대의민주주의라는 것이 결코 없는 사람들을 위한 체제가 아니라는 겁니다. 너무 잘 알고 있죠. 그래서 결국 혁명이 필요한 것입니다. 그런데 그 혁명은 너무 비장하면 안 됩니다. 혁명은 무엇으로 봐야 하느냐. 춤으로 봐야 합니다. 그래서 골드만도 "춤출 수 없다면 혁명이 아니"라고 말해요.

요즘도 비디오 가게 가는 분들 계신지 모르겠네요. 남자들은 비디오 가게에서 이런 경험 한번씩 있을 거예요. 가게 안에서 기웃기웃하다가 사람들이 없는 틈을 타서 주인아저씨한테, "아저씨 좋은 거 없어요?" 물어요. 그럼 아저씨가 씩 웃으면서 하나 줘요. 그게 진짜 좋은 거거든요. (웃음) 발랄하게 싸우는 데 도움이 되는 많은 참고 도서가 있어요. 여러 책 중에서 한대수 씨의 《올드보이 한대수》는 꼭 읽어 보세요. 굉장히 불온한 책이에요. 이 책의 영향을 받아서 기타 들고 노래를 시작해 보세요. 노래하다 흥겨워지면 춤을 추고, 춤을 추다가 더 흥분되면 色水를 하세요. 단, 조건이 있어요. 간통은 안 돼요. 간통은 식구들의 허락이 필요해요. 배우자와 자식에게 "내가 간통을 하려 한다" 물어보고 허락하면 하세요. 마약도 해 보세요. 우리 사회에서 마약을 하려면 죽기 직전에 의사 처방을 얻는 방법밖에 없죠. 마지막 길을 행복하게 갈 수 있을 거예요.

제 말의 핵심은 이겁니다. 본인이 즐겁지 않으면 말짱 다 도루묵이라는 것. 내가 행복하지 않으면 소용없습니다. 싸워야 한다면 즐겁게 싸우시길 바랍니다. 제 얘기는 여기서 마치겠습니다.

불온 교사 필독서

– 국방부가 미쳐('처'가 아니다) 지정 못 한 불온도서

1. 나도 불온해질 수 있다

불온은 특별한 게 아니다. 심각하게 어려운 것도 아니다. 오른손으로 밥 먹다가 왼손으로 밥 먹을 때부터 불온해지는 거다. 누구나 불온해질 수 있다는 걸 공증받고 싶다면 아래 책들을 읽으시라.

《가난뱅이의 역습》, 마쓰모토 하지메, 이루

《내가 춤출 수 없다면 혁명이 아니다》, 최세진, 메이데이

〈불의의 시대, 발랄하게 사는 법〉, 《우리교육》 2010년 1월호, 우리교육

《점거, 새로운 거번먼트》, 고병권, 그린비

《혁명을 표절하라》, 트래피즈 컬렉티브, 이후

2. 이미 불온해진 사람들

위의 책들로 준비운동을 했다면 이젠 정식으로 시합에 나서야 할 순간이다. 이미 불온해진 선배들의 실천 사례를 통해 정신적 무장을 시도해 보자. 일단 가벼운 것부터 천천히 가 보자. 가능하면 쌍용자동차 이야기는 가장

마지막에 읽도록 하자. 최고 난이도다. 멋모르고 이것부터 읽기 시작하면 겁에 질려 더 이상 나아갈 수 없을지도 모른다.

《그대들을 희망의 이름으로 기억하리라》, 철도노조 KTX열차승무지부, 갈무리

《깔깔깔 희망의 버스 – 정리해고·비정규직 없는 세상을 위한》, 깔깔깔 기획단, 후마니타스

《꿈꾸는 자 잡혀간다》, 송경동, 실천문학사

《세상을 향한 알싸한 프러포즈, 일인시위》, 사이시옷, 헤르츠나인

《여기 사람이 있다 – 대한민국 개발 잔혹사, 철거민의 삶》, 이선옥 외, 삶창

《우리의 소박한 꿈을 응원해 줘 – 이랜드 노동자 이야기》, 김순천 외, 후마니타스

《의자놀이 – 쌍용자동차 이야기》, 공지영, 휴머니스트

3. 불온한 교사들

홍세화, 박노자, 김규항…… 이들 책은 최소한 5권 이상 소장만 하고 있어도, 내용을 읽지 않고 제목만 봐도 불온이 전염된다. 사범대, 교대에 불온한 교사 양성 과정이 도입된다면 필독서로 지정되어야 할 책들이다.

《교사로 산다는 것》, 조너선 코졸, 양철북

《나는 왜 불온한가》, 김규항, 돌베개

《네 멋대로 써라》, 데릭 젠슨, 삼인

《달리는 기차 위에 중립은 없다》, 하워드 진, 이후

《스콧 니어링 자서전》, 스콧 니어링, 실천문학사

4. 불의한 시대를 이겨 낼 불온의 부적

불온을 찾아 긴 여행을 마치고 돌아와 보니 아뿔싸 파랑새는 가까이에 있다고 하지 않았던가. 진정한 불온은 바로 우리 교육공동체 벗 안에 있다. 벗에서 나온 책과 벗 조합원들의 책을 이 불의한 시대를 이겨 낼 불온의 부적으로 삼으시길. '당신에게 평화를.'

격월간 《오늘의 교육》, 교육공동체 벗

《교육 불가능의 시대》, 최은정 외, 교육공동체 벗

《영혼 없는 사회의 교육》, 이계삼, 녹색평론사

《우리가 잘못 산 게 아니었어》, 엄기호, 웅진지식하우스

《학교의 풍경》, 조영선, 교양인

- 학습 목표
불온에 남은 생을 건다.

- 학습 대상
스스로 더 잃을 게 없다고 판단하는 자유로운 영혼.
내세를 믿는 종교인.

- 학습 팁
일단 따라 하면 수습이 어려우므로 오래 음미한다.
시간이 갈수록 들은 이야기가 선명해지고
자기 전에 자꾸 떠오른다면, 때가 온 것이다.

승진의 길로 가지 않고 당당하게 살아가기

"무관의 평교사에겐 팔지 않은 영혼의 힘이 있다네"

이상대 서울 금옥중 교사

중학교 국어교사. 허연 머리, 생활복 차림 덕분에 아이들에게 도사로 불립니다. 몇 년간 각고의 노력 끝에 핸드폰 문자도 제법 보내지만 정작 받은 답문은 눈이 침침해서 잘 못 봅니다. 최근 최고의 치적은, 별종으로 치는 중2 담임을 내리 4년간 해내면서 덤으로 이들과 판타지 소설집을 펴낸 것입니다. 이제 또 무슨 일을 저질러 볼까 아이들 사이를 기웃거리고 있습니다.

안녕하세요. 저는 이상대이고요, 올해 쉰다섯입니다. 창창한 청춘이 엊그제 같은데 어느새 이렇게 됐어요. 그런데 나이가 무슨 벼슬이라고 이런 강의를 해 달라고 하네요. 이렇게 오긴 왔습니다만 참 쑥스럽습니다.

오늘 이야기 주제가 '평교사로 당당하게 살아가기'예요. 선생님들께서 잘 아시겠지만 이 길이 얼마나 폼 안 나고 힘든 길입니까. 그런 고단한 이야기가 뭔 보탬이 될까 싶기도 하고요, 게다가 '당당'이라는 수식어까지 붙어 있으니 무슨 말씀을 어떻게 드려야 할지 난감합니다.

그래서 오늘 이렇게 진행을 하면 어떨까 싶어요. 선생님들 급별 근무처도 다르고 처한 상황이나 고민도 다 다를 겁니다. 제가 간단하게 인사를 드린 후 마이크를 넘길 테니 선생님들도 대강 소개를 하면서 오늘 강의에서 어떤 이야기를 나누고 싶은지 말씀해 주세요. 그러면 그걸 바탕으로 이야기 틀거리를 잡아 보겠습니다.

교사는 능숙해지지 않는다

저는 1985년에 서울 구로동에 있는 중학교에 발령을 받았고 1989년에 전교조가 결성되면서 해직이 됐어요. 그때 가르친 학생들이 1972년생이었으니까, 까마득하지요? 해직되고 《우리교육》을 만들어서 일하다가 1994년도에 용산중학교로 복직했습니다. 그 뒤로 2002년에 전교조 본부에서 1년 일한 거 빼고는 쭉 중학교에만 있었어요. 작년까지 학교에서 전교조 분회장을 했고요. 잘 모르는 분들은 제가 해직 경험도 있고, 본부 경험도 있고 하니까 이력만 보고 '이 사람 완전 사납겠구나' 넘겨짚으시는데, 제가 참 착해요. (웃음) 얼마나 착하면 상까지 주겠어요.

제가 올해 교육과학기술부장관상을 받았어요. 무슨 '모범교원표창장'인가 그랬던 것 같은데, 그 상이라는 거, 연공서열순으로 주잖아요. 그간 조퇴 투쟁했다고 불문경고, 일제고사 때 아이들 체험학습 보냈다고 견책, 뭐 이런저런 징계를 주기적으로 받아서 십 수 년간 상과는 거리가 멀었는데, 올해 인사자문위원회에서 순서가 됐다고 올리겠다는 거예요. 고사했는데도 어찌어찌 상이 왔더라고요. 처음엔 그냥 그런가 보다 했는데, 상을 펴 보니까 이주호라는 이름이 나오는 거예요. 아니, 내가 이주호한테 상을? 깜짝 놀라서 화장실에서 찢어 버렸어요. 제가 그만큼 착해요. (웃음)

지금은 목동에 있는 중학교에서 내리 5년째 담임을 하고 있습니다. 국어교사 열한 명 중 최고참, 담임 중에서도 최고참급에 속하지요. 나이로 따지면 교장, 교감과 엇비슷하고, 부장교사들은 대부분 저보다 어립니다. 요즘 아이들을 대하기가 워낙 힘드니까 주변 선생 몇몇은 저에게 그래요. "선생님은 이런저런 경험이 많아 능숙하시니까 얼마나 좋으냐"고. 능숙? 웬걸요. 전 아직도 버벅거리고 늘 서툴러서 쩔쩔매요. 제가 몇 년 전 짤막하게 쓴 글에 하나 걸어 놓은 공약이 있어요. "애들이 나를 싫어하면 그날로 떠나리." 그런데 싫어해요. (웃음) 떠날 때가 됐어요. 수업하는데 막 자요. 그래도 자는 건 이해할 수밖에 없어요. 어젯밤에 무슨 곤경 속에 있었는지가 눈에 그림처럼 보이니까. 어떤 때는 수업을 꼭 들어야 할 것 같아서 일어나라고 옆에 가서 손을 잡잖아요. 그럼 내 손을 꼭 잡고 자요. (웃음) 근데 녀석들 손이 얼마나 따뜻하고 보드라운지 그 기운에 저도 그냥 손잡은 채로 수업해요.

아이들 손에 놀아날 때가 어디 한두 번인가요. 어쩌면 매해 새로운 아이들을 상대해야 하는 교직의 특성이기도 할 겁니다. 그런 점에서 저는 교사가 가장 경계해야 할 것이 '능숙해지고 능란해지는 것'이라 생각해요. 아이들에 대해 능란해진다는 것은 교사가 '자기 틀'을 갖는다는 것이고 이 자기 틀은 자칫 권위로 이어지기 쉬워요. 교사의 틀을 벗어나는 아이들은 어떤 식으로든 배제되고 소외되거든요. 아이들을 만나는 건 언제든 처음 만나듯 긴장하고 헤아리고 돌아봐야 하는 거라고 생각합니다.

제가 첫 발령을 받았을 때는 단순 무식 그 자체였어요. 그냥 아이들이 좋아서 떼로 불러다가 집에서 재우고, 같이 놀러 가고, 학급신문 만들고, 주전자에 라면 끓여 먹이며 고입 시험 준비하고, 그러다가 '빳따'를 치기도 했고 공부 핑계로 온갖 협박도 일삼았지요. 그땐 그게 애정인 줄 알고, 잘하는 건 줄 알고 정신없이 뛰어다니기만 했어요. 그래도 1년 동안 애들한테 받은 편지가 라면 박스로 하나였어요. 대단한 인기였죠. 그때 저 싱싱했어요. (웃음) 그로부터 20년이 지난 지금은 아이들과 훨씬 더 세련되고 친절하고 정교하게 만나지만 방학 때 편지 한 통이 없어요. 고작 해야 문자 몇 통? 애들은 그걸 아는 것 같아요. 저희들을 사랑하는 열정, 마음의 순도 같은 거요. 조너선 코졸의 《교사로 산다는 것》이란 책을 보면 "학생의 기억에 가장 오래 남는 수업은 공책에 필기한 내용도 아니고, 교과서에 인쇄된 궁색한 문장도 아니다. 그것은 수업하는 내내 교사의 눈빛에서 뿜어져 나오는 메시지다"라는 말이 나오는데, 거듭 곱씹게 하는 구절이지요.

일단 여기까지 말씀드리고, 선생님들께 순서를 넘기겠습니다. 오늘 강의에서 어떤 이야기를 나누고 싶은지 이야기해 주시면 좋겠어요.

박동준 : 올해 4년 차인 고등학교 교사입니다. 저는 학교에서 승진 점수에 목매는 부장교사들을 보면서 문제의식도 있었고, 그래서 애초부터 승진 생각은 별로 없었어요. 그런데 최근에 애들 자리를 바꿔 주면서 옥신각신했거든요. 그때 '애들이랑 이렇게 지지고 볶는 것도 내가 지금 젊어서 체력이 받쳐 주니까 가능하겠다'라는 생각이 들더라고요. 또 지금은 애들이랑 취향이 비슷하니까 연예인이나 게임 얘기도 같이 할 수 있는데 나이 들면 애들하고 코드가 맞지 않아서 고리타분한 노인네 소리를 듣지 않을까 걱정이 돼요.

조형숙 : 작년 3월에 발령받아서 이제 교사 된 지 1년 반 된 초등 교사예요. 저는 학생 때부터 아이들이 좋았어요. 아이들 눈이 맑고 반짝거리잖아요. 요즘은 수업도 수업이지만 하루하루 애들한테 상처 주지 않는 것을 목표로 보내고 있어요. 한번은 저한테 붙어서 다니기를 좋아하는 애가 "선생님은 젊어서 참 좋아요" 그러더라고요. 그래서 제가 "나이 들면 버릴 거야?"

그랬더니 "음…… 안 버릴게요." 그래요. (웃음) 제 걱정은 그거예요. 내가 아이들을 많이 만날수록 '애들은 다 똑같다'라는 편견에 사로잡혀서 개개의 독립적인 아이를 보지 못하게 되지는 않을까. 그리고 제가 업무는 좀 대충 하거든요. 시간 있으면 수업 준비하고 일 딱 끝나면 집에 가서 쉬고 그래요. 그러다 보니 하루하루 편하게 '칼퇴'하는 삶을 살고 있는 것 아닌가라는 생각도 들어요.

교사가 여유를 가지는 건 엄청 중요한 일이라고 생각해요. 여유를 가져야 아이들이 제대로 보여요. 애들이 도움을 요청할 때도 내가 받아 줄 여유가 없으면 못 하는 거죠. 그리고 애들이 지금은 각각의 눈빛을 갖고 있는 게 예쁘다고 그랬잖아요. 그게 감당이 되니까 그렇지 여유가 없거나 나이 들어서 감당이 안 되면 아이들이 각각의 눈빛을 갖고 있는 게 얼마나 무서운 일인지 몰라요. (웃음)

이은희 : 저는 만 2년 차인데요, 작년에 신규 교사로서 준비 없이 6학년을 맡았는데 반에 감당이 안 되는 남학생이 있으니까 학교 다니기가 싫어지더라고요. 일은 또 어찌나 많이 주시는지, 학교에 다니면서 애들하고 행복하지가 않았어요. 그러면서 제가 앞으로 굉장히 불행해질 것 같다는 생각이 들더라고요.

최영락 : 교사된 지 10년 됐습니다. 3~4년 차 때는 촉망받는 교사였어요. 영재, 영어 등 교육의 '핫'한 아이템들은 다 거쳤습니다. 선배들은 그런 저

한테 "너처럼 촉망받는 인재는 경기도 파주에서 젊은 시절을 보내고 오면 안정적으로 뜻을 이룰 수 있다"라고 했고요, 저는 그 말만 믿고 파주에 갔어요. 저는 애들과 소통하는 훌륭한 교사가 되면서 승진도 하는 두 마리 토끼를 잡고 싶었어요. 그런데 이게 안 되더라고요. 7년째부터 혼란기가 왔고, 지금은 다른 공부모임에 3~4년째 나가면서 승진에 별로 뜻이 없는 교사들을 만나고 있는데, '저 교사들처럼 사는 것도 괜찮겠다'라는 생각을 하고 있습니다. 요즘은 제가 좀 착해진 것 같고, 애들하고 관계도 좋아진 것 같아요. 승진 생각을 내려놓으니 편해지는 것도 있고요. 그래도 미래에 대한 불안은 여전히 있어요. 교사들끼리 "승진 안 하면 자식 결혼할 때 아무도 안 온다"는 농담을 하잖아요. 그런 건 겁이 안 나는데, 제가 존경하는 선생님들은 너무 훌륭한 분들이라서, 내가 승진하지 않는 다른 삶을 선택했을 때 저렇게 살 수 있을지 확신이 안 서요. 배움의 공동체든 협동학습이든 결국 다른 사람의 것이잖아요. 남들이 좋다고 하는 것의 무더기를 내 모습이라고 생각하고 살아가는 지금의 저는 껍데기 같다는 생각이 듭니다. 주류에서 비주류가 되었을 때 그 소외감은 어떻게 견딜지, 비주류에서도 좋은 교사가 될 수 있을지에 대한 고민도 있고요. 정말 평교사로 잘 살아갈 수 있나요?

교사로서 어떻게 살 것인가에 대한 고민이 일찍 시작된 셈입니다. 저는 10년 차 때도 별 생각이 없었던 것 같아요. 입장이 중요합니다. 입장을 세우기에 따라 주류, 비주류의 개념도 벗어나게 되고, 잘 산다는 것의 개념도 바뀌게 됩니다.

이민아 : 저는 교직 14년 차가 돼 갑니다. 제가 성격이 되게 밝거든요. 아이들과 재밌게 살 수 있을 것 같아서 교사가 됐어요. 그런데 우연히 승진 점수 있는 학교를 몇 군데 다니면서 업무 잘한다는 소리를 되게 많이 들었어요. 그런 얘길 들으면 쓸모 있는 사람이 된 것 같아서 더 열심히 했죠. 그 소리가 발목 잡는다는 생각을 못 하고요. 선배들은 늘, 후배들을 당당하게 보려면 승진을 해야 한다고 말했어요. 그러면서 제 인생 계획을 짜 주더라고요. 지금 파주로 들어가라고. 그 이야기를 듣고 재작년에 파주로 내신을 쓴 거예요. 들어가서 너무 힘들었어요. 정말 일이 많아요. 승진하기 위해서는 아이들도 팽개치고 내 생활도 내놓고 오로지 교장, 교감에게 복종해야 해요. 승진하려면 앞으로 10년을 생각해야 하는데 '10년 동안 내 생활을 버려야 하나?' '승진해서 행복해질 수 있을까?' 이런 고민을 하다가 내년에 파주를 떠나기로 결심했어요. 제가 여태까지는 선배들이 짜 준 인생, 남이 그려 준 지도만 따라다녔거든요. 이제 그걸 버리고 제 선택에 따라서 가려고요. 저는 교실에서 애들 보면서 사는 게 가장 즐겁거든요. 나중에 후회하면 어떡하나 걱정은 돼요. 혹시 다시 승진하고 싶은 마음이 생기면 어떻게 마음을 다스려야 할까요?

박진수 : 초등학교 교사예요. 아직도 신규 같고 제 것도 없는데 어느덧 11년 차가 됐더라고요. 여전히 애들하고 만나서 노는 건 좋은데 너무 놀기만 좋아하고요, 이벤트 위주로 학급운영을 하다 보니 분명한 한계에 부딪히더라고요. 그래서 학급 붕괴도 경험했어요. 6학년을 5년 동안 하니까 영혼이 파괴되는 느낌이 들더라고요. 옛날에는 '애들 잘못 만나 고생한다'고 남 탓만

했는데 결국 제 책임이 크다는 걸 깨달았어요. 그때부터 배움을 시작해서 교사모임 연꽃누리에서 배우고, 여기도 배우러 왔습니다. 아직 역량이 없어서 그런지 주변 선생님들이 저한테 뭘 물어보지도 않아요. '저 선생님 별거 아닌 것 같은데'라고 생각하는 것 같아요. (웃음) 저평가받고 있지만 앞으로는 동료들에게 좋은 영향을 끼치고 싶습니다.

심동우 : 고등학교에서 국어를 가르치고 있고요, 교사된 지 10년 됐어요. 전 승진에는 관심도 없고 스트레스도 없는데, 문제는 승진이 아니라 어떤 교사가 될지, 그걸 어떻게 구현할지에 대한 실제적 고민이 들어요. 아무 성과 없이 나이만 먹고 있으니까요. 어떤 선생님은 "공립학교에 젊은 남자 교사가 없으니까 10년만 눈 딱 감고 승진 준비하면 나중에 니가 하고 싶은 거 다 할 수 있다"고 농담 삼아 말하는데 부장 같은 건 생각해 본 적도 없거든요. 실제로 해야만 하는 상황이 왔을 때 어떡하나, 이런 고민도 들어요.

김소희 : 올해로 11년 6개월째 초등 교사 생활을 하고 있어요. 올해는 타의에 의해 보직교사를 맡고 있는데, 저는 전혀 동의하지 않는 일을 계획하고 선생님들한테 전달해야 하는 게 싫더라고요. 오늘도 학교폭력 실태조사에 참여해 달라는 메시지를 보내다가 "이놈의 교육청 폭파시키고 싶다"고 욕하면서 내려왔어요. 교육청, 교육부는 교사가 생각 없이, 영혼 없이 시키는 일만 하면서 살기를 바라는 것 같아요. 그런데 저는 그렇게 살고 싶지 않거든요.

김태욱 : 인천의 한 사립고에서 기간제 교사로 1년 반째 보내고 있습니다. 학교 다닐 때 그렇게 욕했던 수업을 요즘 제가 하고 있어요. (웃음) 저는 교사들이 왜 승진을 하고 싶어 하는지 잘 모르겠어요. 돈을 더 많이 받아서인가요? 명예인가요? 학교에 영향력을 끼칠 수 있어서인가요? 그런 걸 알고 싶어요. 그걸 알아야 대책을 세울 수 있을 것 같아요.

선생님들 말씀 속에 오늘날 교사란 무엇인가에 대한 고민이 다 들어있는 것 같네요. 교사다운 교사, 영혼을 가진 교사, 주체성, 영향력……. 학교라는 게 시대와 무관하지 않아서 좋은 교사가 되려면 시대를 통찰할 수 있어야 하고, 그런 가운데 안팎으로 논論과 관觀을 세워 그것으로 배우고 가르쳐야 할 텐데, 제가 워낙 소견이 적어 그런 것에 명쾌하게 답할 수 있을지 모르겠네요.

절대 복종을 내재한 승진 구조의 폭력성

새삼 느끼는 건데, 승진과 관련해서는 수도권과 지역의 온도차가 큰 것 같아요. 수도권에 교사 수가 많기도 해서지만, 제 주변을 보면 몇몇을 빼고는 승진에 크게 집착하는 편도 아니고 승진파라 해도 표를 잘 내지 않아요. 아니, 오히려 '평교사나 적당히 하다가 명퇴 조건 되면 떠나지 뭐'라고 생각하면서 다수 뒤에 꼼짝 않고 숨어 있는 이들이 더 문제죠. 최소한의 것만 깔끔하게 해치우고, 자신의 손익에 관계된 것 외에는 어떤 논의의 장에도 나서지 않거든요. 충성파와는 싸움이라도 할 수 있지만 이들과는 싸움도 되질 않습니다.

제가 사실 승진 구조에 대해 아는 게 별로 없어요. 그런데 오늘 주제가 평교사로 산다는 것에 대한 거잖아요. 그 이야기를 하려면 승진이 어떤 의미가 있는지, 승진이 지금 구조에서 어떤 문제를 포함하는지를 알아야 할 것 같더라고요. 그래서 우리 교무부장한테 "승진하려면 뭐가 필요하냐"고 물어봤어요. 그랬더니 옆에 앉으래요. 이거저거 표까지 뽑아 가면서 알려 주더라고요. 그 표 좀 달라고 하니까 그 양반이, '아니, 이 사람이 갑자기 웬 승진 서류?' 하는 눈으로 쳐다보대요. 그래도 주긴 줬어요. 이 한 장 안에 교장 승진 구조가 얼마나 폭력적인지 다 들어 있어요. 항목을 한번 읽어 볼게요. 이걸 바탕으로 점수를 쌓아야 교감연수 대상자가 될 수 있고, 연수 후에 시험 치르고 성적에 따라 발령 대기를 하는 거지요.

우선 총점이 200점인데, 그중 1정자격연수가 9점이에요. 1정연수 받을 때는 점수 관리 잘 안 하잖아요. 보통 때는 기능을 안 하는 이 점수가 교감연수 신청자가 되는 순간 망령처럼 살아나서 발목을 잡는다는 거예요. 직무연수가 6점, 석사가 2점. 이 2점이 여러 교육대학원 먹여 살리고 있지요. 그리고 박사가 3점, 보직교사 8년 하면 2점 준답니다. 거기에 자격증이 있는가에 따라 0.75점씩 올라가고, 교과부에서 하는 연구시범학교를 한 번 할 때마다 1.25점씩 가산점이 붙는대요. 시범학교다 거점학교다 해서 교육청에서 따오는 걸 칼을 뽑아서라도 막아야 하는 게 바로 이것 때문이에요. 《오늘의 교육》에서 했던 곽노현 전 서울시교육감 인터뷰에도 나오는데, 그간 우리나라에서 시범학교 의제로 설정되지 않은 교육정책이 없을 거예요. 예산만 해도 연구학교를 위한 교과부 특별교부금이 연 1조 3천억 원쯤 된답니다. 억 소리 나지요. 그러나 학교는 크게 달라진 게 없어요. 결국 이게 다 서류 놀음에, 연구부장을 비롯한 담당자 몇 명의 점수를 올려 주는 노릇만 했던 거예요. 이건 뭐 선생님들이 더 잘 아실 테니 긴 말씀 드리지 않겠습니다. 지금까지 말씀드린 점수가 조물조물 모여서 100점을 채우는데, 사실 이건 다 비등비등하잖아요. 점수가 소수점에서 갈릴 정도로 미미해요.

　문제는 교장이 주는 근무평정이에요. 이게 200점의 절반인 100점입니다. 교장 눈 밖에 나는 순간 끝이라는 얘기예요. 부장들이 교장의 눈치를 살피는 것도 그래서죠. '도대체 어떻게 이런 결론이 날 수 있는 거지?'라는 생각이 드는 부장회의 결과도 바로 이 점수의 위력인 거예요. 교감 점수도 교장이 쥐고 있기 때문에 교감도 '꼼짝 마라'지요. 그런 여파로 학교에서 공론, 논의, 회의 그런 게 사라졌습니다. 직원회의라는 것도 그저 명령하고 전달하는 장치일 뿐이죠. 그게 관습화되니까 벌떡 일어나 발언하는 교사들을 되레 몹시 피곤한 눈으로 바라보는 거예요.

　게다가 학교평가네 뭐네 이런 평가시스템이 정착되면서 승진을 중심으로 한 관료체제는 더욱 단단해졌어요. 뭐 하라는 게 많아서 이걸 꼭 해야 하느냐고 쓴소리하면 아예 대놓고 되물어요. 이거 안 해서 학교평가 B등급 맞고 학교성과급 적게 받으면 당신이 책임질 거냐고요. 이런 문제 때문에 한동안 전교조에서 승진제도 개선에 매달리기도 했고, 그 결과로 지금 일부 학교에서는 교장공모제, 교장선출제 등을 하지만, 그건 코딱지만큼이고요. 여전히 몇 십 년간 이어진 승진제도가 학교를 장악하고 있어요. 아까 김소희 선생님이 "교육청, 교육부는 교사가 생각 없이, 영혼 없이 살기를 바라는 것 같다"고 말씀하셨죠. 맞아요. 승진 열차에 몸을 싣는 순간 교사로서 영혼은 내놓은 겁니다. 교사로서 주체성을 가지기 어려운 거예요. 일례로 승진의 전제가 뭡니까? 전교조 탈퇴예요. 전교조가 훌륭하다는 게 아니라, 의문과 소신을 낳는 이런 주체적인 사고와 판단은 '금지'라는 거지요. 제도나 체제는 그 속성이 늪과 같아요. 권력을 주인의 품으로 돌려주겠다고 정치에 뛰어든 '한때 투사'들이 요즘 어떻게 살고 있습니까?

승진, 아이들로부터의 도피

그럼에도 왜 대부분의 교사들이 승진에 목매냐고요? 꿈꾸던 교육철학, 교육행정을 펼치고 싶어서? 뭐 그런 분도 계시겠지만, 제가 보기엔 아닌 분들이 더 많습니다. 물론 지방은 아직 '사람이 오죽 못났으면 교장, 교감도 못 하고 퇴직을 하느냐'는 의식이 뿌리 깊긴 해요. 조선시대부터 내려오는 '벼슬'에 대한 집착이죠. 충청도에 계시는 제 형님만 해도 "넌 언제 교장 되냐?"고 명절 때마다 물어봐요. 그럼 제가 그래요. "교장보다 더 높은 평교사 해요. 준장, 소장, 중장, 대장 위에 병장 있듯." (웃음)

제가 보기엔 특히 대도시의 경우, 열에 아홉은 명예나 나이에 걸맞은 폼을 앞세워 아이들로부터 피신하는 거예요. 담임하기 싫어서 승진하는 사람 많습니다. 아까 이민아 선생님께서 평교사의 길을 선택하면 이후에 후회하지 않을까 걱정하셨죠. 여러 번 올 겁니다. 특히 40대 후반쯤에요. 박동준 선생님이 우려하시는 것처럼 그때쯤 되면 서서히 체력이 달리기 시작하고 애들의 감각을 따라잡지 못하면서 담임도 부담스럽고 수업도 부담스러워집니다. 정보처리 능력도 기민하지 못하죠. 요즘 아이들, 거의 시한폭탄 급이잖아요. 뇌관이 나와 있어요. 불만 붙으면 어디로 튈지 몰라요. 그 무한책임을 대부분 담임이 떠맡잖아요. 담임과 관련된 업무는 또 얼마나 많습니까? 거기다 결정적으로 나이가 들면서 소통에 문제가 생깁니다. 소통이 단절되는 순간, 교사편의주의에 빠지게 돼요. 아이들은 대상일 뿐인 거죠. 아이들이 나이 든 교사를 쉽게 나서 싫어하는 게 아닙니다. 꼰대라서 싫어하는 거예요. 아이들과 벌어진 거리를 권위가 대신하게 되고, 권위를 앞세워 아이들을 윽박지르고 제압합니다. 결국 "인권은 개뿔, 교칙을 강화해야 해"라고 말하는 교칙 강화론자가 되는 거예요.

자식뻘 되는 아이들한테 눈 부라림을 당하고 '씨발', '존나' 하는 욕을 등 뒤로 들으며 모멸감에 치를 떠는 순간, 딱 그 무렵쯤 승진 카드는 확 구미가 당기는 마력으로 다가오는 겁니다. 특히 남교사들, 뿌리치기 어렵지요. 눈치 빠른 몇몇 선배 교사가 코디도 해 줘요. "당신 가지고 있는 거 다 꺼내 봐. 대학원은 다녔고, 어, 연구학교 점수도 있어? 기본 점수가 꽤 되네. 부장 점수만 쌓으면 되겠고만. 당신 이 학교 3년 차지? 그럼 여기서 2년 부장 경력 쌓고, 어디어디 학교로 가. 그 학교 가면 교장이 누구인데 선생님들이 연구시범학교 한다고 해도 안 말려. 맘대로 할 수 있어. 가서 연구부장, 교무부장 하면 돼. 배짱대로 못 살 것 같다고? 그럼 당신 쉰 넘어서도 담임 맡아서 애들하고 싸울 자신 있어? 당신보다 어린 부장 아래서 기획으로 따까리 노릇 하면서 살 수 있어?" 사무나 일 처리 능력에서 탁월함을 보이면 교감이나 교장이 찍어 두었다가 거두기도 합니다. 최영락 선생님처럼 촉망받는 인재의 경우지요. (웃음)

승진 열차는 그렇게 시작됩니다. 일단 승차하는 순간부터 아이들보다 철저하게 실적과 성과를 중요하게 여기고 그것을 잘 포장하는 기술자로 거듭나게 돼요. 그러나 그분들은 스스로 '교육을 위해서' 혹은 '아이들을 위해서'라는 명분을 한 치도 의심하지 않습니다. 오히려 평교사들한테 일 안 한다고 손가락질하면서 자신들의 수고로움을 '공소적'으로 인정받고 싶어 하지요. 앞서 이형빈 선생 강의에서 아렌트가 말한 '악의 평범성'에 대해 들으셨지요? 이게 참 무서운 겁니다. 그 구조 안에 들어가면 그게 당연한 거예요. 기차 안에만 몰두하면 기차가 어디로 가는지 보이지 않아요. 이런 구조가 부장 - 교감 - 교장 - 교육청 간의 수직적 위계를 형성하게 되고, 그 틀이 교단을 칡넝쿨처럼 칭칭 감고 당국의 교육정책을 일사분란하게 집행하게 하는 겁니다.

저는 그다지 승진에 대한 고민을 해 본 적이 없어요. 일단, 누구처럼 촉망받는 인재였던 적이 없고, (웃음) 또 중간에 해직 딱지를 붙이면서 그대로 관성이 붙은 겁니다. 그래서 무사히 50대를 '돌파'하고, 아무 직함도 맡지 않은 최고참으로 교직 23년 차를 지내고 있습니다. 나이가 그렇게 들어서 부장도 안 하면 권력도, 영향력도 없을 텐데 그럼 버티는 힘이 뭐냐, 이런 질문 좀 이따 누가 해 주세요. 드리고 싶은 답이 있습니다. (웃음)

모두에 말씀드렸지만 나이 든 평교사, 어찌 보면 볼품없기도 해요. 평교사로 쉰이 된다는 건 요약하면 이렇습니다. '외롭고 높고 쓸쓸한.' 안도현 시집의 제목이기도 하지요. 제 처지가 딱 그렇습니다. 앞에 이 말이 추가될 수도 있어요. '가난하고.' (웃음) 부장들은 회의하고 저녁 먹는다고 나가고, 20~30대 젊은 교사들은 '불금'을 외치며 나가고, 40대 교사들은 자녀 지킨다고 칼퇴근하고, 여유로운 50대는 테니스다, 골프다 각자 신체 단련 떠나고…… 어느 날은 둘러보면 저 혼자 달랑 교무실에 남아 있습니다. 어떻게 보면, 이게 교무실 안에서 제가 놓인 역학적 위치를 상징적으로 보여 준다는 생각이 들어요. 이런 쓸쓸함을 핑계로 후배들에게 술 사 달라고 공갈을 칠 때도 있지만, 사실 뒤집어 생각해 보면 그만큼 내 자리가 분명하게 확보되는 지점이 있어요. 영혼을 팔지 않아서 생긴 자리.

역설적이게도 아무 힘이 없어서 오히려 힘이 있어요. 승진, 진즉에 버렸는데 눈치 볼 게 뭐 있겠습니까. 소신껏 옳다고 생각해 온 길로 갈 수 있어요. 이런저런 사안에 대해 싫다, 못 하겠다, 이렇게 하자 등의 의견을 눈치 보지 않고 발언할 수 있다는 겁니다. 당연히 교장·교감, 일부 부장 교사들은 불편해해요. 저도 불편합니다. 그런데 서로 불편한 이 자리가 사실, 교사의 자존감이 걸려 있는 문턱입니다. 물러나거나 눈감는 순간, 마치 언덕에서 사이드브레이크 풀어 놓은 자동차처럼 그냥 밀려요. 그래서 지킬 건 지키려고 종종 예민하게 굴어요. 물론 사사건건 눈을 부릅뜨지는 않아요. 크게 보면 입장의 문제지요. 이런 말씀 들어 보셨지요? '머리 좋은 것이 마음 좋은 것만 못하고 마음 좋은 것은 손 좋은 것만 못하고 손 좋은 것은 발 좋은 것만 못하다'. 아는 것보다는 애정이, 애정보다는 실천이, 실천보다는 위치와 입장이 더욱 중요하다는 겁니다.

교사의 눈과 귀와 코를 달다

해직 4년, 가끔은 그 웬수 같은 놈의 꼬리표가 내 발목을 잡는다고 푸념도 하지만, 그때 제가 비로소 교사로서 눈도 달고 코도 달고 귀를 달았어요. 바라보는 지향이 생긴 겁니다. 해직되고 《우리교육》 만들어서 기자입네 하고 취재를 많이 다녔는데, 아무것도 모르고 지내다가 그때서야 비로소 공부를 한 거예요. 주로 사람을 통해서. 제가 본디 촌놈이라서 깨달음도 더디고 배우는 것도 늦습니다. 그 4년간 저게 사람이구나, 저게 선생이구나 생각하게 하는 참 좋은 사람을 많이 만났습니다. 그때 제가 많이 깨였습니다.

지금도 생각나는데 당시 충남에 황금성이라는 농고 선생님이 계셨습니다. 당시 시골 농고면 아이들이 얼마나 변변찮았겠습니까. 그런데도 그 선생님은 아이들 하나하나를 다 살펴 그걸 일기 형식으로 정리했다가 한 달에 한 번 부모님께 편지를 보내요. 오늘은 누가 선생님에게 어떤 칭찬을 받았고, 누가 어떤 활동을 잘했으며, 퇴비더미를 만드는데 누구누구가 낫질에 관해서는 최고더라, 하는 식으로 말입니다. 그걸 읽는데 가슴이 쩡 울리더라고요. 그 부모님들은 다 농사짓는 분들이었을 텐데 공부머리, 일머리를 틔워 가는 당신 아이가, 그리고 그 학교가 얼마나 대견하고 미더웠겠어요.

복직한 뒤에 아이들을 모아 농사 흉내를 내기도 했는데, 그것도 당시에 만난 선생님들 영향이었어요. 이른바 문제아들을 모아 학교 꽃밭을 가꾸면서 씨앗을 받았다가, 후배가 들어오면 선배의 이름으로 물려주는 선생님이 계셨는데, 저는 그걸 조합 형태로 운영해 봤어요. 학교 공터를 아이들에게 분양하고, 선생님들에겐 이러저러한 농작물을 가꾸겠다고 공지를 해서 회원을 모으고, 그 돈으로 씨앗 사고 퇴비도 만들고 가끔은 짜장면도 먹어 가며 그렇게 농사를 지어 배추도 드리고, 생강도 드리고 했어요. 그 기억이 선해서 지금도 학교를 옮기면 학교 공터를 둘러보게 돼요.

그 무렵 또《우리교육》에 제 이름을 걸고 쓰는 인터뷰 꼭지가 있었어요. 혹시 보성초등학교 교장 자살 사건 기억나시나요? 2001년이었나, 한 교사의 차 시중 문제로 그 학교와 전교조 충남지부가 갈등을 빚고 있었어요. 그런데 그 와중에 교장 선생님이 자살을 한 거예요. 원인이 명확치 않았는데도 전교조가 그걸 다 뒤집어썼어요. 아주 융단폭격을 당했지요. 그 당사자인 한 선생님은 전보 조처되었고, 정신적으로 아주 힘들어하셨어요. 그 선생님을 인터뷰했는데, 그분이 그런 말씀을 하셨어요. "제가 가르치는 아이들이 다 농민의 아들딸들이잖아요. 농사가 얼마나 고된 노동인지, 얼마나 많은 빚에 시달리는지……. 그래서 시키지 않아도 농민회 일에는 꼭 갔어요. 한 사람이라도 같이하는 게 그분들에게 힘이 되는 거라면, 늦은 집회라도 가서 앉아 있었어요. 그분들이 살아야 아이들도 살지 않겠어요." 그 대목이 그렇게 가슴에 와 닿을 수가 없었어요. 그래요. 사랑한다면 그 대상을 둘러싼 구조도 눈 부릅뜨고 지켜야 하는 거예요.

교사생활 하는 내내 늘 이런 분들의 시선이 붙어 다녔어요. 깃발만 나부끼는 전교조를 차마 어쩌지 못하고 잡고 있는 것도, 사실은 그들과 함께했던 전교조 원년 멤버로서의 부채의식 때문이에요. 돌이켜 보면 그간 전교조를 내 삶의 한 부분으로 지니고 살았던 것 같아요. 내가 잘못하면 전교조가 잘못하는 거고 내가 잘하면 전교조가 잘하는 거고, 이런 생각 말입니다. 제가 참 순진해요. 한번 자리를 잡으면 쉽게 못 떠요. '끝까지 평교사로 가리'라고 했던 것도 그때 다짐이었어요. 그래서 이렇게 늙은 평교사의 길을 가고 있습니다. 이젠 저도 늙고 전교조도 늙어서, 전교조를 생각할 때마다 가슴이 무겁습니다. 전교조의 노화는 개인과 집단이 서로 긴장 관계를 상승적으로 이끌어 내지 못해서 생긴 필연적인 결과예요. 우리는 주어진 소명에 비해서 개인이나 집단의 공부와 각성이 너무 느슨했어요.

일상을 재구성하는 노장의 힘

그렇게 얻은 귀와 코와 눈으로 때론 폼 안 나게, 때론 투쟁적으로 지지고 볶으며 살고 있습니다. 제가 가진 내공과 통찰이 넓고 창대하면 그만큼 넓고 크게 저의 초식招式을 펼치겠지만 공부가 무디고 짧아서 그저 할 수 있는 만큼만 합니다. 평교사 최고참으로서 짐짓 태연한 척, 의연한 척, 내공이 깊은 척하면서요. 징징거리며 짜증이나 부리는 식이면 지는 거니까.

이를테면, 연말쯤 되면 근무평정을 해야 하니까 '자기실적서'를 내라고 합니다. 그럼 안 내요. 뭐라고 하면, "교사 교육 활동을 지원하기 위해 실적서를 활용한다면 열 장 스무 장도 쓰겠지만, 평정을 위한 거라면 안 냅니다. 그냥 빵점 주세요" 하면서 무심한 척해요. 혼자만 그러면 뭣하니까 전 교사에게 "저는 이러저러해서 자기실적서를 내지 않습니다"라고 쪽지를 날려요. 물론 학교 단위에서 해결될 문제는 아니지만, 이것에 대한 문제 인식은 선생님들과 함께해야 한다고 생각해요. 분회와 가능한 한 호흡을 같이하지만 요즘 분회 동력이 떨어져서 어떤 때는 혼자라도 치고 나가 그들이 설 자리를 마련해 줘야 할 때도 있어요.

올해 학교에 인조 잔디를 깔았어요. 남자애들이 좋아 죽어요. 인조 잔디를 깔고 타탄 트랙을 만드니까 학교에 흙먼지가 하나도 없어요. 그런데도 생활지도부에서는 습관적으로 실내화를 단속해요. 그래서 생활지도부 선생님한테 "아니, 바닥에 흙도 없는데 실내화, 실외화를 뭣하러 구분합니까?" 그랬더니 교감한테 가서 말하래요. 바로 교감 선생님한테 가서 "애들이 가방 무거우니까 실내화 가방은 교실에 놓고 선생님들 눈치 보면서 슬금슬금 올라가는데, 애들 범법자 만들지 말고 실외화 하나로 통일합시다. 내가 만날 애들이랑 청소하는데 먼지 하나도 안 나요" 그랬더니 교감 말씀이 하루 종일 활동화를 신고 있으면 건강에 안 좋대요. 그럼 실내에서 편한 신발을 신도록 권장하고, 단속은 하지 말자고 하니까 복장 기준은 지켜져야 한답니다. 그래서 "그럼 학운위 선생님께 말씀드리고 이참에 이런저런 규정도 같이 묶어서 안건으로 상정하겠습니다" 했어요.

'규정' 하니까 생각나는 건데, 아이들을 좋아하는 선생님일수록 시선이 아이들 눈과 표정을 벗어나지 않아요. 눈을 통해서 아이들을 읽지요. "너 무슨 일 있니?", "표정이 왜 그래" 하면서요. 그러다가 나이가 들면서 눈을 보지 않고 위아래를 훑어서 보게 돼요. 그리고 이렇게 말하죠. "어,

이 짜식 치마가 그게 뭐야. 이거 아주 바람이 잔뜩 들었고만!" 단속의 눈으로 아이를 읽는 겁니다. 교육은 아이들 눈 안에 들어 있어요. 설득력 없는 규정은 없애는 것이 좋아요. 규정이 많아서 오히려 아이들이 안 지켜요.

참, 선생님들 학교는 아이들이 교무실 청소를 하나요? 올 1학기에 우리 반 아이들이 교무실 청소를 했어요. 저도 사실 아무 생각 없었어요. 그런데 어느 날 아이들이 와서 "교무실 청소를 우리가 꼭 해야 하느냐"고 묻더라고요. 아마 청소가 소홀하다고 교무실을 관리하는 선생님한테 꾸중을 들은 모양이에요. 쓰레기 같은 건 치울 수 있지만 왜 자기들이 티백, 음식 찌꺼기가 달라붙은 선생님들 휴지통을 일일이 손으로 닦아야 하느냐는 거예요. 정신이 번쩍 들더라고요. 맞는 말이잖아요. 음악실, 미술실 같은 특별실은 애들이 쓰는 공간이니까 청소할 수 있어요. 청소는 소중한 노동이니까. 근데 교무실을 왜 애들이 해야 하지요? 책상 주변은 자기가 정리하면 되고, 나오는 휴지는 분리수거해서 버리면 되고, 한 학기에 한두 번은 업체에 의뢰해서 대청소를 하거나 소독을 하면 되는데요. 그래서 1학기 끝나고 선생님들께 두루 말씀드리고 교감께도 건의를 했어요. 그런데 한편으로 생각해 보니, 이런 건 아이들이 학생회를 통해서 목소리를 내면 더 좋겠더라고요. 그래서 내친 김에 학생회 임원을 몇 차례 만났어요. 실내화, 교무실 청소 같은 것을 포함해 학생생활복지와 관련된 사안은 자체적으로 의견을 조사해서 학생회 이름으로 학운위에 올리든지, 내년 학생회장단 선거공약으로 내걸어서 교장 선생님과 교섭하는 게 어떻겠냐고. 같은 결론을 얻더라도 교육에서는 방식과 문제 해결 절차가 중요하잖아요. 놈들이 고개는 끄덕끄덕했는데 모르겠어요.

아마 좀 있으면 학교마다 교문에 현수막이 걸릴 거예요. "경축, ○○○ 서울대 합격", 중학교 같으면 "○○○ 과학고 합격, ○○○ 외고 합격", 이런 합격 현수막이요. 지난 학교도 그랬고 여기 학교에서도 몇몇 선생님들 의견을 모아서 못 걸게 했어요. 걸 거면 실업계 진학한 애들 이름도 다 올리고 아니면 떼라고. 그렇잖아요. 대학 가는 게 성공이 아니라고 입 발린 소리를 해 놓고서 그 따위 현수막을 자랑이라고 교문에 떡 걸어 놓으면, 이건 학교가 아니죠.

참 피곤하게 살지요? 그런데 꼭 그렇지만은 않아요. 즐거운 피곤은 얼마든 감당할 수 있거든요. 기왕 하는 일 유쾌하고 당당하게 하는 겁니다. 근데 이렇게 말로 정리하니까 뭘 하는 것 같지, 사실 학교에서 그냥 묻어 가는 경우도 많고, 놓치는 것도 많아요. 학생회가 죽었다는 핑계로 학급 회의도 안 하고, 이미 자리를 잡았는데 나만 중뿔나게 핏대 세워 봐야 뭣하냐고 교원평가 이런 것에도 느슨하고, 크게 보면 그저 그런 교사일 뿐입니다. 게으르기도 하고요. 책을 읽거나 교육공동체 벗 카페에 들어가서 글을 읽다가 정신이 번쩍 든 때가 한두 번이 아니에요. 다만 아까 말씀드린 그런 교무실 역학관계 속에서 체제, 혹은 익숙한 것에 덜 길들여지려고 노력할 뿐이죠. 그간 우리가 전교조 이름으로 뭘 했나 둘러보면 암담할 때도 있지만, 그렇다고 멍하니 손 놓고 그냥 떠밀려 갈 수 없으니까 제 식으로 버텨 보는 겁니다. 좀 소심한가요?

글쓰기로 아이들과 연대하라

아까 제가 저한테 질문하랬잖아요. "선생님은 평교사로 50대가 넘었는데 무슨 힘으로 살아요"라고. 근데 한 분도 질문을 안 했어요. 불온한 수강생들. (웃음) 평교사로 산다는 것의 전제는 아이들이에요. 아까 조형숙 선생님께서 아이한테 "늙으면 나 버릴 거야?"라고 물어보셨다는데 요즘엔 아이들이 선생을 버리고, 선생은 아이들을 버리고, 그런 형국인 거죠. 다 버리고 방향도 잃은 채 자본의 조종에 따라 집단적으로 탐욕의 길을 가는 거예요. 어쨌거나 교사라는 게 아이들 속에서 연대하고, 그 안에서 의미를 찾을 수 있어야 그나마 명분이 서는 건데, 요즘은 솔직히 좀 버겁습니다. 가끔 수업 마치고 교무실로 내려와서 "아이고, 힘들어라" 그러면 옆자리 선생님이 눈을 동그랗게 뜨고 "선생님도 애들이 힘들 때가 있어요?" 그래요. 아직 들키지 않았다는 이야기예요. (웃음) 그래서 엄살도 못 부립니다. 이 나이가 되도록 들키지 않고 아이들과 잘 지내는 것처럼 보이는 비결은…… 궁금해요? 궁금하면 오백 원. (웃음) 자기가 가장 잘 할 수 있는, 자기만의 굴을 하나쯤 뚫어 놓아야 한다는 거예요. 저한테는 그게 글쓰기예요.

아이들이 하고 싶은 이야기를 끄집어내는 걸 내가 도와줄 수 있지 않을까, 그게 내가 잘 할 수 있는, 잘해야 하는 일이 아닐까, 그렇게 여기는 거지요. 아이들이 되었든 어른이 되었든 글을 쓴다는 것은 매우 중요한 영역이에요. 글을 쓰는 것은 스스로를 인식하는 행위잖아요. 그간 아이들과 자전적 소설을 쓰고, 시를 읽은 뒤에 감상을 써서 그걸 책으로 엮어 내기도 했어요. 아이들한테는 "이건 잘난 척하기 위해서 내보이는 게 아니라 나를, 그리고 우리를 고백하고 증언하는 일이야. 침묵하면 아무도 몰라. 우리 이야기가 주변 친구들을 자극해서 더 많은 이야기를 세상에 쏟아 놓게 할 수 있지 않을까? 우리는 지금 아주 중요한 사회적 행위를 하고 있는 거야. 그런 점에서 너희는 나한테 소중한 벗이고, 나도 너희에게 중요한 벗이었으면 좋겠어"라고 끊임없이 최면을 겁니다. 요즘엔 아이들의 24시를 시간대로, 주제별로 갈라서 솔직하게 증언하는 글쓰기도 해요. 어느새 아이들이 반성문식 글쓰기에 익숙해져 있거든요. 저희들 생활과는 별개로 교훈적 다짐으로 끝나는 글쓰기를 하는 거죠. 판타지 소설도 쓰고 있습니다. 이야기 코드가 판타지여서 그렇지 들여다보면 저희들 딴에는 세상에 대한 도발이에요. 그 안에서 아이들과 온갖 상상 코드를 작동해서 애들이 갖고 있는 세상에 대한 이야기, 고백과 증언을 뿜어내기 시작해요. 곧 책으로 나올 겁니다.

아, 이런 것도 있어요. 시의 일부 구절을 활용해서 글쓰기를 하는 거예요. 권정생 선생이 어릴 때 일본에서 살았잖아요. 한번은 도모꼬라는 여자애랑 숙제를 하는데 윗집 할머니가 "도모꼬가 나중에 정생이한테 시집가면 되겠네"라고 했대요. 그랬더니 그 여자애가 이웃 아주머니들이 모두 보는 데서 매몰차게 "정생이는 얼굴이 못생겨 싫어요" 하더라는 거죠. 그 이야기가 담긴 시는 이렇게 끝맺어요. "지금도 도모꼬 생각만 나면 이가 갈린다." 그걸 흉내 내서 "지금도 그 생각만 나면 이가 갈린다"라는 문장만 놓고 앞에는 애들 마음대로 쓰게 하는 거예요. 이런 형식으로 '아직도 가슴이 뛴다', '아직도 눈물이 난다'는 끝 문장 글쓰기를 할 수 있어요. '감정치유 글쓰기'라고 제가 개발했어요. 이상대표 글쓰기예요. (웃음) 그럼 이야기 속에 집안, 부모님, 학교, 친구, 오만 가지 이야기가 다 나와요. 그 이야기를 매개로 아이들과 소통합니다. 그게 아이들과 저의 거리를 좁혀 줘요.

고백하면, 저는 이런 과정에서 만나는 아이들이 참 좋아요. 늙었다고, 담배 냄새에 절었다고 타박을 주지만 그래도 그런 놈들이 좋아요. 1학년 때는 그저 사탕 하나에 헤벌쭉하던 코찔찔이가 3학년이 돼서 제법 근사하게 시를 읽어 낼 때는 가슴이 울컥해요. 나대는 놈은 나대는 놈대로 한 발짝씩 보여 주는 성장이 눈물겹고요. 물론 이 아이들을 둘러싼 현실은 캄캄하고 답이 안 나옵니다. 그럴지라도 이 아이들과 부둥켜안고 문사철의 문리文理를 조금씩 주고받는 순간만큼은 희망이에요. 물론 그것을 입으로 가벼이 내뱉지는 않지만, 견디는 힘으로 삼기엔 충분해요. 애들 때문에 매일 골머리가 지끈한 선생님들이 들으면 재수 없고 가증스럽게도 여겨지겠죠. 물론 저도 매일 깨지고, 매일 한숨 쉬고, 심지어 속으로 씨벌씨벌 욕도 해요. 제 이름 팔고 교문 밖으로 줄행랑쳐서 담배 피고 오는 놈들한테는 "뒤질래?" 문자도 보내요. 그런데 글을 통해서 그 아이들의 처지를 늘상 만나니까 이해가 되는 겁니다. 이해와 수용은 다른 거라지만, 이해만 해도 고함의 강도가 달라지는 거죠.

덕분에 그런 애프터서비스로 온갖 상담을 다 하고 있어요. 특히 연애 상담은 전문가가 다 됐어요. 이번 주만 해도 같은 반 남자애를 좋아하는 남자애 상담에, 사고뭉치가 강제전학 가면서 장난 삼아 던진 "사귈래?"라는 한마디 말에 감전돼 그냥 빠져든 범생이 여학생 상담에……. 왜 여자들은 나쁜 남자를 좋아하는 거지요? (웃음) 자기 여친이 바람피운다고 교실 벽을 맨주먹으로 치며 소동 피우는 모질이 상담에, 하여튼 복잡다단합니다. 녀석들은 또 좀 안다는 걸 빌미로 저한테 이런저런 요구, 심부름을 다 시켜요. 학원이다 뭐다 숨 막히게 돌아가는 목동 아이들한테는 이런 어수룩한 사람도 필요하겠다 싶어 같이 놀면서도, 한편으로는 이런 것을 수렴할 공식 채널, 이를테면 학생회 같은 게 실제 기능을 할 수 있게 힘을 써야 하는 것 아닌가, 이런 고민으로 마음이 좀 무겁기도 해요. 어쨌거나 열다섯 청춘들과 어울려 책 읽고, 글 쓰는 것으로 근근이 50대 중반을 지내고 있습니다. 그나마 제가 잘할 수 있는 것이 이렇게 아이들 곁에서 글 갖고 노는 건데, 뭐 그것마저도 안 돼서 아이들이 등 떠밀면 그때는 깨끗하게 떠나야지요. 교무실 안에서 매미처럼 울기만 한대서야 뭔 재미가 있겠습니까?

동료와의 만남으로 미래를 가꾸다

사실 요즘 제가 처한 숙제 중의 하나는 동료 교사 문제예요. 경력이나 뭐로 봐서도 사심 없이 선생님들을 모아 낼 딱 좋은 위치에 있는데, 마음만 굴뚝같지 이걸 못 하고 있거든요. 담임들은 왜 이렇게 바쁘지요? 여튼 선생들끼리 모여 이야기를 나누는 공간은, 거기서 하는 것이 공부든 책 읽기든 토론이든 하소연이든, 무조건 중요합니다. 그런 자리가 교사로서의 정체성을 일상적으로 돌아볼 수 있게 하고, 한 발 더 나갈 수 있는 지혜, 용기, 위로와 위안을 나누는 역할을 하거든요. 교사를 하는 것이 혼자만의 성 쌓기가 되지 않으려면 공유가 중요합니다.

지난해까지는 '책수다'라는 독서모임을 만들어서 책읽기를 했는데, 가끔은 수다가 99%이고 책 얘기가 1%예요. 그래도 참 유익하고 좋았습니다. 그런데 그 모임을 챙기던 교사가 전근을 간 뒤로 올해는 지지부진해요. 저라도 만사 제쳐 놓고 했어야 하는데 이런저런 핑계에 밀려 지금은 모임이 아주 성글게 진행되고 있습니다.

대체로 학교나 분회의 주력 부대가 40~50대 여교사들인데 마침 그때가 자녀의 고입, 대입과 맞물려 있어요. 무게중심이 온통 그쪽에 쏠려 있습니다. 어쩌다 분회 회의를 하려고 막 찾으러 다니면 그래요. "나중에 자료만 받으면 안 될까? 지금 애가 학원 가야 하는데." 이들이 빠져 나가면 아무도 없어요. 임원만 있는 거예요. 회의는 안 되고 수다만 떨고 말아요. 전교조가 죽어 가는 이유 중의 하나도 이겁니다. 모임이 안 되니까 소통이 안 되는 거고 소통이 안 되니까 위와 교류가 안 되고, 위와 교류가 안 되는 분회는 분회이기 어렵죠. 집회 가서 몸 대 주는 정도? 그래서 어떤 동력이 살아나겠어요. 김규항 씨가 '내 안의 이명박'에 대해 심각하게 문제를 제기한 적이 있는데, 그런 지점에서 사실 전교조도 치명상을 입고 있는 거예요. 전교조는 밑으로부터 처절히 개혁하고 공부해야 하는 시기에 있다고 생각해요.

그 모임을 이끌던 선생님 같은 경우는 후배지만 참 존경할 만했어요. 이분은 한 달 봉급 중에 일정액을 덜어서 아이들이나 동료들한테 책을 사 주는 날을 가져요. 굉장히 훌륭한 선생님이에요. 저번에도 제가 훌륭하다고, 존경한다고 그랬어요. 책 사 줄 때. (웃음) 이런저런 정보에도 능통하고, 인권 연수 이런 것도 당신이 조직해서 데리고 갑니다. 이런 시도를 한 적도 있어요. "전교조나 진보 집단이 더 이상 성장하지 못하는 건 사람과 공부 집단을 품지 못해서 그런 거다. 몇 안 되는 논객들에 의지해서 어떻게 크느냐. 살펴보면 올바른 식견을 가진, 같이 연대해야 할 뜨거운 두뇌들이 많은데 대부분 생계가 안 되니까 여기저기 먹고사는 일로 힘을 빼고 있다. 우리라도 그런 분을 찾아 지원하자. 그냥 지원하면 안 되니까 그가 공부한 걸 우리와 나누는 식으로 하면 된다. 그와 함께 학습하는 거다. 열 명만 모여도 1인당 10만 원씩 100만 원을 만들 수 있다." 그랬는데 10만 원이 부담스러웠던 건지, 공부가 부담스러웠던 건지 사람이 채워지지 않아서 그만 접고 말았지요. 남의 이야기를 잘 들어 주는 사람도 필요하지만 이분처럼 끊임없이 남에게 자극을 주는 사람도 필요해요. 그래서 모이는 게 시급한 거고요.

제가 계속 궁리만 하면서 이런저런 사정으로 미루고 있는 게 있는데, 교사사랑방이에요. 매주든 격주든 금요일마다 차 한잔씩 들고 와서 하고 싶은 얘기를 하는 사랑방. 분회의 벽을 트는 거지요. 두서너 명이라도 좋아요. 모이면 같이 고민할 문제가 생기고 그러면 집단적인 논의가 가능해요. 연대라는 것도 이런 집단적인 논 속에서 싹트는 거고요. 그게 안 되니까 개개인이 그저 섬처럼 떠돌고, 좁쌀만하게 작아지고, 결국은 제도의 한 부분으로 소리 없이 스며드는 거예요. 요즘 학교에서 목소리가 사라진 것도 이런 연유가 크다고 봅니다. 올해 말부터라도 일단은 시작하고 볼 요량입니다.

돌아보면 오늘의 저를 여기까지 오게 한 것도 그런 동료 관계에서 비롯됐어요. 초임지에서 교지 사건을 겪었거든요. 발령 3년 차가 되니까 저보고 교지를 만들라고 하더라고요. 그때는 한참 젊은 때니까, '기왕 만드는 거 진짜 교지같이 만들자'라는 마음으로 도덕을 가르치는 동료를 두 명 더 꼬셨어요. 술을 마시면서 의기투합했고 다방에 앉아 기획안을 짰지요. 스스로 자기를 인식하는 게 중요하니까 여기 가난한 구로동 아이들의 환경과 일상을 솔직하게 공유하는 걸 특집으로 잡기로 했죠. 이래서 기자들과 함께, 누구는 '구로동 난쏘공'을 맡고, 누구는 아이들 생활 24시 취재를 맡아 직접 사진을 찍으러 다니고, 누구는 기획 광고를 맡아 아이들 발언을 모으고 하면서 방학을 통째로 바쳤어요. 편집이야 형편 없었지만, 내용은 완전 훌륭했어요. 누가 "아이들 교지인데 왜 교장 글을 앞에 싣냐" 해서 교장 글도 뒤로 뺐어요. 하여튼 책이 나오고 우선 3학년에게 배부했는데 반응이 대단했어요. 너무 재밌어서 라면 끓여 먹으려다 물이 다 쫄아드는 줄도 모르고 읽었다고 애들이 쫓아올 정도였으니까요.

그런데 다음 날 1, 2학년 배부가 중단됐어요. 내용이 불온하다고 누가 교육청에 찌른 거지요. 그 뒤로는 말도 안 되는 상황이 이어졌어요. 감사가 나온다느니, 새로 만들어 감사를 받아야 하니 우리보고 비용을 대라느니, 배후가 있는 게 아니냐느니, 난리였어요. 당시 수준이 그 정도였어요. 우리는 기획안을 썼던 그 자리에서 시말서를 쓰고, 열 받아서 술만 먹고 다녔어요.

그런데 동료들이 교장실로 쳐들어갔다는 걸 나중에 전해 들었어요. 전국교사협의회도 뜨기 전이었으니까 대단한 사건이었지요. 당시는 신규들을 대량으로 발령 낼 때라 처녀 총각끼리 '처총장학회'라는 모임을 만들어 여행도 가고, 기금을 모아 아이들 장학금도 주고 그랬거든요. 그 회원이 무려 삼십 명쯤 됐어요. 그들이 다 쳐들어간 거예요. 들어가서 "무슨 일이냐. 왜 교지를 새로 제본해서 돌리느냐. 담당자가 시말서를 썼다는데 어떤 이유냐" 그렇게 들이대니까 교장이 더듬거리며 해명을 했고, 그러자 누군가가 순발력 있게 "이제 담당자들의 이야기를 좀 들어 보자. 직원회의 시간 때 발언 시간을 줘라" 그렇게 해서 자리가 만들어졌어요. 그래서 30여 분간 제가 장문의 연설문을 읽었어요. 감정이 격해져서 울먹이기도 했고, 듣던 몇몇도 그랬어요. 너무 감동적인 연설이었나 봐요. (웃음) 그런 뒤에 사태가 역전됐지요.

이거였어요. 혼자 힘으로 안 되는데 여럿이 모여서 하니까 아무렇지도 않게 문제가 풀리는 거잖아요. 교장, 담당 부장들의 사과도 받았고요. 물론 다음 해에 교지 담당자 중 둘이 담임에서 배제됐지만, 여럿이 모여서 이루는 힘의 저력을 피부로 깨닫게 된 거예요. 그 뒤에 전교조가 떴고, 연대의 이름으로 처총장학회원이 그대로 조합원으로 이동했어요. 25년 전 이야기입니다.

'나쁜' 동료의 꾐에 넘어가 오늘 이 자리에 오신 분도 계시지만 (웃음) 앞으로 어떤 선생님이 될 거냐, 교사로서 정체성을 어떻게 찾아 갈 거냐 하는 문제의 열쇠가 동료와의 만남에 달려 있습니다. 아이들과 관계를 맺는 일, 교육적 상상력, 감수성을 유지하는 일, 평교사로 비겁하지 않게 살아갈 수 있는 배터리도 거기에 있고요. 제가 제 볼품없는 개인사를 풀어 놓은 것도 그 말씀을 드리고 싶어서였습니다.

교사는 부지런히 싸우는 사람

전 교사가 되는 순간, 세 가지 싸움이 숙명적으로 따라다닌다고 생각해요. 자기와의 싸움, 학생과의 싸움, 제도와의 싸움이 그거예요.

자기와의 싸움은 교사로 있는 한은 계속 안고 갈 수밖에 없는 싸움이에요. 집단이나 시스템에서 자기를 분리해서 끊임없이 검증하고 사고하지 않으면 순식간에 타성에 빠지게 돼요. 후져진다는 거죠. 수년 전에, 어느 여선생님을 주인공으로 각색해서 쓴 '야설'을 그 선생님한테 매일 보내는 아이가 있었어요. 그 아이를 어떻게 할지 논하는데 어벙벙하게 답했다가 후배 교사에게 따끔하게 혼난 적이 있어요. 성에 대한 문제의식이 형편없이 낮았거든요. 그 뒤로 공부를 많이 했어요. 교사일수록 공부해야 합니다.

학생과의 싸움은 "야 이씨, 너 뒤질래"라면서 학생이랑 맞짱 뜨자는 얘기가 아니고요, (웃음) 교사는 애들이 잘 성장하게 조력하는 집단이잖아요. 말하자면 아이들이 스스로 돌파할 수 있게 능동성을 자극하고 지원하는 역할인데 그러다 보면 마찰이 생길 수밖에 없지요. 바로 그런 과정의 싸움인 겁니다. 이게 또한 큰 싸움입니다. 이 싸움을 통해서 아이들도 크고 교사도 큽니다. 아이들의 언어를 아이들의 언어로 해석할 수 있는 수용성도 이 과정에서 연마되지 않을까 싶어요. 스마트폰을 빼앗기고 들어가는 아이가 "아, 씨발" 했을 때, 그 말의 진의를 "아, 짜증 나"로 번안해서 받아들일 수 있는. 그런 거 없이 불문곡직 "뭐? 이 자식이, 선생님한테 씨발이라고!" 하면서 출석부를 던지는 순간, 상황은 전혀 다른 쪽으로 튕겨져 나가는 겁니다. 아이들의 시선을 수용하면 내가 나를 볼 수 있습니다.

  수업이 엉킨 날, 종례를 개판으로 한 날, 애들과 싸운 날, 그래서 정말 힘든 날, 애들 다 보내고 교실 중간쯤에 앉아 보세요. 그럼 교탁에서 말도 안 되는 소리를 고래고래 하고 있는 내가 보여요. 내가 얼마나 뻘짓을 한 건가, 차마 말하지는 못했지만 아이들은 속으로 얼마나 욕을 했을까, 그게 애들 입장에서 확실히 다 보이는 거예요. 애들 때문에 짜증 나는 일 무지무지 많죠. 저는 여자애들이 무서워요. 특히 좀 싫은 소리 했다고 얼굴 표정 싹 지우고 한 시간 내내 노려보는. 그럴 때는 '어우, 저 웬수 같은' 하면서 경주마처럼 한쪽은 가리고 이쁜 애들만 보면서 수업하기도 해요. 정 안 되겠다 싶으면 편지를 쓰기도 하고, 데리고 와서 손잡고 하소연도 해요. "내가 너 땜에 좀 힘들다. 넌 잠도 없더라. 너가 나한테 반감이 있어서 그러는 건 아닐 텐데, 어쨌든 느네 반에서 좋은 감정으로 수업하기 어려워. 나는 너를 미워하고 싶지 않은데 자꾸 미운 맘이 드네. 어쩌지?" 그럼 한 이틀 가요. 그런 아이들일수록 학기 초에 썼던 글도 다시 찾아 읽어 보고 담임한테 그 아이 사정을 들어 봐요. 아이가 어떤 처지에 놓여 있는가를 알면 그 애를 만날 때 실수를 덜 하니까. 이해가 돼야 수용이 되고 수용이 돼야 교육이 서는 거잖아요.

  그리고 제도와의 싸움이 있어요. 아이들과 행복하게 지내고 싶다고 꿈꾸는 순간 이 싸움도 숙명적으로 동반됩니다. 여기서는 낯선 시선을 유지하는 것이 관건이에요. 왜, 화장실이 그렇잖아요. 처음에 들어가면 냄새가 아주 고약하죠. 그러나 쫌만 지나면 냄새가 하나도 안 나요. 마찬가지예요. 낯선 시각을 유지하지 않으면 순식간에 집단, 시스템에 묻혀 들어가요. 그들이 하는 일에 아무렇지도 않게 공모자, 패거리가 되는 거예요. 처음엔 야자가 폭력적이라고 느끼다가도 얼마 지나지 않아 야자 빼먹고 도망친 아이를 잡아먹을 듯 혼내고 있는 자신을 발견하게 되는 겁니다. 그래서 제가 남교사 모임 같은 데는 잘 안 가요. 남자라는 명분으로 따로 모여 형, 아우 하면서 술을 엄청나게 먹는데, 이렇게 몇 차례 '합체의식'을 치르고 나면 피차 토론이 불가한 관계로 뭉뚱그려집니다. 거리 유지가 안 되는 거지요. 몇 번 참석해 보니까 이건 아니다 싶더라고요. 그래서 안 갑니다. 거기 안 가도 저는 남자니까요. (웃음) 어쨌든 교육이 사회와 정치적 역학관계에 있기 때문에 그런 흐름에서 학교의 위치를 읽는 일에 게을러지면 안 되는 지점이 있는 거예요, 교사라면.

결국 교사로 산다는 건 늘 스스로를 흔들며, 프레이리가 말했듯 스스로 양성하는 과정이라고 생각합니다. 선생님들, '어디서든 당당하게 행동하며 우왕좌왕하는 대중들을 넓은 통찰로 중심을 잡아 주고 너그러운 품으로 후배들을 품으며, 낙엽 지는 나무 아래서 아이들과 철학을 사유하는, 때론 냉철하며 때론 뜨거운 그런 멋진 선배가 왜 내 주변에는 없단 말인가' 또는 '왜 내 주변에는 탐욕스럽거나 볼품없이 초라하게 늙어 가는 선배들밖에 없단 말인가', 그런 생각 해 보신 적 있지요? 저도 그랬습니다. 그런데 어느 날 정신 차려 보니 제가 남들이 선배라 부르는 그 자리에 있더라고요. 여기에 10년 넘은 선생님들도 계시는데, 두세 학교 옮기다 보면 금방이에요. 어느 날 선배가 되어 후배들의 뒷담을 듣는 자리에 놓이게 됩니다. 그때 과연 어떤 자리에 놓이게 될지는 선생님이 눈 두는 방향에 따라 달라지겠지요. 아까 말씀드린 '입장의 문제' 말입니다. 당부컨대, 무명교사 예찬의 한 구절처럼 '그를 위하여 부는 나팔도 없고, 그를 기다리는 황금의 마차도 없으며, 그의 가슴을 장식할 금빛 찬란한 훈장도 없'을지라도 영혼의 이름으로 아이들의 이름을 어루만지며 스스로를 양성하는 길에서 함께했으면 좋겠습니다. 교사라는 업이 본디 낮은 곳에 있는 자리니까요.

수다를 떨다 보니 순식간에 시간이 꽤 지났네요. 제 얘긴 여기서 정리하고 혹시 궁금한 게 있으면 몇 말씀 청해 듣지요.

❝ ❞

이민아 : 아이들이 싫어하면 떠나실 거라고 했는데, 떠나시면 어떤 계획이 있으세요?

이상대 : 지금 계획은 시골로 가는 거예요. 저는 노인 분들의 삶에 관심이 많아요. 아직 지역이나 시기를 구체적으로 정하지는 않았는데, 시골에 남아 계신 노인 분들의 노후를 정리해 주는 일을 해 보고 싶어요. 전 생애를 바쳐 땅을 일구고 가족을 일군 분들인데, 대부분 버려지다시피 생을 마감하잖아요. 기회가 되면 그분들의 삶을 세상에 증언하는 일을 해 보고 싶었어요. 저와도 잘 맞을 것 같아요. 제가 어수룩해서 할아버지 할머니들이 좋아해요. 실제로 몇몇 마을에 가서 어른들을 뵈었는데, 매우 경계 없이 잘 해 주시더라고요. 제가 동정심을 유발하는 얼굴인가 봐요. (웃음) 입을 가릴 만큼의 농사도 지어야겠지요.

박진수 : 애들과 글쓰기한 결과물은 문집의 형태로 소통하나요?

이상대 : 일단 결과물보다 글쓰기 과정에서 소통하는 것을 중요시해요. 댓글을 달아 주고, 만나서 이야기하고, 그런 과정이 채워져야 글쓰기에 힘이 실리고 구체적인 삶의 문제로 진화할 여지가 생기거든요. 짬 날 때 과자를

이따만큼 사 놨다가 열심히 하는 친구들에겐 주물주물 나눠서 줘요. 밥도 같이 먹곤 해요. 먹는 건 결코 배반하지 않아요. 그런 뒤에 간간이 국어 소식지 만들어서 여러 아이들과 공유하기도 하고, 혼자 보기 아까운 작품들이 많이 모인다 싶으면 책으로 내기도 하고요. 해직 때 《우리교육》에서 쌓은 출판 경험 덕을 크게 보고 있는 셈입니다. 그래서 저는 우스갯소리 삼아 이런 얘길 자주 해요. 선생 10년 하면 1년은 학교 밖으로 내쫓아야 한다고. 세상으로 내보낼 애들을 가르치면서 어떻게 교과서와 참고서만 잘 따라오는 애들을 모범생으로 간주하고, 그런 애들을 모든 아이들의 목표치로 놓을 수 있어요. 교사가 낯선 시선을 유지하고 세상에 대한 안목을 가지는 것은 매우 중요합니다. 그래야 지치지 않고 갈 수 있어요.

박진수 : 그런 활동을 할 때 교육과정에 자연스럽게 녹여내는지요. 교과서를 버리면 좀 그렇잖아요.

이상대 : 중요한 말씀이에요. 교사가 교과서주의자가 되지 않으려는 의도적인 노력이 필요합니다. 물론 제가 있는 목동 지역은 워낙 학부모들 감시가 삼엄해서 크게 자유롭지 못하지만, 가능한 한 학년별 교사들끼리 수시로 모여 연간 교육과정을 의미 있게 조정하고 운영하려고 노력해요. 문학 단원을 따로 모아 집중적으로 가르친달지, 단원을 통폐합한달지, 아이들 상황에 맞는 수행평가 방식을 개발하고 운용한달지 하는 식으로요. 교사의 진정한 권위는 이런 데서 찾아야 한다고 생각해요. 교과 교사끼리 협력하면 학교 안에서도 대단히 흥미 있는 길이 열려요.

교육 불가능의 사회에서 교사로 산다는 것

"더 이상 유보할 '희망'은 없다"

이계삼 《오늘의 교육》 편집자문위원

중등 국어 교사로 11년간 일했습니다. 퇴직 이후 농업학교를 준비하려던 와중에 밀양 송전탑 싸움에 함께하게 되어 지금은 밀양송전탑반대대책위 활동, 녹색당 활동으로 바쁩니다. 학교를 나온 지 5년 차. 교육과 정치, 탈핵과 정치, 교육과 탈핵, 농업과 교육, 수많은 만남들 사이에서 좌충우돌하면서 무언가 '생의 알리바이'를, '성장과 배움의 논리'를 찾아가고 있습니다.

안녕하세요. 서서 이야기할게요. 다른 선생님들은 다 앉아서 했나요? 저는 키가 별로 안 커서 서서 하나 앉아서 하나 별 차이가 없을 것 같아요. (웃음)

사실 교육에 대해서 얘기를 하려면 감각도 좀 살아 있어야 하고 책도 들여다보고 해야 하는데 아시는 분은 아시겠지만 저는 지역에서 송전탑 투쟁을 함께하고 있어서 교육에 대한 고민을 거의 안 하고 있습니다. 원래 올해 제 계획은 학교를 그만둔 후에 안식년 개념으로 쉬면서 귀농학교를 준비하는 것이었는데 지역에서 생긴 송전탑 분신 사태 이후로 학교에 있을 때보다 훨씬 더 빡빡하게 지내고 있어요. 한편으로 잘됐다는 생각도 듭니다. 놀아 봤자 별 수 있습니까. 다리품 팔면서 구경을 다니지 못한 건 퍽 유감입니다만, 쓸데없는 상념에 젖을 시간적, 정서적 여유가 없어서 좋기도 합니다.

제가 쓴 글을 조금씩은 보셨을 텐데 그 글에서 느끼셨던 것과 직접 봤을 때 이미지가 많이 다를 거라고 봅니다. 글을 쓸 때 강건한 척하는 제 페르소나가 있습니다. 실제로 저는 굉장히 연약하고 자의식이 강한 사람이에요. 지금 이 송전탑 싸움도 할아버지, 할머니들의 '목숨'이 걸려 있는 일이다 보니 부담을 많이 느껴요. 제가 교육운동이나 지역 풀뿌리운동을 많이 해 왔고 수많은 힘든 싸움을 기록하기도 했지만, 실질적으로 주체가 돼서 싸움을 기획하고 방향을 잡는 건 처음이거든요. '왜 나한테 이렇게 벅찬 짐이 기다렸다는 듯 떨어졌나'라는 생각이 들 때가 많아요. 그때마다 떠오르는 것이 지율스님 예화입니다.

여러분, 지율스님이 누구인 줄 아시죠? 천성산 터널을 맨 앞에서 반대하시고, 지금은 4대강 싸움을 기록하며 몸으로 싸우고 계신 분인데, 지율스님이 천성산 터널을 반대하면서 5차 단식까지 하셨잖아요. 일수를 다 합치면 거의 400일이 됩니다. 5차 단식이 끝나고 나서 몸을 추스르려고 경상북도 영덕에 있는 토굴에 기거하셨어요. 토굴이래서 저는 진짜 굴인 줄 알았는데 수행자들의 토굴이라 함은 그냥 허름한 집을 말하는 거더라고요. 혼자서 방랑수행할 때 오셨다가 10만 원인가 하는 싼값에 사 뒀던 집이라고 합니다. 그 집에서 기거를 하셨는데 그 마을에 50대 초반의 한 노총각이 있었나 봐요. 그분이 술만 마시면 스님 집이 있는 마을 꼭대기까지 와서 몇 시간씩 버티고 있는 거예요. 스님이 아주 강한 분이기는 하지만 여성이니 얼마나 무서웠겠어요. 일절 응대를 안 하고 주변 사람한테 도움도 청하지 않았어요. 그래도 아주 작은 마을이니까 소문이 났죠. 마을 사람들이 모여서 회의를 했어요. 그리고 회의 끝에 그 남자분에게 "스님 곁에 일절 접근하지 마라"는 결정을 통보했답니다. 그 이야기를 듣고 스님이 마을 어른들께 그러지 마시라고 했대요. 다른 이유는 말하지 않고요. 제가 그 이야기를 듣고 왜 그러셨냐고 여쭈었어요. 그랬더니 스님이 이렇게 답하시더라고요. "곰곰이 생각해 봤는데 다섯 번이나 단식하면서 세상 사람들에게 죄를 많이 지었다. 의도했든 의도하지 않았든 나만 옳은 사람이고 나머지 사람을 다 개발 시대의 공범으로 만들었다. 그 죄로 지은 업을 내가 여기서 받는 거라고 생각한다. 그래서 내가 참고 견디려고 한다." 그 뒤로도 그런 일이 몇 번 더 있었대요. 근데도 혼자서 그 공포를 견디셨다고 합니다.

이 이야기가 많이 생각나요. 저도 학교에 있으면서 혼자 양심 있는 교사인 척을 많이 했죠. 똑똑한 척도 했던 것 같고 의로운 척도 했던 것 같아요. 그리고 그런 글을 써서 양심 있는 많은 선생님들을 힘들게 했죠. 실제로 양심의 가책을 느껴야 할 사람들은 제 글을 읽지 않고, 양심적인 선생님들이 제 글을 읽으면서 가책을 느끼신 거예요. 급기야는 학교를 그만두면서 많은 사람들에게 일말의 패배감이나 좌절을 안겼을 거라고 생각합니다. 신이 계시다면 저를 이런 인연에 엮어서 그 업을 풀어낼 기회를 준 것 아닌가 싶어요. 그렇게 생각하면서 올 한 해를 보내고 있습니다.

민중교육을 선택하다

제 궤적을 좀 말씀드리면서 이야기를 풀어 가죠. 저는 나중에 고등학생 시절의 제 자신을 이렇게 정리했어요. 이 체제가 주는 매는 큰 매든 작은 매든 다 맞고 산 사람 같다고요. 대학 입시부터 대학 때 학생운동 시절이나 군대 생활까지, 어쨌든 이 체제 속에서 여린 감성으로 상처를 많이 받았어요. 많은 사람들은 그걸 매라고 생각도 안 하고 그냥 툴툴 털고 사는데 전 그러지 못했어요.

대학 때도 저는 늘 불안하고 외로웠어요. 그래도 운동권 선배들은 뭔가 따뜻했고 거기서 주고받는 공부나 체험들이 제게 주는 의미가 컸어요. 2년 반 정도 내리 출퇴근하는 검정고시 야학을 했고, 농촌활동을 하면서 행복했지요. 학생운동은 4년 내내 했어요.

그렇지만 내가 무엇을 할 수 있을지에 대한 불안은 잠재우지 못했습니다. 1991~1992년에 선배들이 현장에 진출해 있는 모습을 보면서 노동운동의 꿈을 꾼 적도 있지만 당시 우리가 영웅적으로 생각했던 현대중공업의 골리앗 신화가 아주 처참히 망가지는 꼬라지를 보면서 일찍 그런 생각을 접었고요. 그리고 저는 노동운동이 갖고 있던 군사주의적인 문화에 적응하기 힘들었어요. 그러고 나니까 뭘 해야 할지 모르겠더라고요. 그때 저를 일으켜 세웠던 것이 전교조였습니다. 술이 덜 깨서 강의는 들어가지 않고 털래털래 민주광장을 돌아다니다가 사범대에서 하던 전교조 사진전을 봤어요. 해직교사 단식 기도회에서 아주 바짝 마른 초췌한 교사가 자기를 찾아온 제자 손을 잡고 눈물을 흘리는 장면이라든지, 창살 같은 교문 바깥에서 들어가지 못하고 멀뚱하니 학교를 바라보는 선생님 사진은 지금도 잊히지 않아요. 그때 제가 막 줄줄 눈물을 흘리면서 '맞아. 나는 노동운동을 할 자신은 없지만 아이들이 주는 사랑 때문에 고통을 받고 또 그 고통으로 아이들에게 뭔가를 전해 주는 사람은 될 수 있을 것 같아' 이런 자신이 들었어요.

생각해 보면 고등학교 시절 저를 유일하게 길어 올렸던 것도 전교조 선생님들이었습니다. 밀성고에 다니던 2~3학년 무렵 뭔가 일이 벌어질 것 같은 숨 막히는 정적 속에서, 한두 선생님이 그 긴장된 공기에 화답하듯 자신의 고민을 토로하고 전태일에 대해, 광주에 대해, 시인 신동엽에 대해 이야기했던 그 짧은 기억들. 늘 테니스를 치고 새로 출시된 자동차 품평이나 하던 선생님들과, 애들 불러내면 손목시계부터 풀고 "어금니 꽉 깨물어"라는 소리만 하던 선생님들이 대부분이던 학교에서, 어느 날 수업 중에 창밖을 내다 봤는데 전교조의 핵심으로 알려진 어느 선생님이 스탠드에 앉아서 책을 보고 있던 한 장면. 이런 것들이 제게 남아서 저를 교사의 길로 인도한 것 같아요.

그래서 군대를 갔다 온 뒤에 친구들하고 교육 모임도 만들고 교육 관련된 책도 많이 읽었어요. 이반 일리치, 김교신, 함석헌 선생의 글들, 그리고 우리나라 무교회운동을 풀무학교까지 이어지게 했던 사상가들의 책을 읽으면서 '아, 나는 유물론자는 아니구나. 나는 영성이 필요한 시대의 운동을 하고 싶어'라는 꿈을 꾸었습니다. 그리고 망쳐 버린 학점을 때워서 졸업을 했고, 교육대학원에 다니면서 낮에는 《처음처럼》이라는 교육 잡지 편집 일을 했어요.

《처음처럼》을 만들면서 많은 분들을 뵈었어요. 지금 《민들레》에 계신 현병호 선생님을 위시한 그룹, 간디학교를 만든 양희규 선생님을 비롯한 분들…… 공동육아운동 태동기에 학교를 그만두고 이 일에 뛰어드신 고양의 이철국 선생님도 뵈었고요. 다들 존경스러운 분들이고, 그 당시의 열기는 정말 대단했어요. 그렇지만 제가 당시 대안교육운동에서 받은 전반적인 인상은, '말이 좀 앞선다'는 느낌이었어요. 기존 체제와 너무 다른 체제를 꿈꾸는 것 같기도 했고요. 교육적으로 좋고 올바른 것이라 생각되는 것들만을 중심으로 또 다른 성채를 구축하려는 게 아닌가 싶었죠.

저는 아주 더럽고 불순물들로 꽉 찬 공간이 제일 좋은 교육 공간이라고 생각합니다. 아이들은 무균실의 진공관 같은 데서 오히려 영혼의 내상을 입는다고 생각하거든요. 그 극히 민주적이고 생태적이고 모든 면에서 올바른 체제가 결국 아이들의 성장을 가로막는 질곡이 될 것이라는 감을 막연히 받았습니다.

대안교육에 대해 느꼈던 또 한 가지 불편함은 선택성의 문제였습니다. 그건 무슨 말씀인 줄 아실 거예요. 결국 대안교육을 선택할 수 있는 것은 배운 사람들의 자녀잖아요. 그럼 평범한 민중의 자녀들은 어떻게 살아야 하는가에 대해 대안교육이 갖고 있는 답이 없더라고요. 차라리 숱한 상처와 질곡과 폭력이 있는 공교육 현장에서 평범한 민중의 자녀들과 만나고 싶었어요. 빈민 학교와 고아원을 설립하고 평생교육과 자선사업에 몰두한 페스탈로치가 아이들을 골라서 받은 게 아니었던 것처럼요. 민중교육의 원조라 불리는 페스탈로치는 가난한 농민들을 만나면 노이호프에서 그 아이들을 가르치고, 프랑스혁명 이후에 유럽이 전쟁의 소용돌이로 빠져들 때 슈탄츠에서 전쟁고아들을 보고서는 또 고아원을 했거든요. 뭘 계획하고 고르고 했던 게 아니었던 거죠. 공교육이 민중교육일 수 있는 것은 그 '무작위성' 때문이라고 생각합니다. 그렇게 뒤섞인 아이들이 또 서로를 배우는 것이 공교육의 민중교육적 성격이겠지요.

교육, 그 신비롭고 뜨거운

그래서 임용 시험을 봤고 보란 듯이 떨어졌고, 그래서 사립학교에 갔습니다. 그로부터 11년 간 교직에 있으면서 제가 몸으로 느낀 몇 가지 진실이 있습니다. 말로 표현하긴 어렵지만 제가 지금 이 모양으로 살게끔 한 데 가장 큰 영향을 끼친 것들이에요.

한 가지는 공교육이라고 표현한, 제 자신은 민중교육이라고 생각했습니다만, 이 일반적인 교육에 대한 '감'입니다. 저는 처음 김포에 있는 한 사립재단의 공채에 붙어서 임용이 됐어요. 경기도 외곽의 농촌과 공장 지대가 뒤섞인, 중하층계급 자녀들이 주로 모여 사는 지역의 학교였습니다. 1, 2년 차에는 적응도 힘들었고 계속 그런 상념에 빠져 있었어요. '나같이 어리숙하고 허용적이고 카리스마 없는 사람을 아이들이 교사라고 인정할까? 그냥 만만하기 이를 데 없는 호구로 바라보지는 않을까?' 열등감이었겠죠. 강력한 힘으로 아이들을 휘어잡는 남자 교사에 대한 열등감이 많았거든요. 근데 처음 2년의 체험 속에서 제가 그걸 거의 완벽하게 극복했어요. 참 신비로운 경험이었어요. 사회생활을 했다면 10년이 지나도 풀리지 않았을 텐데 아이들과 생활하면서 그런 열등감을 2년 만에 풀 수 있었으니까요.

그 재단은 해를 거듭할수록 성장하는 경우였어요. 신도시로 유입되는 인구가 늘어나면서 학교 규모와 교사 수도 같이 늘어난 거죠. 재단 이사장은 은행가 출신인데, 사채를 하던 사람이래요. 들리는 말로는 떼인 돈 대신 학교를 받는 바람에 이사장이 된 거였어요. 향토 사학들은 지역 주민들한테 기부받은 땅이 많잖아요. 그런데 김포가 신도시가 되면서 학교 땅에다 전문대학을 지어서 재미를 봤고, 이걸 물려받게 된 아들은 미국에서 살다 온 사람인데, 불법적으로 재단 재산을 팔아 돈을 챙기는 과정에서 비리를 감추려고 오만 가지 짓을 하면서 학교도 망가지기 시작했어요. 그런데 거기 줄 서려는 한 무리의 선생들이 이사장의 작고한 부인 동상을 만들자 해서 그때 처음으로 제가 '벌떡 교사'가 됐습니다. 그 학교는 학부모들하고 회식할 때 부장교사가 가라오케에서 마이크를 잡으면 나머지 담임들은 박수를 쳐야 하는 군대 같은 분위기가 있었거든요. 20년 차 넘어가는 선배 교사가 술을 주면 무릎 꿇고 술잔을 받는 그런 분위기에서 제가 동상 설립을 거부하는 일이 벌어진 거죠. 그 때문에 가혹한 일도 겪었습니다.

제가 처음 근무한 곳이 중학교였는데, 교감이라는 분은 제 수업을 감시하고, 애들을 불러다가 수업 시간에 제가 한 얘기를 받아 적고, 우리 반 애들한테 청소를 시킨 다음 왜 이따위로 하냐고 윽박지르고 그랬어요. 그러다 그 재단의 고등학교로 전출을 당해서 1년 내내 힘들게 지냈어요. 물론 그 재단은 제가 학교를 그만둔 다음 해에 무슨 사건이 생겼고, 그동안 침묵하고 있던 선생님들이 합세해서 관선이사 체제로 바뀐 뒤 지금은 상당히 건실한 재단이 되었습니다. 다행이지요.

어쨌든, 교사로서는 제일 서툴고 어수룩했던 2년간 아이들과 부대꼈던 기억이 지금도 어제 일처럼 생각이 나요. 중학교에서는 애들이 축구 좋아하는 걸 알고 2학기 때 6개 반 리그를 만들어서 제가 심판을 봐 줬어요. 2학기가 끝날 무렵이 되니까 애들하고 아주 가까워졌어요. 아이들 가정방문도 다녔어요. 집안이 형편없이 망가진 애들이 많았거든요. 부모하고 떨어져 지내는 아이 집에 가면 까치발을 해야 다닐 수 있을 정도로 쓰레기와 인스턴트 음식 찌꺼기들이 널려 있어요. 그럼 같이 청소도 하고 이야기도 하고 그랬죠. 그 1년이 끝나고 전출을 당해서 고등학교로 올라가는데, 우리 반 아이들을 맡게 되는 2학년 담임들한테 아이들에 대한 편지를 썼어요. 그래야 할 것 같더라고요. 2시간 정도 타이핑을 하는데 할 이야기가 7~8장 넘게 계속 나오는 거예요. 아이들과 함께한 시간이 많아서 그만큼 아는 것도 많았던 거죠.

고등학교에 갔는데 동료들이 곁을 잘 안 주더라고요. 그때는 사실 개인적인 일로 힘이 많이 들었어요. 집안에 아픈 식구가 생겼거든요. 형님이 목회자였는데 힘든 병에 걸려서 시한부 선고를 받으셨어요. 그 충격으로 아버지도 같이 병을 얻으셔서 두 분이 한 병원에 나란히 입원을 하게 됐습니다.

야간자율학습 감독이 없는 날은 학교를 마치면 김포에서 버스로 한 시간 반 정도 걸리는 신촌 세브란스 병원에 가서 어머니랑 교대를 했어요. 어머니는 제가 오면 형님 병실에 가고, 형수가 쉴 때면 제가 병원에서 밤을 세우고 출근을 했습니다. 그때 인생이 왜 이렇게 불행할까 생각을 많이 했어요. 그 즈음 아이가 태어나서 행복을 만끽해야 할 시기였는데 그런 것도 없이 수술과 퇴원, 입원을 반복하는 아버지와 형을 지켜보는 나날이었죠. 어떤 날은 병원에서 출근하는 길에 아무도 없는 버스 맨 뒷자리에서 실컷 울다가 학교에 내려서는 수돗가에서 세수하고 교무실에 들어가고 그랬어요. 그리고 두 분을 차례로 떠나보냈고요.

그런데 그렇게 힘든 상황에서도 그 시절이 끔찍한 좌절이나 슬픔으로 점철되지 않은 것은 아이들과의 관계 덕분이었어요. 고등학교에 올라가니까 수업이 좀 잘되더라고요. 아이들이 제 방식을 잘 따라와 주고요. 당시 〈한겨레21〉 기자로 있던 친구 녀석한테 버리는 지난 호 잡지를 주기적으로 받아다가 아이들한테 한 권씩 나눠 주고 돌려 보게 했어요. 그리고 일주일에 한 편씩 아무 글이나 쓰게 했죠. 그걸 보름마다 걷어서 읽고 답변을 달아 주는 게 낙이었어요. 교무실에서 그것만 쌓아 놓고 읽었어요. 그걸 매개로 아이들과 편지도 주고받고요. 한번은 애들을 데리고 〈한겨레〉 본사에 갔는데 애들이 행복해하던 게 기억나요. 기자들하고 악수하면서 "기자님 기사 잘 읽고 있다"고, "잘하고 있다"고 하더라고요. (웃음)

짬짬이 애들이랑 놀러도 다녔고, 수업 시간에 좋은 글이나 소설, 시를 인쇄해서 읽고 이야기하고 그랬어요. 《나의 라임 오렌지나무》 맨 마지막에 제제가 뽀르뚜가 아저씨에게 보내는 편지라든지 《호밀밭의 파수꾼》의 어느 대목 같은 거요. 가사가 좋은 노래도 많이 가르쳐 줬죠. 그런 수업을 한 시간 하고 나면 병원에서의 기억이나 냉랭한 교무실 공기, 이런 게 씻은 듯 다 잊히더라고요. 그렇게 1년을 지냈어요.

그때 제가 교사로서 되게 서툴렀거든요. 성적 관리한답시고 회초리를 든 적도 있고 그것 땜에 애들이랑 싸울 뻔한 적도 있어요. 감정 조절을 못 하고 회초리로 칠판을 뻥뻥 치면서 애들을 혼낸 적도 있고요. 정말 좌충우돌하던 시기였는데 그 학교를 사직하고 밀양에 있는 모교에 임용돼서 학교를 옮길 때는 아이들이나 저나 참 많이 울었어요. 그 허술하기 짝이 없는, 그리고 내면에 깊은 슬픔을 안고 있던 제가 그렇게 명랑하고 기쁘게 보낼 수 있었던 2년이란 시간, 그게 교육의 비밀이란 생각이 들어요. 너무 많은 걸 애들이 주었어요.

그때 애들을 통해 얻은 확실한 믿음이 있다면 기본적으로 애들은 선하다는 것이에요. 어른 세계에서는 사랑이나 우정에도 기술이 필요하잖아요. 사람과 소통하기 위해서는 살펴야 하고 계산해야 하고 대차대조표를 만들기도 하는데, 그런 게 전혀 필요 없는 인간관계가 있다는 것을 알았죠. 우정에 목말라 있고 사랑에 목말라 있고 연대에 목말라 있는 아이들에게 연대하고 싶고 우정을 주고 싶은 마음만 있으면 꽃을 활짝활짝 피워 내는 것이 교육이라는 뜨거운 체험을 했습니다.

그렇게 그곳에서 2년간 근무했고 그 뒤에 밀양의 밀성고에서 9년간 근무를 했어요. 밀양에서는 본격적인 교육운동을 했다고 생각해요. 그러나 아이들과의 관계에서 제일 크게 주고받은 것은 김포에서의 경험이었고, 그 원체험이 계속 반복되면서 제 삶에서 벌어지는 일들로 인한 고통, 싸움의 피로를 잊었습니다.

그런데도 세월이 흐르면서 차곡차곡 쌓여 온 것이 있습니다. 그게 결국 터져서 학교를 그만두게 된 건지도 모르겠어요.

'희망'이란 말로 책임을 유보해 온 교육개혁

하나는 전교조에 대한 실망이었죠. 저는 교사가 되기 위해서가 아니라 '전교조 교사'가 되기 위해 교직에 들어왔다고 스스로를 규정했습니다. 그런데 4~5년 차가 지나면서 '이게 아닌데'라는 생각이 들었어요. 그리고 전교조는 그냥 소시민, 중산층들의 집단이라는 결론을 내렸습니다. 차라리 전교조가 없는 게 훨씬 더 나을 거라고 생각합니다. 제가 도발적으로 이야기하려고 이렇게 말하는 게 아니라 냉정한 사실입니다. 지금 같은 교육 현실에 전교조가 없다면 좌충우돌하더라도 이런저런 돌발적인 저항들이 많이 생겨날 겁니다. 학교폭력도 그렇고 아이들의 연이은 죽음도 그렇고 일제고사로 인해 생겨나는 말도 안 되는 일들이 얼마나 많습니까. 그런데 이 상황에 전교조는 교사들에게 '희망'이 아니라 좌절의 기제가 되고 있어요. '전교조도 손 못 대는 일을 나 따위가 감히 어떻게 하겠냐'라는 거죠. 차라리 전교조가 없다면 이를 견디지 못하는 이들의 육성이 여기저기서 터져 나올 거예요. 어쩌면 전교조는 그걸 봉쇄하고 있는 집단인지도 몰라요.

저는 교직에 있으면서 '교사됨'에 대해 얘기하는 사람들이 싫었어요. 특히 방학 때 교사 연수 같은 데 가면 선생님들끼리 모여서 학교 욕도 하고 애들 흉도 보고 그러잖아요. 어찌 보면 좋은 시간이라고 생각해요. 그 기운으로 한 학기를 사니까요. 근데 어느 순간부터 그게 저한테는 짜증스럽게 들리기 시작했어요. 아마 제 심경의 변화가 있었을 텐데, 선생님들은 왜 이렇게 징징거릴까 싶더라고요. 교사들은 늘 힘들다고 하소연을 하고 자신 아닌 누군가를 탓하지만, 잘 듣다 보면 결국 자신이 '교사'라는 사실에 안도하는 이야기로 귀결됐어요. 현실이 어떻다, 교육이 어떻다 말하지만, 그럼에도 자신은 '안전한 정규직 교사'라는 것을 확인하고 계층적 안정감을 느끼는 것 같더라고요. 그게 불편했어요. 생각해 보면 대한민국 사회에서 교사라는 직업은 좀 기적 같은 데가 있어요. 정을 나눠 주고 사랑하는 사람과 지내면서 돈까지 받는다는 점에서 그렇죠. 한국 사회에서는 몸 팔고 인격 팔고 영혼을 팔아야 자신과 식구들을 건사할 수 있잖아요. 그래서 선생님들이 갖고 있는 교육, 제도에 대한 불만이 많은 부분 과장돼 있다고 생각했습니다. 그리고 그 과장은 필연적으로 무기력함, 안일한 실천, 하나 마나 한 담론으로 귀결된다고 생각했어요. 또 한편으론 아이들에게서 받은 사랑에는 책임이라는 게 따르는데, 그 책임에 대해 깊이 고뇌하는 선생님들을 많이 만난 것 같지 않아요. 부끄럽단 말은 많이들 하는데 정말 부끄러운 것 맞나 의심스럽고요.

무엇보다 교사들이 자신에게 다가오는 이 정글 같은 상황을 돌파할 용기도 없고 뜻도 없으면서 '나 말고 누군가 해 줬으면 좋겠다'라고 기대하는 그 태도가 싫었습니다. 이반 일리치가 《학교 없는 사회 Deschooling society》맨 마지막에서 '희망과 기대'에 관해 이야기하잖아요. 남이 어떻게 해 주길 바라는 것에 대해 일리치는 단호하게 이야기합니다. 나로부터 나와서 내가 뭔가를 하겠다는 게 희망이라고요. 그리고 일리치는 인간의 역사가 희망을 기대로 바꿔치기 해 온 역사라고 대차게 이야기합니다. 교육 문제가 특히 그런 것 같아요. 아무것도 남이 해 줄 수 없다고 생각합니다. 당장 어느 학생이 아파서 야자를 빠지고 싶어 해요. 그런데 교사는 학생 한 명이 빠지면 두 명 빠지고, 두 명이 빠지면 세 명 빠지고, 그렇게 여럿이 빠졌을 때 관리자가 다니면서 한소리 하는 그 순간이 싫은 거잖아요. 그러니까 애가 아픈 걸 알면서도 붙잡아 두는 거죠. 그 선생님은 대통령이 바뀌어서, 교육감이 바뀌어서 야자를 없애 주길 바라는 거예요. 내가 못 바꾸니까. 근데 아주 손쉬운 문제예요. 내가 그 '신경 쓰이는 것'을 내 몫으로 감당하면 당장 내 손에서 그 아이를 보내 줄 수 있거든요. 지금 당장 문턱만 넘으면 다른 교육이 있죠. 하지만 그걸 계속 유보하면서 자신이 져야 하고 질 수도 있는 책임을 체제와 시스템에 떠넘겨 온 역사가 교육개혁의 역사라고 생각해요.

신자유주의의 자기계발 담론을 비판하는 어느 책에 '노동의 미학화'라는 표현이 있어요. '박카스' 광고를 보면 "청춘은 아름답다"고 하면서 열정, 청춘이라는 말로 그 세대에 대한 착취를 감추잖아요. 전교조도 같은 짓을 하고 있다고 생각해요. 전교조의 기관지 이름이 '교육희망'인데 그 '희망'이라는 말, 레토릭이고 관제 이데올로기라고 생각해요. 상식적인 수준에서도 당장 내가 져야 할 책임이 있어요. 그런데 그걸 전교조라는 노동조합의 지도부가 됐든, 개혁적인 교육 관료가 됐든, 정치권력이 됐든 어떤 세력에게 떠넘겨 오면서 아무것도 안 하려는 조직이 된 겁니다. 그걸 뼈저리게 느낀 게 일제고사 투쟁이었어요.

일제고사 투쟁 때 제가 좀 광분했던 적이 있습니다. 이제 와서는 저도 좀 '오버'했다는 생각이 들지만, 그때는 아주 절박했어요. 일제고사가 들어오면 분명 자살하는 애들이 생길 거라고 생각했거든요. 실제로 그러지 않았습니까. 이를테면 지난해 12월 대구에서 중학생 아이가 일제고사 날 아침에 죽었잖아요. 저는 그 죽음과 일제고사 사이에 분명 연관이 있다고 생각합니다. 일제고사 때문에 5년이란 짧은 시간 안에 초·중·고 교육이 처참하게 망가졌잖아요.

우리가 촛불시위 할 때 그렇게 목소리 높여 이야기했던 것이 '사전 예방의 원칙' 아니었어요? 일단 미국산 쇠고기가 들어온 뒤에는 사람이 죽더라도 아무도 책임질 수 없기 때문에 막자는 거였잖아요. 그런데 왜 일제고사는 그러지 못했냐는 거죠. 저는 교사들이 네이스 도입 때만큼만 투쟁했다면 막을 수 있었다고 봅니다. .

저는 자청해서 경남권을 돌면서 열 번 넘게 강의를 했어요. 산청, 함양 같은 곳까지 찾아가서요. 영국을 봐도 그렇고 미국을 봐도 그렇고, 일제식 시험을 봐서 서열을 매기는 것은 학교 간 비교, 교육 주체 간 경쟁, 지역 간 불균형, 이 모든 것들의 출발점이었으니까요. 핵심 고리였죠.

시험 당일에는 연가를 내고 밀양 지역에서 일제고사 대신 체험학습을 신청한 아이들을 인솔했죠. 너무 속이 상해서 일제고사 전날 〈프레시안〉에 기고를 할까, 당일 날 〈교육희망〉에 기고를 할까 고민하다가 전교조 본부의 한 간부에게 전화를 했어요. 당시 제가 〈교육희망〉에 칼럼을 연재하고 있었거든요. 그래서 "내가 먼저 기고를 시작할 테니, 우리 전교조에서 일제고사 보이콧에 대한 사회적 담론을 만들어 보자"라고 제안했는데 단칼에 거절당했어요. 대략 기억나는 답은 "이런 모험주의적인 투쟁이 일제고사 투쟁을 더 어렵게 만들 것" 운운하는 이야기였어요.

그 뒤에 제가 〈교육희망〉에 쓴 칼럼 제목이 '그래서, 슬펐다'였어요. 정말 처음으로 선생 된 걸 후회했습니다. 내가 뭐라고 이런 거친 투쟁, 해직을 각오한 투쟁을 제안해야 하는지 모르겠더라고요. 존경할 만한 선배님들은 다 뭐하시는 건지. 다른 선생님들이 일제고사가 이렇게 위험한지 몰라서 아무것도 안 하고 계셨을까요? 그렇지 않다고 생각했어요. 그냥 싫고 귀찮은 거예요.

저는 한두 놈이 나와서 몰매를 맞는 것이 아니라 여기저기서 우후죽순으로 삼사십 명만 보이콧하면 그 시간대를 뒤흔드는 이슈가 될 수 있다고 생각했어요. 그럼 그걸 기점으로 보이콧한 선생님들도 다 살고 일제고사도 결국 폐지될 거라는 게 제 논리였거든요. 근데 그게 안 되더라고요. 다들 이런 생각을 하는 것 같았어요. '세상이 원래 그런 거지. 몇몇 사람이 올바르거나 강직하다고 되는 건 아니니까. 거대한 흐름이 있으니까.' 그게 바로 소시민 중산층의 이데올로기라는 느낌이 왔었어요. 그 일로 전교조에 대한 기대나 교육운동에 대한 의지가 크게 한풀 꺾였고요, 그 뒤로는 지회 활동도 안 하게 되고 다른 방식으로 제 나름의 길을 찾아보려고 했던 것 같습니다.

교육이 불가능하다

학교를 그만두게 된 또 한 가지 계기는 '교육 불가능성'에 대한 자각입니다. 교육이 가능하지 않다는 거죠. 3~4년 차부터 느끼기 시작했던 것 같아요. 여기서 '교육'은 좁게는 학급운영, 수업일 수도 있고 좀 더 넓게 보면 아이들과의 우정 어린 인간관계까지 포함하는 개념이라고 생각해요. 그런데 학교교육에서 이것들이 총체적으로 안 된다는 걸 깨달았어요. 저는 교육의 마지막 보루가 아이들에게 줄 수 있는 물질적 유익이라고 생각했거든요. 저는 야자를 철저히 반대하지만 아이들한테는 "부모가 바라고 너희도 다른 수가 없기 때문에 이 정도 공부는 해야 할 것 같다. 이건 공부가 아닌 건 맞다. 그래도 이렇게라도 스스로를 단도리해서 수능을 제대로 봐라. 그래서 하고 싶은 직업이 있다면 그걸 찾아 가라. 이건 우리가 교육에 대해 할 수 있는 마지막 사회적 약속이다"라고 이야기했고 그렇게 믿었어요. 근데 그런 물질적 유익조차 교육이 주지 못한다는 걸 밀양에서 조금씩 느끼기 시작한 거예요. 단적으로 아이들이 졸업하고 나서도 다 비정규직으로 떠돌거나 논다는 거죠.

제가 귀농학교를 준비하는 곳이 밀양 감물리라는 곳인데, 밀양시에서도 시외버스를 타고 들어가야 하는 곳이에요. 며칠 전에도 감물리에 가려고 터미널에서 버스를 기다리다가 졸업생 애들을 만났어요. 제가 담임했던 애들인데 올해 스물다섯 살이 됐을 거예요. 궁금해서 물었죠. 지금 뭐하고 있냐고. 누구는 밀양에 있는 한국화이바라는 공장에서 일하고 있고 어떤 여자애는 전문대 다니다 그만두고 김해 한림에 있는 샤니 빵공장에서 일하고 있대요. 또 누구는 네일아트를 배워서 언니랑 가게를 했는데 잘 안 돼서 접고 놀고 있대요. 다 그런 이야기예요. 이 이야기를 어떤 선생님에게 말했더니 그분이 그러시더라고요. "누군가는 네일아트도 해야 하고 누군가는 빵공장에서 빵도 만들어야 하잖아." 그런 식으로 아이들의 힘든 삶에 자신을 엮어서 책임감을 느끼고 괴로워하지 말라는 충고였죠. 저도 옳은 말이라고 생각해요. 그럼에도 양보가 안 돼요. 그건 '분노'죠. 아까 그 빵공장에서 일한다는 아이가 얼마나 꾸미기를 좋아했는지 저는 다 기억이 나거든요. 머리 때문에 교무실에서 어느 선생님한테 눈물 쏙 빠지게 혼나고, 교무실 문을 쾅 닫고 나가서는 분을 삭이며 눈물을 줄줄 흘리던 장면이 다 기억나요. 그런 애가 80만 원, 100만 원 받고 빵공장에서 일하는 거예요.

그런 분노가 있죠. '아이들에게 아무것도 주고 있는 게 없다. 우리는 사실상 사기를 치고 있는 것 아닌가'라는. 애들이 지고 갈 체제의 무게가 있잖아요. 비정규직 문제, 핵발전 문제를 비롯해 세상에 수많은 문제가 있는데 사실 우린 한 개도 해결해 준 게 없어요. 교육이라는 이름으로 "이건 너희가 살아갈 세상의 일이야"라고 가르치면서 떠넘겨 오지 않았냐는 거죠. 그 말을 하는 것만으로 좋은 선생님이라고 스스로 자부심을 느낄 수 있으니까요. 실제로 그런 이야기를 해 주는 교사조차 많지 않으니까 남들도 "음, 당신은 꽤 양심적이고 진보적인 교사야"라고 인정해 줬거든요. 저도 그랬죠. 그러나 결국 그건 '말'일 뿐이잖아요. 그러면서 교사는 300~400만 원씩 월급을 받고, 퇴직하고 나서도 매달 200만 원씩 연금을 받는데요.

저는 도덕적인 수사를 별로 안 좋아하지만, 우리가 좀 정직하고 솔직해졌으면 좋겠다는 생각을 많이 했습니다. '교육희망'이라는 말이 맞나? 거짓말하고 있지 않은가. 희망이라는 말로 아이들을 고문하는 건 아닌가. 학교폭력이라는 것도 말만 많이 하지 학교에 상담 선생님 많이 끌어들이고 문제 있는 애들 있으면 정신과 치료 받으라 하고 힘든 애 있으면 전학 가라 하는 게 다인데. 내 손으로 해결하는 건 하나도 없으면서, 모든 걸 다 '기대의 체제'로 떠밀고 이월해 놓는 것 아닌가. 아이들을 수용소든 공장이든 병원이든 배치만 시켜 놓고는 손 탈탈 털고 "우리는 우리 일 하고 있어. 근데 교육이 참 안 되네. 결국 불가능한 것 같애"라고 이야기하고 있는 것 아닌가.

교사 한 명 한 명의 실존은 너무 나약하지요. 공부도 안 하고요. 이런 자리에 와서는 서로 위로하고 공감하지만 결국 자기 자리에 가서는 까마득히 다 내던지고 주어진 상투적 길을 답습하잖아요. 아이들과의 관계에서도 역시 마찬가지예요. 핀란드 체제가 됐든 덴마크 체제가 됐든 혁신학교라 이름 붙여진 어떤 체제가 됐든, 뭔가 솔깃해지는 체제에 대한 기대에 빠져서 '내가 있는 곳은 온전히 게토화된 공간이고 저곳만이 뭔가 일어날 수 있는 공간'으로 문제를 설정하고 모든 걸 유보해요. 동료들과의 관계에서는 어떻습니까. 필요할 땐 "집에 일이 너무 많아서", "너무 바빠서", "시간이 너무 없어"라고 빼면서 "망할 놈의 관료화를 어떻게 넘어설 수 있지?" "곽노현 교육감이 계속 있어야 업무 경감을 해 주는데"라고 말하고 있진 않습니까. 그런 방식으로 문제가 악순환되고 있는 거지요.

기대의 체제에서 빠져나와 일상을 재조직해야

희망이 있느냐 없느냐는 중요하지 않다고 생각해요. 그런 식의 도식은 별로 의미가 없다고 생각합니다. 문턱만 넘으면 되는 곳이 있거든요. 수시로 문턱을 넘나드는 게 우리 인생이고 교육인데 왜 문제 설정을 끊임없이 왜곡하고 있는지 모르겠어요. 기대의 체제 속에 몸을 푹 담그고 있으면서 막연히 구세주를 기다리듯 희망 같은 말만 주절거리고 있는 것은 아닌가요.

저는 이럴수록 소공동체가 아주 절실하다는 생각을 합니다. 그것은 다른 말로 언어공동체이지요. 어쨌든 죽을 것 같은 고통이 있어도 그 이야기를 누군가에게 할 수만 있다면 사람은 살 수 있다고 생각해요. 우울증에 빠지지 않고, 자기 연민에 젖지 않고. 이 강좌 끝나고 내일 또 출근들 하셔야 하잖아요. 문제는 계속 반복되고 답습되는 거거든요. 우리가 지금과는 다른 일상을 살려면 이러한 일상을 재조직해야 하고 그것을 가능케 하는 것은 결국 소공동체라고 생각합니다. 이를테면, 합법화 초창기 당시 전교조 분회가 양심적인 교사들의 학교생활과 일상을 조직해 주는 생활공동체였듯이, 이런 소공동체의 형성이 결국 문제 해결의 관건일 수밖에 없다고 생각해요. 그래서 동료들과의 공감과 격려, 협업 속에서 문제를 일으킨 아이를 곧장 혼내거나 징벌 체제 속으로 밀어 넣지 않고 이 문제를 차분하게 한번 응시할 수 있다면 얼마나 좋겠어요. 그 아이의 상처가 무엇인지 알고, 알 때까지 어떤 집행을 유예하는 것, 집행을 관리 감독하는 기관의 종용을 버텨 보는 것. 그리고 그런 말을 같이 나눌 수 있는 동료, 또래, 공동체 등에서 이를 교육적인 언어로 구성하는 것이 정말 절실하겠죠. 저는 선생님들끼리 함께 돌려 쓰는 교단일기도 좋고, 소모임의 독서토론도 좋고, 정기적으로 티타임을 갖거나 밥 먹는 것도 좋고, 여하튼 이런 소공동체가 정말로 중요하다고 생각합니다. 거기서 서로 말을 하자는 거죠.

구체적이고 정책적인 부분을 전혀 이야기하지 않은 듯해서 몇 마디 첨언할까 합니다. 저는 그럼에도 교육정책 부분은 중요하다고 생각해요. 워낙 상황이 안 좋으니까, 이런 정책적 노력을 통해 바닥을 치고 오르게 해줄 필요가 있다고 생각해요. 예컨대, 따돌림 문제를 생각해 봅시다. 따돌림은 학교폭력의 바탕을 이룬다고 볼 수 있습니다. 자기도 따돌림당하는 게 두려워서 약한 아이에 대한 폭력을 모른 척하거나, 가담하는 것이죠. 기존 교육과정과의 단절이 필요합니다. 요컨대, 가해자의 입장에서 볼 때는 이렇습니다. 짜증 나고 재수 없는 아이가 있는데, 그 아이를 아침 8시부터 밤 10시까지 열네 시간 동안 계속 한 교실에서 봐야 하는 것이 고통스러운 거죠. 그런 부분이 따돌림을 구조화시키는 것일 터입니다. 이 아이들이 오후 3시가 되면 자연스럽게 헤어져서 가해자 A는 클라리넷을 배우러 음악실로 가고, 피해자는 학교 농장에 일하러 가고, 가해자 B는 각각 농구클럽에 나가면 그 따돌림을 가능케하는 물리적 시간의 1/2이 줄어드는 게 아니겠어요. 혁신학교 이야기가 또한 지금 교육계를 풍미하는데, 혁신의 핵심은 수업 구조를 새롭게 디자인하거나 학교의 업무 체제를 리모델링하는 부분이 아니라, 교육과정의 재편이라고 봅니다. 급진적이라 할지도 모르겠는데, '이해찬세대'를 만들어 낸 김대중정부의 교육개혁안이나, 참여정부에서 구상했던 '교육 이력철'을 생각하면 그리 급진적인 것도 아니죠. 상식적인 겁니다. 일단 제 이야기는 이쯤에서 마치겠습니다. 감사합니다.

❝❞

박동준 : 바보 같은 질문인데, 학교 그만두고 애들 안 보고 싶으셨어요?

이계삼 : 사실 제일 두려운 게 그거였어요. 제가 만만하기도 하고 놀면서 수업을 하니까 수업 자체는 재밌었거든요. 아무리 힘든 일이 있어도 재밌게 수업 한 시간 하면 다 잊고 그랬으니까 '이런 재미 없이 어떻게 살까', '이 즐거움을 어디서 다시 찾을 수 있을까' 걱정을 많이 했죠. 그런데 의외로 심상합니다. 그런 면에서 용기를 드리고 싶어요. 그만둬도 지낼 만합니다. 제가 마음의 준비를 많이 해서 그런지 그렇게 많이 보고 싶진 않더라고요.

이민아 : 교직을 그만두고 싶은 생각은 누구나 있잖아요. 분명 할 일은 있겠죠. 근데 그만두고 그걸 찾기까지의 시간 동안 과연 내가 그 공백을 극복할 수 있을까 하는 두려움이 있어요.

이계삼 : 저는 송전탑 투쟁이 그런 의미에서 고맙기도 해요. 제가 만약 배낭 짊어지고 돌아다녔으면 쓸데없이 애틋해질 수 있었겠죠. 그리움, 애틋함, 그런 감정도 사실 절대적인 것이 아니라 감상적인 태도 때문에 증폭되는 것인지도 모르겠어요.

저는 오히려 어떤 선생님의 사연을 듣다 보면 그 성정상 혹은 그분이 처해 있는 여건상 '아, 이 선생님은 그만두는 게 낫겠다'라는 생각이 들 때가 있어요. 그런 분들은 그만두시기 바랍니다. 학교에서 나오고 나니까 훨씬 더 길이 많아요. 저 한 사람이 실무자로 있으면서 밀양 송전탑 투쟁이 그럭저럭 꼴을 잡았거든요. 실무자 한 사람이 있고 없고의 차이가 엄청 커요. 학교에서는 무력한 하나의 부속품이었는데 나오니까 그 한 사람이 얼마나 큰일을 할 수 있는지 많이 느낍니다. 그리고 다들 금전 부분에 대한 두려움이 있잖아요. 요즘 보면 부부 교사는 진짜 재벌이에요. 집도 좋은 데 살면서 현금 재산이 있어서 땅도 사 놓고 그래요. 그런데 사실 우리가 재산을 모으면서 그 이유를 미래의 어떤 시점으로 유예시켜 놓잖아요. 하지만 그걸 제대로 활용할 수 있는 인간관계나 삶의 기술이 계발되지 않으면 그건 그냥 행동만 제한하는, 처분 곤란한 부동산일 뿐이거든요. 몸이 가뿐할 때 훨씬 많은 일을 할 수 있어요.

올해 제가 마흔 살이 됐는데 작년에 그런 생각을 했어요. '내가 내년에 밀성에서만 10년 차가 되는데 쉰 살에 어떻게 돼 있을까?' 그림이 안 그려지더라고요. 그래서 '이 20년을 밀양에서 학교를 하나 일구는 데 쓰자. 그게 훨씬 의미 있을 것 같다'라는 계산이 선 거죠. 그런 방식으로라도 공교육을 보이콧하는 게 의미 있다고 생각합니다.

최영락 : 저는 그동안 선생님의 이야기가 지지를 많이 받았던 건 선생님이 공교육 안에 계셨기 때문이라고 생각하거든요. 일례로 초등에서 유명했던 어느 선생님도 학교 그만두고 1년은 말발이 먹혔지만 지금은 힘이 떨어졌어요. 선생님도 곧 그렇게 되지 않을까요? 앞으로도 계속 교육을 이야기하

려면 어떤 식으로든 교육 현장으로 돌아가셨으면 좋겠어요.

이계삼 : 현실적인 이야기를 해 주신 건 고마운데요, 저는 진심으로 불려 다닌다거나 지지를 받는 것에 대한 기대가 전혀 없습니다. 저는 오히려 전교조 안에서 발언할 때 저에 대한 지지가 부담스러웠어요. 공교육 선생님들의 지지를 받건 어디서 거부를 당하든 그건 전혀 중요하지 않아요.

그런 생각도 해 주셨으면 좋겠어요. 우린 한 사람이 가진 상징자본, 사회적 영향력으로 사람의 레벨을 매기는 데 대단히 익숙해져 있는데요, 실제로 그 셈법은 다 다른 것 같습니다. 무슨 이야기냐면요, 발언의 영향력을 한번 놓고 봅시다. 고려대를 다니다 그만둔 김예슬이란 친구가 있죠. 그 친구가 학교를 그만두면서 쓴 글의 울림이 컸잖아요. 지금은 그 친구를 기억하는 사람이 별로 없죠. 그러니까 우리 사회는 공론의 기반이 없는 사회라고 생각해요. 그 발언의 영향력이라는 건, 그때 맥락과 그 사람의 입지점이 맞아서 스파크가 잠깐 불꽃처럼 일어났다 사라지는 것일 뿐이에요. 자신의 발언이 갖는 영향력을 굳이 걱정하는 것은 참 부박한 거예요. 저는 그저 이곳에서 학교를 하면서 느끼는 문제의식, 농업과 교육을 만나게 하는 방법론적 고민들을 성실하게 기록할 각오입니다. 그걸 독자 수 700명밖에 안 되는 《오늘의 교육》에 꾸준히 기고할 거고요. 그 정도의 바람밖에 없습니다.

최영락 : 그럼 교육이 불가능하다고 얘기하고 학교를 결국 등지고 나온 선생님이 다시 학교를 선택한 이유는 뭔가요? 교육을 저버리지 않은 이유, 그리고 그 형태가 왜 농사였는지도 좀 궁금합니다.

이계삼 : 좋은 질문 고맙습니다. (웃음) 제가 귀농학교를 통해 일구려는 뭔가가 있을 거예요. 귀농학교를 만들고 교육계에 뭔가 발언을 하겠죠. 하지만 지금 당장 선생님들 한 명 한 명이 구체적인 아이의 상처든 고통이든 그것을 일부러 같이 나누어 짊으로써 맺는 우정의 관계가 있다 친다면, 제가 하고 있는 일과 견주어서 어느 쪽이 더 소중하다고 가늠할 수 없다고 생각해요. 오히려 후자가 훨씬 소중할 겁니다. 권정생 선생님이 청년기에 이현주 목사에게 보낸 서신에 이런 구절이 있어요. "현주야, 이 세상의 수많은 성자보다 한 인간을 사랑하고 구하여라." 읽으면서 아주 뜨겁게 밑줄 그었는데, 전 그런 의미에서 밀려난 사람입니다. 제가 가장 좋고 행복했던 건 아이들과 같이 먹을 것 풀어 놓고 먹는 거였어요. 대동 세상이 따로 있는 게 아니잖아요. '함께 동同'자가 같이 모여서 밥 먹는 모양이라며요. 공자는 대동 사회를 이상 사회라고 했잖아요. 고흐의 〈감자먹는 사람들〉이 얼마나 좋아요. 보기에 슬프기도 하고 따뜻하기도 하고.

케테 콜비츠의 〈씨앗들이 짓이겨져서는 안 된다〉라는 판화가 있어요. 어머니가 새끼들을 양팔로 품어 안은 채 어떤 것을 분노에 차서 바라보는 모습을 새긴 건데, 교사는 그런 존재라고 생각해요. 체제가 주는 어떤 폭력을 자기 등으로 막아서 애들을 지켜 주는 존재요. 관리자가 뭐라 해도 아픈 애가 있으면 자기 방식으로 집에 보내 주는 사람, 바람막이 역할을 해 주는 사람이 교사이겠지요.

어떤 선생님이 저한테 그런 이메일을 보낸 적이 있어요. 관리자들이 자기 반이 질서가 없다고 늘 혼을 내는데 비교당하는 게 힘들다고, 애들한테 엄하게 대해야 되는 것 아니냐고 묻더라고요. 그래서 제가 정색하고 그런 답을 했어요. "우리가 지금 말하는 '능력 있는 교사'가 대체 뭐냐. '잘 장악하는 교사'가 뭐냐"라고요. '장악'이라는 말은 교육학에 없는 표현이에요. '손바닥 장'자에 '쥘 악'자, 즉 아이들을 손바닥에 쥐고 흔든다는 말인데, 그따위 교육철학이 어디 있습니까. 그런데 우리는 장악이라는 말을 너무 쉽게 쓰잖아요. 그것이 파시즘적 질서에 대한 동경이라고 생각해요. 장악이 안 되는 존재이기 때문에 아이잖아요.

농업은 저 자신의 알리바이예요. 어떤 사상가도 아닌데 뭔가 해 보겠다고 나서는 저 자신에 대해 많은 생각을 했어요. 그런데 중요하고 절실한 것은 맞아요. 교육이 제 길을 찾기 위해서도 그렇고요. 교육 불가능을 해소할 길은 농업밖에 없다고 생각해요. 그렇잖아요. 5년만 지나도 우리나라에 농사지을 사람은 다 돌아가시고 없을 거예요. 전 좀 불가사의해요. 이 사회에서 아무도 농업 이야기를 안 하잖아요. '누군가 하겠지'라고 기대하는 거죠. 제가 이렇게 막 나대고 돌아다니면, '이계삼 같은 사람이 하겠지' 하고 기대하겠죠. 그래서 전 이제 그만 나대야 해요. 느그가 해 보라고. (웃음)

전 혁신교육에 대해 좀 비판적인데, 혁신은 기본적으로 신자유주의 이데올로기예요. 기존 체제를 뒤엎거나 단절하는 것이 아니라 기존 체제를 혁신적으로 리모델링하거나 디자인하는 것이죠. 기본적으로 오늘날 혁신교육의 문제가 거기서 출발하는 것 같아요. 전 단호하게 단절하는 태도가 필요하다고 생각해요. 한꺼번에 못 끊어 내면 이번에는 여기서 끊고 다음엔 더 나가서 끊는 과정이 필요해요. 우리가 안 해 봐서 그래요. 이럴 땐 이명박 같은 사람이 필요해요. (웃음) 단절의 경험이 너무 없는 거예요. 마치 '모 아니면 도' 식의 문법이 횡행하거든요. 그런데 그렇지 않잖아요. 가령 혁신학교에서 교육과정의 30%를 농적 교육과정으로 왜 못 채웁니까. 학교폭력의 문제도 현재로서는 이 교육과정의 문제로 푸는 것 말고는 구조적인 대안이 없잖아요. 호미하고 씨앗하고 땅 고를 트랙터 한 대만 있으면 학교에도 얼마든지 농장을 만들 수 있어요. 컴퓨터 몇 대 사는 돈인데 왜 그걸 못 하냐는 거예요.

저는 정말로 농민을 키워 내는 직업훈련원이 소중해질 수밖에 없다고 생각해요. 20년 뒤를 상상해 보십시다. 지금 중2 열다섯 살 아이들이 결혼하고 아이를 낳고 왕성하게 사회생활을 하는 세대가 돼 있겠죠. 지금 우리가 아이들에게 강요하고 있는 스카이 졸업장? 그때는 부도수표가 될 것이 너무나 명료하잖아요. 교육이 생태적이어야 한다는 것은 당연하죠. 지금 당대의 삶이 아니라 아이들이 살 세상이 기준이 돼야 하니까요. 그 기준에서 전망이 확실하다면 그 준비를 하는 건 너무 당연한 거예요. 그런 차원에서 저는 나름의 계획을 갖고 있어요. 이 학교에 20년 정도 매진하면 뿌리내릴 수 있을 거라 생각해요. 그걸 통해 이 사회에 농적 교육과정에 대해 제안하고 싶은 거죠. 농업사회로의 재편에 대해서 막연한 이야기가 아니라 구체적인 이야기를 하고 싶은 겁니다.

홍유지 : 그러면 당장 아이들한테는 무슨 말을 해야 할까요. 대학을 가야 한다고 생각하는 친구들이 절대다수인데 그런 친구들한테 "너 이거 하지 말고 가서 농사지어야 해"라고 하기는 그렇잖아요.

이계삼 : 제가 눈여겨본 건 결국 '말'이었거든요. 말이 갖고 있는 무력함에

깊이 좌절해서 학교를 때려치웠고 비정규직으로 일하는 아이들 손을 잡으려면 "농사 한번 지어 볼래?"가 아니라 "내가 지금 이 학교를 하고 있으니까 네가 한번 들어와 볼래?"라고 말해야겠다는 생각이 들어서 그런 알리바이를 생각한 거예요.

저처럼 말을 많이 한 사람도 마지막 종례에서는 무슨 말을 해야 하나 정말 막막하더라고요. 그때 일주일 넘게 고민하고 한 이야기가 그거였어요. "내가 학교 그만두는 걸 너희들은 잘 이해 못 하겠지만, 내가 그만두려는 일이, 너희가 나에게 준 사랑이나 우정에 대해 고마움을 표현하는 한 방식이라고 생각한다."

저는 '제 말'을 하는 거예요. 그런데 세상 모든 사람이 저처럼 말할 필요는 없다고 생각해요. 사실은 계속 말을 하다 보면 저처럼 말 때문에, 말에서 튕겨 나가서 몸으로 살겠다고 학교를 그만두는 사람도 있지만, 그 말이 더 정치하게 다듬어져서 진짜 육화된 말로 아이들한테 가기도 해요. 저는 그러지 못했지만 교육 현장의 교사들은 반드시 후자였으면 좋겠어요. 그래서 말이 참 중요하고 말의 공동체가 필요해요. 교육이 불가능하다고 말하는 사람, 농사가 중요하다고 말을 하는 사람들의 공동체요. 이 파시즘적인 체제와 싸우다가 좌절한 사람들의 말은, 그냥 그랜저 끌면서 여름방학엔 알래스카 가서 놀고 겨울방학엔 인도네시아에서 놀던 사람이 인터넷을 클릭하고는 "교육이 불가능한 것 같지 않냐", "교육 참 문제야"라고 하는 말과는 다를 거라고 생각해요.

말로써 깊이 들어가다 보면 그 말 때문에 투쟁하게 되기도 하고, 관리자와 부딪히게 되기도 하고, 눈물을 흘리게 되기도 하고, 아이들에게 화를 내

게 되기도 하고, 낸 화 때문에 후회하면서 사랑을 느끼기도 하는데, 그 모든 과정이 교사로서 살아가는 길이 되지 않을까 생각합니다. 만들어진 형태로서의 이상향이라는 게 따로 있는 것 같진 않아요.

  말하는 사람이 많아졌으면 좋겠어요. 그리고 아이들에게 전혀 다른 세상의 언어를 길어 올려서 전해 주는 교사가 됐으면 좋겠어요. 그것은 인디언 추장의 말일 수도 있고, 김진숙의 말일 수도 있겠죠. 그런 의미에서 교사는 일종의 복화술사일 수 있어요. 그 말은 필히 이웃들을 찾게 되고 그 이웃들과의 만남이 작은 공동체의 형성으로 이어지리라 생각합니다. 비눗방울들이 만나서 더 큰 방울이 되듯 그것은 만나서 커질 수밖에 없어요.

경계를 넘나드는 재미

"두려움을 버리면 길이 보인다"

박복선 성미산학교 교장

전교조 결성으로 해직되면서 선생을 하지 않아도 살 수 있다는 것을 알게 되었습니다. 복직한 학교를 나온 것도 그 덕분입니다. 《우리교육》에서 편집장을 했고, 하자센터에서 부센터장을 했고, 지금은 성미산학교에서 교장을 하고 있습니다. 경계를 넘나드는 재미로 살고 있습니다.

안녕하세요. 박복선입니다. 강좌 안내문을 보니, 교사에서 《우리교육》 편집장으로, 하자센터 부센터장으로, 대안학교 교장으로 변신한 제 이력을 소개하면서, "교사가 아니어도 할 일은 많다"고 써 놓았더라고요. 좀 당황스러웠습니다. 교사를 위한 전직 상담 프로그램 같잖아요. (웃음) 강좌를 기획한 분에게 툴툴댔더니, 웃으면서 그런 의도도 없지 않아 있다고 하는 거예요. 학교가 갑갑한 사람도 있고, 교사라는 일이 맞는지 고민하는 사람도 있고, 다른 삶을 꿈꾸는 사람들도 있을 거라고, 그런 분들에게 뭔가 도움이 될 만한 이야기를 하라는 겁니다.

글쎄, 제 이야기가 그런 분들에게 도움이 될지는 잘 모르겠습니다. 어떤 이야기를 할까 준비하면서 제가 경험한 것들을 반추해 보았는데, 삶 자체가 역동적인 것 같지도 않고 깨달음이라는 것도 보잘것없다는 생각이 들어요. 저도 뭔가 좀 멋있는 이야기를 하고 싶은데 말이죠. 그래도 선배로서 제 이야기를 해 보겠습니다. 들으시는 분들이 적극적으로 의미를 찾아 주세요. (웃음)

'꼴통'은 어떻게 '의식화 교사'가 되었나

저는 1980년에 대학에 들어갔습니다. 그 엄혹했던 시절에 저는 신학과 음악에 파묻혀 살았어요. 도서관과 음악 감상실이 제 거처였습니다. 제가 적극적으로 선택했다기보다는 거기 말고는 있을 곳이 없었어요. 밤새 술 마시고 떠들어 대는 엠티도 싫었고, 쉰 목소리와 생경한 언어로 가득한 집회는 불편했고, 돌과 최루탄이 난무하는 시위 현장은 무서웠어요. 그래도 유인물이나 대자보를 보면서 세상 돌아가는 것을 알고는 있었기에, 나도 운동을 해야 하나 고민을 한 적은 있어요. 그러나 그건 내가 감당할 수 없는 일이었어요. 결국 외톨이가 될 수밖에 없었지요.

그래서 제가 해직이 되었을 때 대학 동기들이 많이 놀랐다고 해요. 동기들 사이에서 저는 완곡하게 말하면 '아웃사이더', 사실상 '꼴통'이었으니까요. '도대체 5년 사이에 무슨 일이 있었냐'고 서로 물었대요. 그러니까, 교사가 되고 나서 5년이 제가 불온해졌다면 불온해진 시기인 겁니다.

첫 발령받아 갔던 데가 상업고의 야간부였어요. 전화를 받고 인문계가 아니라는 것 때문에 조금 실망했는데, 학교에 가니 야간부라는 거예요. 야간부 교무실에 갔는데, 선배 교사들이 다들 안됐다는 표정을 짓더라고요. 뭔가 일이 꼬이는구나 싶었죠. 한 선배가 그래도 격려한다고 해준 말이 기억납니다. "너무 실망하지 마라. 대학원 공부하는 사람들은 일부러 신청해서 오기도 한다. 더 늦기 전에 대학원 공부해서 교수를 해라."

하여간 그곳은 저에게는 별세계였어요. 집안이 가난해서 취업을 하지 않으면 안 되는, 그러니까 주경야독을 하는 극소수를 빼면 꼴찌들만 모인 곳이었어요. 수업료를 기한 내에 못 내는 아이들이 많아서 교무회의 시간마다 서무과장, 그러니까 지금으로 치면 행정실장이 담임들을 쪼아대기 일쑤였어요. 한부모 가정도 많았고, 누나나 형이 가장인 학생들도 많았습니다.

아이들이나 부모들은 오직 졸업장이 필요했고, 교사들도 그저 아이들이 사고 치지 않고 졸업하면 다행으로 여겼어요. 공부는 아무런 의미가 없는 곳이었습니다. 그나마 그때는 야간부 졸업생 중에 은행에 취직하는 학생도 가끔 나오고, 중소기업 경리로 취직하는 학생들도 종종 있을 때여서 주산이나 부기 자격증을 딸 준비는 열심히 했어요. 학원에도 다니고. 국어, 영어, 수학 같은 주요 과목이 여기서는 기타 과목이었죠. 지금 생각하면 그런 조건이 결코 교육적으로 나쁘지는 않은 것 같아요. 오히려 입시에 매여 있는 것보다 좋은 조건일 수 있지요. 그러나 교과를 잘 가르치는 게 바로 교육이라고 믿었던 당시에는 참 황당했어요.

처음에는 수업 준비를 정말 열심히 했어요. 문학과 언어학 공부를 대학 때보다 더 열심히 했습니다. 아무리 어려운 것도 설명을 잘하면 이해시킬 수 있고, 이해를 못 시키는 것은 내 공부가 부족한 탓이라고 생각했어요. '비유' 개념을 제대로 이해하기 위해서 온갖 시 이론서들을 찾아서 읽었고, '구개음화' 같은 음운현상 하나를 설명하기 위해 언어학을 기초부터 다시 공부했어요.

그리고 나서 중간고사를 본 후 채점을 하는데, 허탈하더라고요. 이 아이들에게 비유의 개념을 가르치는 것이 무슨 의미가 있는지, 구개음화의 원리를 이해시키는 것이 무슨 의미가 있는지 질문을 하게 되었어요. 그러던 어느 날, 복도를 지나가다가 중국어 선생님이 수업을 하고 있는 걸 창문 너머로 보게 되었어요. 아이들 표정만으로도 수업에 몰입하고 있다는 것을 알 수 있었죠. 그 선생님을 만나서 어떻게 그렇게 아이들을 집중시킬 수 있는지 물었어요. 그런데 이솝우화 이야기를 해 주었다는 거예요. 중국어는 아주 조금씩 가르치고 주로 이런저런 이야기를 많이 해 준다고 하더라고요. 제가 그동안 엄청나게 잘못해 왔다는 걸 그때 알았죠. 그때부터 저도 아이들에게 주로 '썰'을 풀기 시작했습니다. 옛날이야기도 하고, 시사 이야기도 하고, 소설이나 영화 이야기도 하고, 제가 살아온 이야기도 하고요.

이런 과정을 거치면서 처음으로 교육에 대해 진지하게 고민을 했던 것 같습니다. 전통적인 교과교육이 어떤 아이들에게는 의미가 없을 수 있다는 것을 인정해야 했어요. 아이의 교육 문제가 사실은 가정에, 더 나아가 사회에 뿌리를 내리고 있다는 것도 어렴풋하게나마 이해하게 되었고요. 학교가 사람을 체계적으로 서열화하고 배제하는 역할을 한다는 것도 실감했습니다. 무엇보다 제가 한 번도 교육에 대해 제대로 고민한 적이 없다는 사실이 부끄럽고 아팠습니다.

이듬해에 한 선배가 저를 운동권 교사들의 모임에 데려갔습니다. 나중에 알게 된 거지만, 그 모임은 공개적으로 교사운동을 시작하려는 분들이 모이는 자리였어요. 후에 전교조에서 큰 역할을 한 분들이 즐비했죠. 많이 어색했습니다. 오고가는 말을 잘 이해도 못 했고. 아무래도 거북해서 모임에 자주 가지는 못했어요. 그 모임도 대중적인 흐름으로 이어지지는 않았던 것 같아요. 워낙 탄압이 심하던 때라.

그런데, 운동권과 접속하면서 자연스럽게 저의 공부 방향이 정해졌어요. 그때 대학 신입생들을 위한 '커리'라는 게 있었어요. 아시죠? 대학에서 선배들이 신입생들 의식화시키는 교육과정. 그것을 얻어서 공부를 했어요. 그러면서 자연스럽게 운동권 언저리에 발을 걸치게 된 것 같습니다. 그리고 공부가 정말 재미있었어요. 어느 순간 눈이 열리는 것 같았죠. '정말 내가 꼴통이었구나' 하는 생각이 들더라고요.

그런데 이 좋은 걸 나 혼자 알 수 없잖아요. 이 복음을 아이들에게 널리 전해야죠. 뭔가 단서가 될 만한 것이 있으면 '썰'을 풀었어요. 주로 시사적 이슈에 대해 많은 이야기를 했어요. 그렇게 하다 보니 어느 순간 '의식화 교사'가 되어 있더라고요. 사실 선무당이 사람 잡는 격이었지요. 어설프게 안 걸 가지고 그렇게 설쳐 댔으니 말입니다. 물론 처음에는 '의식화'라는 말도 몰랐고 의식화시킨다는 생각도 없었습니다. 세상이 어떻게 돌아가는지 아이들에게도 그냥 알려 주고 싶었던 거죠. 나중에 스스로 운동권으로서의 정체성이 생기면서 목적의식적인 '의식화'에 대한 고민을 했지만요.

의식화 교육, 길을 잃다

4년이 지나 인문계고등학교로 자리를 옮겼습니다. 거기서 1년 반을 있었는데, 그 시기는 그야말로 교사운동이 폭발적으로 확산되는 시기였어요. 그 흐름에서 저도 조금씩 운동권 안으로 들어가게 되었고요. 그때는 저도 세상을 읽는 힘을 좀 갖게 되었고, 아이들과 만나는 법도 조금 알게 되었던 것 같습니다. 수업은 아주 재미있었어요. 아, 물론 이건 저만의 착각일 수도 있어요. (웃음) '썰'도 세련되게 풀 줄 알게 되었고, 교과를 가르치는 재미도 쏠쏠했어요. 아이들과 뭔가 교감이 이루어진다는 느낌이 충만할 때였습니다. 아이들도 사회에서 무슨 일이 벌어지는지 모르는 건 아니잖아요. 궁금한 게 많은데 그런 이야기를 가리지 않고 시원하게 자신들과 나누는 교사가 있다는 것이 좋았을 겁니다. 교감이 이루어지니까 의식화된 아이들의 그룹도 생겼어요. 전교조 지회 일 하랴, 지역 국어교사모임 꾸리랴 눈코 뜰 새 없이 바빴지만 힘들다는 느낌이 조금도 들지 않았어요.

그 시기에 겪은 일 중에 두 가지가 저에게는 큰 의미가 있었어요. 하나는 지역에서 국어교사들과 소모임을 한 겁니다. 일주일에 한 번 모여서 수업 사례도 나누고, 필요한 자료를 서로 찾아 주기도 하고, 공부도 했어요. 당시에는 학교교육이 지배 이데올로기를 재생산하는 기제라는 인식을 강하게 공유하던 때라 '대항 이데올로기'를 생산하고 가르치는 게 교사의 역할이라고 여겼어요. 그래서 교과서 텍스트의 이데올로기를 분석하고, 대항 이데올로기를 담고 있는 텍스트를 찾아내는 작업을 많이 했습니다. 이 모임을 하게 된 것이 저에게는 큰 깨달음을 주었습니다. 함께 공부한다는 것, 고민을 함께하는 동료들을 만난다는 것이 정말 좋다는 것을 알았거든요. 혼자 공부하고 혼자 노는 것에 익숙했던 저에게는 큰 경험이었습니다.

또 하나 의미 있었던 사건은 어떤 아이와의 만남이에요. 어느 날 한 아이가 찾아와서 "선생님 저는 대학에 가지 않겠습니다" 하는 거예요. "왜 그러는데?" 물었더니, "저는 구로공단 노동자가 될 겁니다" 하더라고요. 그 말을 듣고 멍했어요. 제가 어떻게 대처를 해야 하는지, 무슨 말을 해야 하는지 모르겠더라고요. "그래, 좀 더 생각해 보자" 하고 일단 돌려보냈어요. 혼란스러웠어요. 사실 기뻐해야 할 일이잖아요. 내가 아이들에게 노동의 가치에 대해, 노동자의 자부심에 대해 이야기하고, 학력주의와 학벌사회의 폐해에 대해서 알려 주었고, 그래서 제자가 노동자가 되겠다고 나섰으니 말이에요. 그런데 마음이 너무 불편한 거예요.

다행히 그 아이가 2학년이었기 때문에 서둘러 답을 하지는 않아도 되는 상황이었어요. 그리고 이어서 대량 해직 사태가 오는 바람에 이야기를 이어 가지는 못했습니다. 다음 해였나, 다른 아이를 통해 그 아이가 다시 공부를 시작했다는 말을 들었어요. 그러나 그 이후에도 그 불편함은 몸에 박힌 가시처럼 어느 순간 저를 찌르곤 했어요.

그때는 그 불편함이 가시밭길을 걸으려는 제자에 대한 걱정에서 오는 것이라고 생각했어요. 옳은 길이기는 하지만 고생이 보이니 선뜻 보내고 싶지 않은 마음이라고요. 나중에 생각해 보니, 아이의 선택에 대한 불신에서 온 것 같았어요. 일시적인 충동이라고 생각했던 거죠. 어쩌면, 아이에 대한 불신이라기보다는 제가 행한 의식화 교육에 대한 불신일 수도 있어요. 말로만 떠들어 대는 의식화 교육이 얼마나 허망한 것인지 스스로도 잘 알고 있었던 거죠. 어쩌면 자신이 선택하지 못하는 삶을 제자가 선택하도록 한 위선에 대한 부끄러움일 수도 있겠죠. 어떤 설명이 더 적합한 건지는 지금도 잘 모르겠지만 확실한 것은 제가 구로공단 노동자의 삶이 행복할 수 있다는 것을 믿지 않았다는 겁니다. 다른 선택을 할 수 있는 사람이 그 길을 선택하는 것은 제가 보기에 '희생'이었어요. 누군가를 위해 희생하는 삶은 오래 지속하기 어렵습니다. 자기 삶이 즐겁고 보람을 느낄 수 있어야 오래 가는 거지요. 당시에 저는 노동의 의미와 가치를 머리로 이해하는 데까지는 갔지만, 노동자가 되어서 행복하게 살 수 있다는 것을 확신하는 데에는 미치지 못했어요. 그게 핵심입니다.

해직이 선물이 되다

해직이 되기 전까지 저는 교사가 아닌 다른 일을 하면서 산다는 걸 상상해 본 적이 없어요. 별로 내세울 것도 없는 제가 그나마 잘할 수 있는 게 공부하는 것, 공부한 것을 가르치는 일이라고 생각했어요. 나름 각오를 했지만 막상 해직이 되니 암담했어요. 다행인 것은 걱정할 틈이 별로 없을 정도로 바빴다는 거예요. 2년 반 정도는 전교조 교과위원회에서 상근을 했고, 그다음 2년은 국어교사모임에서 일을 했습니다. 참 바쁘게 지냈습니다. 늘 해야 할 일이 있었어요. 삶이 확 바뀌었죠. 교사로 있었다면 절대 하지 않았을 혹은 못했을 경험을 많이 했어요. 몇 가지만 이야기해 보겠습니다.

해직 기간에 '노가다'를 참 많이 했습니다. 교과위원회의 주요 업무가 '자료 사업'이었어요. 국어, 역사, 영어 등 교과별 교사모임이나 여성, 통일, 환경 등 주제모임에서 발행하는 회지나 자료집을 제작하고, 주문받고, 배포하고, 수금하는 일이었지요. 이 일이 장난이 아니었어요. 어떤 때는 사흘 내내 아침부터 밤까지 포장하고 발송하는 일만 하기도 했으니까요. 네다섯 명의 상근자가 자료집을 산처럼 쌓아 놓고, 주문서를 보면서 자료를 고르고, 지회 단위로 포장하고, 그걸 간이 우체국까지 운반하는 게 일이에요. 양이 어마어마하니까 저희가 가면 우체국이 난리가 납니다. 결국 상근자들이 무게 달고, 우표 붙이고, 소인 찍고, 수거용 바구니에 담는 것까지 다 했어요.

처음에는 이런 시간이 너무 아까웠어요. 조직을 위한 일이니 하긴 하는데, 일을 하다가도 '아이고, 이 시간에 공부를 하면 책을 한 권 쓰겠다' 하는 생각이 불쑥 드는 거예요. 참, 오갈 데 없는 먹물이지요. 그런데 일이 손에 익으니 여럿이 모여서 일하는 게 꽤 재미있더라고요. 수다를 떨기도 하고, 연애 상담도 하고, 심지어는 조직 노선에 대한 토론을 하기도 했어요. 포장하는 방법도 개발해 내고, 일을 효율적으로 하기 위해 과정을 바꾸어 보기도 하고, 발송료를 아낄 수 있는 요령도 찾아냈어요. 어떤 사람은 자료 사업을 위한 컴퓨터 프로그램을 직접 짜기도 했어요. 손을 쓰면서 일을 하는 게 꽤 즐겁다는 것도 알게 되었지요. 그리고 이런 노동을 바탕으로 조직이 돌아간다는 것을 진정으로 인정하게 되었습니다.

그리고 그때 공부를 많이 했어요. 그것은 지금 생각해도 뿌듯합니다. 그러면서 5년 반 동안 학교에서 했던 일들을 돌아볼 수 있었습니다. 앞에서 말한 것처럼, 교단에 서고 나서야 교육에 대해 제대로 공부한 적이 없었다는 것을 절감했어요. 학교에 있으면서 문제의식은 생겼지만 충분히 고민하지 못했던 문제들에 대해서도 해직이 되고 나서야 도전했어요.

자본주의사회의 학교교육에 대한 책을 많이 읽었습니다. 파울로 프레이리의 《페다고지》나 이반 일리치의 《학교 없는 사회》 같은 고전들도 이때 읽었습니다. 남달랐던 것은 교과모임과 주제모임에서 내는 자료들을 정말 열심히 읽었다는 겁니다. 거의 모든 자료를 읽었고, 정말 많이 배웠습니다.

국어교사모임에서는 연구국장을 했어요. 공부하는 것이 바로 일이라는 게 참 좋았습니다. 물론 연구국장이 공부만 하는 건 아니었어요. 전국을 돌아다니며 소모임을 조직하고 지원하고, 연구 의제도 제시하고, 연수 기획도 해야 했습니다. 일을 아주 즐겁게 했어요. 조직의 연구 역량을 한 단계 끌어올렸다는 평가도 받았고요. 그런데 정말 하고 싶은 것은 거의 진척을 못 시켰습니다.

제가 정말 해 보고 싶었던 것은 진보적 운동에 걸맞은 '국어교육학'을 세우는 일이었거든요. 그런데 동료를 찾을 수가 없었습니다. 공부모임을 꾸려 보았지만, 문제의식을 공유하는 작업에 진을 다 빼는 바람에 정말 하려고 했던 공부는 시작도 못 했어요. 혼자서라도 해 보려고 했지만 될 리가 없었죠. 예를 들어, 마르크스주의언어학이라고 할 수 있는 '담론'에 대한 공부를 하려고 했어요. 이게 혼자서 할 수 있는 게 아니더라고요. 일단 언어의 장벽이 있어요. 외국어로 된 책을 읽어야 하는데, 프랑스어 책은 고사하고, 영어 책도 제대로 읽기 어려웠습니다. 영어 실력도 부족했지만 그보다 더 문제가 되는 것은 철학적 바탕이 없다는 것이었습니다.

이런 것은 정말 많은 사람들이 서로 돕고 이끌지 않으면 할 수 없는 일입니다. 동료를 모아야 했어요. 이걸 해 보겠다고 교사들을 만나러 다니면서, 교사들의 시야가 참 좁다고 느꼈어요. 문제의식도 치열하지 않고. 제가 만나던 교사들은 그래도 고민이 깊고 실천력이 있는 분들이었는데도 그랬어요. 교육운동 진영의 '전문성'이 얼마나 빈약한지 절감했습니다. 지금도 크게 다르지 않을 겁니다.

해직 기간의 마지막 1년 정도는 사교육 시장에서 일을 했어요. 운동권 출신들이 모여서 만든 학원에 국어 강사 자리가 났다고 선배가 소개를 해 주었어요. 주말에만 근무하고, 하고 싶은 것을 마음대로 한다는 조건으로 일을 했습니다. 호구지책이기도 했지만 국어교사모임 일을 하면서 구상한 다양한 수업 방법들을 실험해 보고 싶었어요. 지금 생각해 보면 역시 전통적 수업에서 크게 벗어난 것은 아니었지만, '언어 사용 능력'을 높이는 수업으로는 꽤 괜찮았던 것 같습니다. 몇 달 하니까 수강 신청자가 많아서 반을 늘려야 했어요. 명강사가 될 뻔했죠. (웃음)

학원 강사를 하면서 적어도 입시 교육에 관한 한 학교가 학원의 경쟁 상대가 될 수 없다는 것을 알았습니다. 학원에는 교사들의 폭력도 없고 말도 안 되는 규정 같은 것도 없잖아요. 관제 행사에 동원될 일도 없고요. 촌지를 바치거나 자율학습비를 내야 할 일도 없어요. 수강료가 좀 비싼지는 모르겠지만 말도 안 되는 핑계로 돈을 걷지는 않죠. 강사들의 실력은 뛰어난 편이고, 성취가 낮은 아이들은 개별 지도도 해요. 학생들과 강사들 사이가 아주 친밀해서 노래방에도 다니고 가끔은 여행도 가요. 공부하겠다는 아이들만 오기 때문에 수업 분위기도 좋아요. 학교가 무슨 수로 학원을 이깁니까? 제가 안전하게 말하려고 '입시 교육에 관한 한'이라는 단서를 붙였지만, 사실 학교는 모든 면에서 학원에 뒤진다고 해도 과언이 아닙니다. 학원이 특별히 잘해서가 아니라 학교가 그렇게 후지다는 겁니다.

이렇게 해직 생활을 하면서 '깡'이 생겼습니다. 먹고사는 것에 대한 막연한 공포가 없어졌어요. '어떻게든 살 수 있겠다. 교사가 아니어도 할 일이 있다. 학교라는 데가 참 후진 곳이다.' 소심한 제가 그런 생각을 할 수 있었다는 건 정말 놀라운 변화입니다. 이전과는 비교할 수 없을 정도로 삶을 넓고 깊게 볼 수 있게 되었어요. 다양한 경험을 하면서 내가 어떤 인간인지도 보이기 시작했습니다. 교사로서도 성장했겠지만, 그 이전에 한 사람으로서 많이 성장했다고 생각합니다. 일머리도 좀 생긴 것 같고, 동료들과 함께 일하는 능력도 생긴 것 같아요. 대안학교에서 쓰는 용어로 '삶의 기본기'를 좀 갖추게 된 거지요. 나이 서른이 넘어서야 겨우. 돌아보면 해직은 군부독재정권이 저에게 준 큰 선물이었습니다. 제가 스스로 이런 학습의 기회를 만들지는 않았을 텐데, 정권이 등을 떠밀어 좋은 학습 기회를 준 거잖아요.

무너진 학교에서 길을 묻다

이후에 저는 강남 8학군에 있는, 유명한 고등학교로 복직이 되었습니다. 나름 큰 기대가 있었어요. 인제 수업도 잘할 수 있을 것 같고, 아이들하고 재미있는 일도 많이 벌일 수 있을 것 같았거든요. 국어교사모임에서 공부한 것들, 학원에서 부분적으로나마 실험해 본 것들을 제대로 해 볼 수 있겠다 싶었던 거죠.

그런데, 뭔가 이상했어요. 어느 순간 아이들하고 말이 안 통한다는 느낌이 드는 거예요. 나름 괜찮은 수업을 해도 기대했던 것만큼 반응이 없었어요. 아침부터 자는 아이들은 왜 이렇게 많은지. 의욕적으로 뭔가 해보려고 해도 반응이 시큰둥하더라고요. 시간이 지나면서 수업 태도는 점점 더 나빠지고. 처음엔 '도대체 왜 이럴까? 내가 5년 만에 와서 적응을 못 하는 건가?' 했어요. 그런데 날이 갈수록 학교라는 곳에서 뭔가 엄청난 변화가 일어나고 있다는 느낌이 강해졌습니다.

5.18민주화운동 기념일이었어요. 전에는 당연히 계기 수업을 준비했을 텐데, 그때는 복직 교사 티를 내는 것도 부담스럽고, 아이들과도 다른 방식으로 만나고 싶었기 때문에 준비를 따로 안 했어요. 그래도 날이 날인지라, 수업을 하기 전에 아이들에게 오늘이 무슨 날인지 아느냐고 물었어요. 아무도 답을 안 해요. 광주항쟁에 대해서 아느냐고 했더니, 몇몇 아이들은 안다고 하는데 몇몇 아이들은 전혀 모르는 눈치예요. 그래서 이야기를 하게 되었어요. 계엄군이 시민들을 학살했다는 이야기를 하면서, 개머리판에 맞아 머리가 크게 훼손된 시신도 있었다고 했어요. 그 순간, 한 아이가 "깨진 해골은 어디로 갔나요?" 하는 거예요. 교실은 웃음바다가 됐습니다. 그날 어떻게 이야기를 마무리했는지 모르겠어요. '그래, 이런 식의 투박한 의식화 수업을 하는 게 아니었어'라는 후회와 함께 한편으로는 치욕스럽기도 하고 한편으로는 정나미가 떨어지는 느낌이 들었어요.

이런 일도 있었습니다. 여름에 보충수업을 하는데, 소위 수준별로 수업을 한다고 반을 섞었어요. 수업을 끝내면서 제가 아이들에게, 청소 당번이 없으니 간단하게 정리하고 가자고 했지요. 아무 생각 없이 비를 들고 바닥을 쓸기 시작했습니다. 잠시 후 뭔가 잘못되었다는 느낌이 들었어요. 아무도 저를 따라 청소를 하지 않는 거예요. 바로 앞에 앉아 있던 아이는 친절하게 다리를 들어 주더라고요. 비질을 멈춰야 하나, 계속해야 하나 고민했어요. 짧은 순간이지만 너무 고통스러웠어요. 어떻게 대강 마무리를 하고 얼른 교실을 빠져나왔습니다.

이런 일들을 겪으면서 알았습니다. 학교가 정말 이 아이들에게 아무것도 아니라는 것을. 교사는 아이들 표현을 빌면, 유난히 일찍 출근하고 일찍 퇴근하는 직장인이거나, 학원 선생보다 실력은 없으면서 폼만 잡는 꼰대들이었어요. 학교가 교육이라는 이름으로 독점하고 있던 입시 지도 역할을 학원이 가져가는 순간 학교는 아무것도 아닌 공간이 된 것입니다. 실체가 드러난 거죠.

수업 시간에 잠을 자거나 학원 숙제를 하는 아이들이 정말 많았습니다. 아이들에게 물어본 적이 있어요. "공부는 다 학원에서 하지 않냐. 굳이 학교에 올 필요 없는데 왜 학교에 와서 잠을 자냐. 나 같으면 학교에서 잠잘 시간에 영화도 보고 책도 읽고 피아노도 배우고 그럴 것 같은데." 아이들이 이렇게 대답하더군요. "친구들하고 놀러 와요." "싸기 때문에 그냥 오는 거예요." "엄마가 동문들이 빵빵한 학교라 다녀야 한다고 했어요." "낮엔 학원도 문을 안 열어요."

이거 참 큰일이잖아요. 그때는 다른 학교에 있는 선후배들에게 이런 이야기를 하면 안 믿었어요. 누구나 학교가 예전 같지는 않지만 그 정도로 심각한 건 아니라고 했지요. 그런데 몇 년 지나니까 많은 사람들이 공감하더라고요. 그로부터 몇 년 뒤에 텔레비전 뉴스에서 난장판이 된 어느 중학교 교실 풍경을 내보내면서 '학교 붕괴', '교실 붕괴'라는 말이 널리 퍼졌죠.

그때 저는 이 현상을 어떻게 이해해야 할지 몰랐습니다. 언어가 없으니 갑갑했어요. 사실 1990년대 들어서면서 새로운 세대의 출현에 주목한 언론 매체나 학자 그룹에서는 '신세대 담론'을 쏟아 내고 있었어요. 사회 변화를 설명하기 위해 '탈산업사회론', '정보화사회론', '소비사회론' 같은 담론도 생산하고 있었고요. 저도 당시 유행하던 이런 담론들, 문화이론을 공부했습니다. 그러나 부분적으로는 수긍이 되지만, 딱 '이거다' 싶은 건 없었어요. 게다가 이런 이론들이 과잉 생산되고, 외국 이론을 번역하는 수준에서 벗어나지 못하면서 관심을 끊었습니다.

그러다 조한혜정 선생님이 쓰신 《학교를 거부하는 아이, 아이를 거부하는 사회》를 읽었습니다. 학교가 무의미한 공간이 되었다, 탈학교는 시대적 흐름이다, 아이들을 잡아 두려고 하지 말고 급진적 대안을 마련해야 한다고 하더군요. 근대교육 안에서 사고하는 게 익숙한 제가 받아들이기 어려운 부분도 있었지만, 막연하게 느끼던 것들이 명료해졌습니다.

사실 조한혜정 선생님을 알게 된 건, 《글읽기와 삶 읽기》 3부작을 통해서였어요. 정말 많은 것을 생각하게 하는 책이었어요. 그중 한 가지는 여기서 이야기를 해야 할 것 같네요. 이 책에 전교조 교사들의 어설픈 의식화 교육을 꼬집는 대목이 있습니다. 대학 신입생들 중에는 삶의 문제를 깊이 천착하지 않고 언어만 구사하는 무리가 있다는 거예요. 전교조 교사로부터 의식화 교육을 받아서 그렇게 되었다는 겁니다. '예방주사'를 맞은 아이들이라고 표현했던 것 같아요. 이 책을 읽을 당시 저도 어설픈 의식화 교육에 대해 반성하고 있던 참이라 뜨끔했습니다. 그러면서 '글과 삶이 분리되지 않는 공부'라는 화두를 갖게 되었지요.

이렇게 해서 학교와 교육을 새로운 시각으로 보게 되었습니다. 그리고 근본적이고 급진적인 대안이 무엇인가에 대한 고민을 하게 되었어요. 그런데 이번에도 이런 고민을 함께 나누고 대안을 찾을 사람이 안 보이는 거예요. 전교조에 대해서는 기대를 안 했습니다. 그 당시에는 문제의식 자체가 없었어요. 나중에 '학교 붕괴'가 사회적 이슈가 되었을 때도 '학교 붕괴'를 신자유주의적 교육개혁 탓이라고 했습니다. 조한혜정 선생님의 책을 가지고 말이 통할 것 같은 몇 분과 이야기를 나누어 보았어요. 문제의식에 소극적으로 동의하는 분이 없는 것은 아니었지만, 적극적으로 뭔가를 해 보겠다는 분은 찾을 수 없었어요. 이때도 우리 교육운동이 빈약하다는 것을 절감했어요.

그러다 1996년 말에 중등《우리교육》편집장을 맡으라는 제안을 받았어요. 의외의 제안이었지만 별 고민 없이 받았습니다. 그해에 《우리교육》기획위원으로 일을 했는데, 편집이 참 재미있었거든요. 많은 독자들과 소통을 한다는 것이 매력적이었어요. 게다가 주제넘게도 가지고 있던 문제의식을 널리 공유해야 한다는 생각이 강했습니다. 편집을 배운 적이 없어서 조금 걱정이 되기도 했고, 어렵게 복직한 직장을 3년 만에 그만두는 연유를 어른들께 설명하는 것도 난감했고, '철밥통'을 버리고 망할 수도 있는 회사 직원이 된다는 것이 불안했습니다. 그러나 아이들에게 의미 없는 공간에서 저 역시 의미를 찾기 어려웠습니다. 제가 의미를 찾을 수 있는 일은 교사들에게 지금의 위기 상황을 알리고 대안을 찾자고 호소하는 일이었어요.

《우리교육》에서도 그런 기조로 잡지를 만들었어요. 청소년의 주체성, 지역사회, 미디어, 대중문화, 대안적 사회운동, 몸의 교육학, 탈근대성 등 새로운 주제와 언어를 소개하는 데 힘을 쏟았습니다. 교육운동을 정치 투쟁 중심에서 문화 생산과 성찰 중심으로 바꾸려고 했고요. 교육학계나 교육운동 진영 안에는 이런 생각을 하는 사람들이 별로 없어서, 밖에서, 예를 들어, '또 하나의 문화', 대안교육, 문화운동, 국내외 공동체운동 등을 많이 참고했습니다.

그래서 《우리교육》의 투쟁성이 약화되었다는 비판도 받았습니다. 지금 돌아보면 확실히 신자유주의 정책에 대한 비판이 미흡하긴 했습니다. 매번 정부가 어떤 정책을 내놓으면 그것을 받아치는 식의 운동 방식을 바꾸지 않으면, 장기적으로 운동 자체가 힘을 잃을 것이라고 생각했어요. 그러다 보니 아무래도 비판과 저항을 조직해 내는 데는 부족했던 게 사실입니다. 그렇지만 저는 지금도 자율적 공간을 확보하고 그 공간에서 대안을 만들어 내는 것이 제일 중요하다고 보는 편입니다. 지속가능한 운동이 되려면 그렇게 가야 한다고 믿고 있습니다.

이렇게 몇 년 잡지를 냈는데, 어느 순간 좀 허전하다는 느낌이 들었어요. 현장으로부터 반응이 별로 없는 거예요. 새로운 언어, 새로운 상상력이 실천으로 이어지지 않는다는 느낌이 들었습니다. 실천 사례가 뒷받침되지 않으니 자연스럽게 담론에도 힘이 붙지 않았습니다. 몇 년 지나니

레퍼토리도 바닥이 났고요. 매체는 편집자가 만드는 것이 아니라 독자가 만드는 것이라는 걸 절감했습니다.

'대안교육' 판에 들어가다

그 즈음에 다시 조한혜정 선생님을 만나게 되었습니다. 하자센터(서울시청소년직업체험센터)에서 작업장학교를 만들면서 자문회의를 하는데 오라는 거예요. 회의에 참석한 것이 계기가 되어 작업장학교에 대한 기사를 썼습니다. 하자센터도 그렇고 작업장학교도 그렇고 당시로서는 파격적인 실험을 하고 있었어요. 계속 관심을 갖고 지켜보고 있는데, 조한혜정 선생님이 하자작업장학교에서 일해 보지 않겠냐고 제안을 하셨어요. 이때도 큰 고민 없이 받았습니다. 대안적 실험을 안에서 보고 싶은 마음도 있었지만 그보다는 조한혜정 선생님을 비롯한 하자의 스태프들과 일을 해 보고 싶었어요.

하자센터에서 일을 했던 것은 저에게는 정말 행운이었습니다. 정말 많은 것을 배웠어요. 지금도 하자에서 배운 것을 밑천 삼아서 살고 있다고 해도 과언이 아닙니다. 많은 이야기를 하고 싶은데 여기서 다 할 수는 없겠죠. 하자센터나 하자작업장학교에 대해서는 조한혜정 선생님이 쓰신 책이나 하자센터에서 나온 책들, 그리고 전에 제가 《우리교육》에 연재한 글을 참고하시면 좋겠습니다. 여기서는 흐름에 맞는 것만 몇 가지 간추려 이야기해 보겠습니다.

하자의 학습 방식은 전통적인 학교와는 매우 다릅니다. 교과라는 것은 아예 없습니다. 대신 많은 프로젝트가 있어요. 물론 프로젝트를 하면서 필요할 때는 강의 같은 것도 합니다. 그러나 어디까지나 중심은 일 혹은 작업입니다. 흔히 'learning by doing'이라고 하는 학습을 합니다. 일과 작업을 하면서 배우는 것은 단순한 기능이 아니라, 삶의 기본기 같은 것입니다. 몸 만들기, 관계 맺기, 의사소통, 문제 해결, 인문학적 성찰 같은 것을 통으로 배우는 것이죠. 교실 안에서 정해진 교육과정에 따라 텍스트를 읽는 공부가 아니라, 현실 세계 안에서 직접 일을 하는 게 공부입니다. 교사는 수업을 하는 사람이 아니라 학습의 안내자이며 동반자이지요.

이것과 관계가 깊지만 하자에서는 처음부터 대안적 진로를 만드는 데 집중해 왔어요. 학교교육에서 진로교육이란 상급학교에 진학하거나 직업을 선택하는 것에 국한됩니다. 그에 비해 하자센터는 청소년들이 직접 먹고사는 문제를 해결토록 합니다. 초기에는 대학에 가지 않고도 먹고살 수 있는 길을 찾으려 했다면, 요즘은 사회적 기업이나 마을 기업을 만드는 것으로 혹은 자립 능력을 기르며 호혜적 관계를 맺음으로 먹고사는 길을 모색하고 있습니다. 청소년들의 대안적 진로를 정면으로 해결하려고 하는 거죠.

청소년들과 이런 실험을 함께하면서 교육을 보는 관점이 많이 달라졌어요. 전통적인 의미의 학교, 교과, 교사가 없는 교육이 가능하다는 것을, 그리고 그 교육이 사실은 진짜라는 것을 확인했어요. 예전에 하자작업장학교 졸업식에서 조한혜정 선생님이 "대학에서 키운 석사나 박사 제자들을 내보내는 것보다 더 든든하다"라는 말을 하신 적이 있어요. 졸업생들이 크는 과정을 지켜 본 사람들은 그 말이 진심이라는 것을 다 알았어요.

하자에서 직장이 좋은 공동체가 될 수 있다는 것도 배웠어요. 하자센터 사람들은 시대의 흐름을 읽는 공부를 열심히 해요. 누구나 하고 싶은 이야기를 하고요. 좋은 일에 동료들을 적극적으로 초대해요. 공동체의 약속을 함께 정하고 지킵니다. 어떤 차별도 하지 않아요. 작은 일 하나하나도 허투루 하지 않습니다. 원칙과 의미를 중요하게 생각합니다. 물론 이것들이 늘 잘되지는 않습니다. 그러나 문제를 잘 드러내고, 해결해 가려는 의지가 작동합니다. 이런 문화를 함께 만드는 과정 자체가 훌륭한 교육이에요. 하자에 있을 때, '하자센터 아이들은 분위기가 다르다'는 말을 많이 들었어요. 공동체 문화가 일종의 '습習'이 되는 거지요. 좋은 공동체만큼 좋은 교육 환경은 없다고 생각합니다.

하나만 더 말할게요. 이건 운동의 전략 같은 건데, 조한혜정 선생님은 한때 '공략하지 말고 낙후시켜라'라는 말을 자주 하셨어요. 제가 이해하기로는, 싸우기보다는 창조하라는 뜻입니다. 적을 물리치기 전에는 아무것도 할 수 없다거나 대안을 내려면 권력을 잡을 때까지 기다려야 한다고 하지 말자는 거지요. 대안은 멀리 있는 게 아니라, 지금 여기에서 만들어 낼 수 있는 것이에요. 그리고 좋은 대안이 나오면 싸우지 않아도 승부가 난다는 겁니다. 저항하지 말라는 의미는 아닐 거예요. 저항과 창조를 대립적인 것으로 볼 필요도 없고요. 중요한 것은 시대의 흐름에 맞게 대안을 창조하는 것이 운동의 핵심이라는 겁니다. 대안이 보일 때 사람들을 설득할 수 있고, 움직이게 할 수 있습니다. 그리고 대안을 만드는 것은 즐거운 일이기 때문에 지치지 않고 할 수 있습니다. 지금 여기서, 자기가 잘할 수 있는 것을 하라는 겁니다.

저는 지금도 '하자 사람'으로서의 정체성을 가지고 있습니다. 함께 일했던 사람들 중에는 여전히 안에서 일을 하는 분도 있고, 밖에서 새로운 일을 벌이는 분도 있습니다. 어디에서 무엇을 하든 서로 초대하고 서로 돕는 관계가 유지되고 있어요. 하자센터는 여전히 시대 읽기를 하면서 새로운 실험을 하고 있습니다. 새로운 실험을 공유하는 자리에는 함께 모여서 배우고 서로 힘을 줍니다.

그렇게 좋은 하자센터에서 왜 나왔느냐고 물으실 것 같은데, (웃음) 모든 일에는 흐름이라는 게 있는 것 같아요. 그 흐름에 맞게 움직이는 거죠. 제가 하자에 갈 때는 하자가 대안교육 모델을 만드는 데 집중했던 시기였어요. 제가 나올 때는 점차 사회적 기업을 만들어 내는 쪽으로 무게 중심이 옮겨가는 시기였고요. 아무래도 이 일은 나한테 잘 맞는 일은 아니라고 생각했어요. 스스로 업그레이드해서 나가는 것은 하자의 정신에 부합하는 것입니다.

하자의 모든 직원은 1년 계약직이었습니다. 계약 기간이 끝날 때쯤 평가를 해서 계속 일을 할 것인지 나갈 것인지, 어떤 일을 어떤 조건에서 할 것인지 결정했어요. 이렇게 말하면 대뜸 '신자유주의적'이라고 비판하는 분들이 있어요. 그러나 이 제도의 핵심은 자기가 하는 일에 대해 스스로 성찰하도록 하는 거예요. 일을 즐겁게 하는지, 잘할 수 있는 일을 하고 있는지, 의미를 찾고 있는지, 동료들과의 관계를 잘 맺고 있는지, 네트워크를 확장하고 있는지 묻는 거지요. 밥벌이를 위해 즐겁지도 않은 일,

자기가 잘할 수 없는 일을 억지로 하게 되면 자신도 불행하고, 동료들도 불행하고, 청소년도 불행합니다.

지금은 고용이 너무 불안정하고, 비정규직 제도를 악용하기 때문에 맥락 없이 이런 말을 하면 오해를 받아요. 그렇지만 생각해 보세요. 사실 정규직이냐 비정규직이냐, 종신제냐 계약제냐 하는 것은 잘못된 문제 설정일 수도 있습니다. 비정규직이든 계약제든 아니 백수라 해도 존엄하게 살 수 있는 사회를 만드는 것이 바른 방향이죠.

그리고 마침 그때 성미산학교 교장 제안을 받았어요. 성미산학교 사정은 이런저런 통로로 알고 있었는데, 내부 문제가 아주 심각했어요. 매력적인 것도 많았지만. 2~3년 정도 여기에 있으면서 학교 틀을 잡아 보는 것도 의미 있는 경험이 될 것 같았습니다. 그렇게 지금의 성미산학교로 오게 되었습니다.

생태주의에서 길을 찾다

성미산학교에 와서 제가 가장 중점을 두고 한 일은 학교의 비전을 제시하면서 전체 구성원의 합의를 모아 내는 것이었어요. 그것은 결국 교육과정의 방향을 정하고 틀을 짜는 것으로 구체화될 수밖에 없었습니다. '마을'을 배경으로 하고 있다는 것, '마을 만들기'의 일환으로 만들어진 학교라는 것은 전제 조건 같은 것이었습니다. 그런데, 실제로는 학교 식구들 내에서조차 왜 마을 만들기를 해야 하는지, 마을 만들기가 교육적으로는 어떤 의미가 있는지 깊이 있게 논의된 적이 없었던 것 같았어요. 몇 년 동안 교사, 학부모, 학생들과 함께 그 답을 찾아 왔습니다.

한번 생각해 보세요. 여러분들이 백지 상태에서 교육과정을 설계한다면 어떻게 하실 건지. 저는 이런 작업을 하는 게 참 재미있습니다. 교육에 관련된 자신의 모든 철학적 사유와 상상력을 동원하고 검토하게 되거든요. 정말 좋은 공부가 됩니다. 꼭 한번 해 보세요. 하여간 저는 '마을 만들기'가 더 큰 맥락에서 설명되어야 하고, 우리가 만들려고 하는 마을이 '어떤' 마을인지도 더 분명하게 제시되어야 한다고 생각했습니다. 그래서 '생태주의'라는 철학이 필요하다고 생각했어요.

다음은 생태철학에 바탕을 둔 구체적인 교육과정이 가능한지, 그것이 아이들을 정말 잘 성장시킬 수 있는 것인지, 아이들의 진로와는 어떻게 연결되는지 고민해야 했습니다. 최근 몇 년 동안 다양한 실험을 했고, 지금은 어느 정도 좋은 안이 나왔어요. 앞으로 계속 수정 보완해 가겠지만, 저는 생태주의를 기반으로 한 교육과정을 낸 것 자체만으로도 큰 성과라고 생각해요.

요즘 학교에서 교사, 학생들과 후지무라 야스유키라는 분이 쓴 《3만엔 비즈니스, 적게 일하고 더 행복하기》라는 책을 공부하고 있어요. 후지무라 선생은 원래 과학자예요. 천식이 있는 자기 아이를 위해 공기청정기를 발명한 것을 계기로 건강과 환경에 좋은 것을 발명하는 데 전념하게 되었다고 합니다. '비전력공방'을 만들고, 거기서 제자들과 농사도 짓고 발명도 하면서 살아요. 그분이 최근에 '3만엔 비즈니스'라는 개념을 창안했는데, 지금 일본에서는 청년들의 반응이 뜨겁답니다. 여러분도 꼭 읽어 보세요.

간단하게 소개하면 이렇습니다. 한 달에 이틀 일하고 3만엔, 그러니까 우리 돈으로 45만 원 정도를 버는 프로젝트가 '3만엔 비즈니스'예요. 이런 이야기를 하면 바로 '그 정도 벌어서 어떻게 사나' 하는 의문이 들 거예요. 그런 사람은 하나를 더 하면 됩니다. 그것도 부족하면 또 하나를 하면 됩니다. 이렇게 계속 늘려 갈 수는 있지만, 그렇게 되면 3만엔 비즈니스의 정신을 잃게 됩니다. 이 프로젝트의 핵심은 일은 적게 하지만 나머지 시간에는 자립 활동을 한다는 거예요. 텃밭을 가꾸거나 친구들과 집을 짓거나 책장을 만드는 거죠. 어느 정도 자립이 이루어지면 생활비는 크게 줄어듭니다. 자립 활동이 대단히 재미있기 때문에 삶의 질은 아주 높아집니다. 3만엔 비즈니스는 착한 사람들을 위한 것이에요. 어떤 사람이 땔나무를 모아 두었다가 필요한 사람에게 판매를 한다면, 그가 만나는 사람들은 화덕 같은 것을 만들어서 쓰는 착한 사람들이라는 거예요. 이런 사람들이 만나 서로에게 단골이 되는 관계를 만들 수 있다는 겁니다.

이런 것이 정말 가능할까요? 일본에는 실제로 3만엔 비즈니스를 하는 청년들이 있다니 우리도 해 보면 되겠죠. 학교에서 고등과정 아이들과 한번 해 보려고 합니다. 저는 가능하다고 보지만 쉽지는 않을 것 같아요. 중요한 것은 이 개념 속에 '우리가 어떻게 살아야 하는가'에 대한 답이 다 들어 있다는 겁니다. 그걸 제대로 알면 사는 것에 대한 두려움이 사라지지 않을까 해요. 조금 가난해도 행복하게 살 수 있는 길이 있는 것을 안다면 인생이 달라지지 않을까요?

성미산학교 중등 7학년 아이들은 '농장학교 프로젝트'를 해요. 7개월 동안 강원도 평창에 가서 밥하고 빨래하고 농사짓는 생활을 합니다. 자립 능력, 공동체적 삶을 꾸려 갈 수 있는 능력, 사계절의 순환을 경험하는 것을 목표로 하는 프로젝트예요. 이 프로젝트를 한다고 해서 농사를 업으로 하는 아이들이 많이 나올 거라고 생각하지는 않아요. 그러나 어디에서 무엇을 하며 살든 자기 먹을 것 정도는 스스로 생산할 줄 아는 사람은 될 거라고 기대하고 있어요. 그것만으로도 삶이 달라질 거예요. 학교에서는 농장학교 프로젝트가 잘 정착하면 농장을 직접 운영해 보려고 해요. 그 농장은 기본적으로 아이들이 농사를 배우는 곳이지만, 더 나아갈 계획을 가지고 있습니다. 학부모 중에 귀농하고 싶어 하시는 분들도 있고, 농사를 더 배우고 싶어 하는 아이들도 나올 테고, 교사 중에서도 시골에서 살고 싶은 사람들이 있을 테니, 그들이 농장을 중심으로 마을을 만드는 겁니다. 그러면서 성미산 마을과 연계하여 하나의 순환 시스템을 만들어 보는 겁니다.

이건 제 노후 대책이기도 해요. 시골에서 마을이 만들어지면 텃밭을 가꾸고, 우리 아이들의 아이들을 돌보면서 빌붙어 살 거예요. (웃음) 좋은 노후 대책 아닌가요? 제가 요즘 처에게 틈틈이 의식화 교육을 시키고 있어요. 신문이나 방송에서 '노후 대책에 몇 억이 필요하다'는 식으로 이야기를 하잖아요. 그런 이야기를 들으면 다들 걱정을 합니다. 아내도 그런 걱정을 하는 것 같아서 제가 그랬어요. "돈을 몇 억씩 쌓아 놓고 그걸 쓰면서 살 수 있는 사람이 얼마나 되겠냐. 1%나 될까? 그건 허상이다. 진정한 노후 대책은 내가 함께 도우며 살 사람들을 만들어 놓는 것이다."

그러면서 저의 비장의 대책을 공개합니다. "걱정 마라. 내 제자들과 성미산학교 부모님들이 농장을 만들고 그 주변에 집도 지으면서 마을을 만들 거다. 그럼 같이 내려가면 된다. 나는 아이들을 돌보면서 살 거다. 당신도 중국어를 가르쳐라. 그럼 우리 아이들이 날 굶기기야 하겠냐. 추수하면 쌀이라도 한 가마 주겠지." 미심쩍어하면서도 슬슬 의식화되는 것 같아요. (웃음)

저는 생태주의교육을 하면서 어떻게 살 것인지 답을 얻었어요. 지구에 해를 끼치지 않고 살기, 소박하게 살기, 생활에서 자립하기, 친구 만들기 혹은 마을 만들기. 이런 것들이 행복의 조건이라고 생각해요. 아직은 다 어설퍼서 제대로 할 수 있을지 잘 모르겠지만, 할 수 있는 만큼 하면 되지요.

살다 보니 직장을 자주 옮겼는데, 고뇌에 찬 결단 같은 게 있었던 건 아니에요. 뭔가를 열심히 하다 보면 어느 순간 하고 싶은 일, 해야 할 일이 앞에 있었던 것 같아요. 그냥 그것을 했어요. 앞에서 말한 것처럼, 해직 생활을 하면서 '깡'이 생겼고, 깡이 생기니까, 세상살이에 대한 걱정이 조금 줄었어요. 걱정을 줄이니 몸이 가벼워졌고, 몸이 가벼워지니 경계를 넘는 게 어렵지 않았어요. 그런데 최근에는 '깡'보다 더 중요한 것이 있다는 것을 알게 되었어요. 그건 삶의 '생태적 전환'이에요. 소박하게 살면서도 행복하게 살 수 있다는 것을 확신하게 되었어요. 아주 다른 삶이 가능하고, 그것이 더 가치 있는 삶이라는 것을 알면서 두려움이 많이 사라졌어요.

앞에서 과거에 제자가 대학에 가지 않고 노동자가 되겠다는 말을 했을 때 불편했다고 했잖아요. 지금이라면 잘 생각했다고 격려할 것 같아요. 그러면서 가난해도 행복하게 살 수 있는 방법을 함께 공부하면서 찾아보자고 할 거예요. 어려운 일 있으면 서로 돕고 살자고 할 거예요. 실제로 지금은 학교에서 아이들에게 그렇게 말하고 있습니다.

저는 대체로 제가 좋아하는 일, 제가 잘할 수 있는 일을 했습니다. 제가 감당하기 어렵거나 힘든 일은 피했어요. 조금 소심하고 조금 비겁하게 살았던 것 같아요. 모든 걸 걸어 본 적도 없고 장렬하게 죽을 각오를 한 적도 없어요. 그래서 마음이 힘든 적도 많았습니다. 그런데 돌아보니 내가 많이 변했어요. 내공도 조금은 쌓인 것 같고, 싸울 줄도 알게 되었어요. 인제는 뭘 해도 크게 어긋나지 않게 살 것 같아요.

저는 여기까지 오는 데 오래 걸렸습니다. 아마 여러분은 저보다 훨씬 빨리 길을 찾으실 거예요. 선배들의 경험을 딛고 가시면 되니까요. '불온한 교사 양성 과정'이 그래서 기획된 것이겠죠. 불온한 교사로 행복하게 잘 사시기 바랍니다.

" "

최은정 : 저도 자립 기술을 아이들에게 가르치는 것이 중요할 것 같은데요, 대안학교가 아닌 일반 학교에서도 자립 기술을 가르칠 수 있을까요?

박복선 : 쉽지는 않겠지만 그렇다고 불가능할 것 같지는 않습니다. 거창하게 시작할 필요는 없어요. 중요한 건 자립에 대한 감각을 갖게 하는 거라고 봅니다. 요즘은 뭐라고 하는지 모르겠는데, 전에 '실과'라는 과목이 있었어요. 학교 다닐 때는 싫어하는 과목이었는데, 지금 생각하니 가장 중요한 과목인 것 같아요. 우선은 이런 과목을 잘 살리는 게 중요합니다. 정규 과목에서 제대로 하기 어렵다면 다른 방식을 찾으면 되지요.

농사를 예로 들어 볼게요. 요즘은 도시농업을 하는 사람들도 많아요. 전에 성미산학교 교사를 하다가 지금은 원주에 사는 분이 있어요. 얼마 전에 그분 댁에 가 보았는데, 뜰과 옥상이 그야말로 작은 농장이더라고요. 한겨울을 빼고는 반찬 걱정을 안 해도 된다고 해요.《녹색평론》을 보니까, 캠퍼스에서 텃밭을 만들어 가꾸는 대학생들이 있더라고요. 최근에는 일반 학교에서도 텃밭을 만들어요. 그렇게 시작하면 되지 않을까요? '상자 텃밭'부터 시작해도 될 것 같아요. 요즘은 환경단체에서도 분양을 해 줍니다. 식물 하나 키워 보는 것만으로도 큰 효과가 있어요.

이민아 : 대안학교 모델을 공교육에 접목시킨다면 어떤 것들이 좋을지, 현실 가능한 것이 뭐가 있을지 궁금해요.

박복선 : 접목이라는 말은 부적절한 것 같아요. 대안학교에서 한 걸 기계적으로 적용한다는 느낌이 들어서요. 실제로 혁신학교에 계신 선생님들이 학교에 오셔서 프로그램을 달라고 하셔요. 중요한 것은 발상이고 그런 발상을 가능하게 하는 인식인데 말이죠. 저는 어디에서나 대안이 가능하다고 생각합니다. 일반 학교에서도 얼마든지 대안적인 교육을 할 수 있어요. 대안학교에서도 대안적이지 않은 교육을 할 수 있는 거고요. 문제는 관점의 전환입니다. 근본적인 전환!

앞에서 이형빈 선생님이 '능력주의'에 대한 얘기를 하셨더라고요. 사실 그런 문제를 예민하게 의식하는 게 대안으로 가는 첫걸음이라고 봐요. 능력주의가 문제라고 하면 대부분의 교사들이 동의할 겁니다. 그런데 사실은 교사들이야말로 가장 능력주의에 중독되어 있는 사람들이에요. 일반 학교에서 능력이라고 하는 건 영어, 수학을 잘하는 거잖아요. 우리가 가진 많은 능력 중에 정말 작은 부분인데, 그것만 키우는 거죠. 그걸 잘하는 게 능력 있는 사람이라고 여기고, 능력 있는 사람이 권력을 갖는 걸 당연하게 여겨요. 능력주의를 재생산하는 데 가장 크게 기여하는 게 교사들입니다. 제가 만났던 많은 운동권 교사들도 영어, 수학을 잘하는 아이들이 출세하는 것을 자연스러운 일로 여겼어요. 개천에서 용이 나지 않는다는 한탄만 하지, 도대체 능력이라는 것이 무엇인지, 우리가 학교에서 길러야 하는 능력은 무엇인지 질문하지 않습니다.

사회 통념으로 보면, 저는 잘 교육받은 사람이고 능력 있는 사람이에요. 공부도 잘했고 책도 많이 읽었고요. 그런데 제 아내가 한 달간 중국으로 연수를 간 적이 있었는데 그 한 달이 지옥이었어요. 한 끼 밥을 해서 애들을 먹이고 나면 "휴" 하고, 돌아서는 순간 바로 다음 끼니 걱정하고. 장에 가서 이것저것 사 왔는데, 무얼 어떻게 해야 할지 몰라 고민만 하다 냉장고에 그냥 넣었어요. 그때 내가 세상에서 가장 무능한 사람이라는 걸 뼈저리게 느꼈어요.

미국에 마서즈 비니어드 섬이라는 데가 있는데요, 인류학자들이 여기 사는 사람들한테는 '장애' 개념이 없다는 걸 발견했어요. 무슨 이유 때문인지는 모르지만 이 섬에는 청각장애를 가진 사람들이 아주 많았답니다. 그래서 사람들이 수화를 배우는 걸 당연하게 여겼고, 그래서 청각장애가 있는 사람들이 사는 데 불편함이 없었다는 겁니다.

일본에서 니트족NEET: Not in Education, Employment or Training을 재활시키는 '뉴스타트 센터'를 운영하는 분이 쓴 글에 재미있는 사례가 있어요. 이분이 니트족들에게 노인을 돌보게 하는 프로그램을 진행하면서 놀라운 발견을 해요. 우리 같은 사람은 치매 환자가 식사하는 걸 돕는 게 정말 어렵습니다. 속도감이 안 맞아요. 속이 터지려는 걸 꾹꾹 참지만 다 드러나죠. 노인들은 그걸 눈치 채고 불편해하고. 그런데 니트족들의 그 무기력함과 느긋함이 이분들의 속도와 딱 맞는다는 겁니다. 말하자면 니트족의 무능력이 사실은 엄청난 돌봄 능력이라는 거지요.

이런 전복적 사유가 필요합니다. 사유의 전환이 일어나면 무엇을 해야 할지 찾을 수 있어요. 근본적으로 능력주의를 부정하면 학생들과 다른 관계를 만들 수 있을 거라고 생각합니다. 그렇게 대안이 나오는 거지요. 물론 대안의 수준은 다를 수 있어요. 일반 학교에 있기 때문에 어떤 한계가 있을 수도 있겠지요. 하지만 할 수 있는 만큼 하면 됩니다.

성미산학교에는 사회적 기준으로 보면 정말 부족한 아이들이 꽤 있어요. 저도 예전에는 이 아이들을 무능력하다고 생각했습니다. 지금은 무능력한 게 아니라 다른 특징을 지니고 있다고 생각해요. 그리고 나니까 정말 관계가 달라졌어요. 지금은 그 아이들이 어떤 사회적 관계에서, 어떤 잠재력을 발휘할 수 있는지 깊이 보려고 노력합니다.

저는 선생님들이 대안에 대한 강박관념을 버렸으면 좋겠어요. 그러나 인식은 래디컬해야 합니다. 공부를 많이 해야 해요. 자기 인식을 확 바꿀 수 있는 공부를 하세요. 실천은 조금 못 미쳐도 괜찮습니다. 조금 비겁해 보여도, 내공이 생길 때까지 시간을 벌면서 버티세요. 이런 이야기가 저처럼 소심한 분들에게 위로가 되면 좋겠네요.

이은희 : 저는 평소에 학교에서는 아무 저항도 못 하면서 부정적인 시각만 갖고 있는 것 아닌가라는 생각을 많이 했는데요, 선생님께서 비겁하게 실천하는 것에 대해 말씀해 주셔서 많이 와 닿았어요. 제가 학교에 끼치는 영향력은 미미하겠지만 지금부터라도 열심히 '비겁한 실천'을 해 나가고 싶어요.

김소희 : 저는 학교에서 좀 불온한 교사로서 (웃음) 며칠 전에 '어떤 순간에도 절대 비겁해지지 않겠다'고 다짐했거든요. 그런데 선생님이 좀 비겁해져

도 괜찮다고 하시니 그 다짐 앞에 단서를 하나 붙이기로 했어요. '아이들을 위해서는'이라는. 그 어떤 순간에도 아이들을 위해서는 비겁해지지 않을 생각입니다.

박복선 : 불온하다는 걸 무조건 전투적이라고 볼 필요는 없다고 봅니다. 자기가 서 있는 자리에서 무언가 의미 있는 것을 만들어 낼 수 있으면 되는 거죠. 물론 지금 세상을 보면, 안 싸우고 불온하다는 것이 가능할지 의문이 들긴 해요. 싸울 땐 싸워야죠. 그런데 싸우는 데도 궁합이 있는 것 같아요. 중요한 건 길게 가는 것 아니겠어요? 그러기 위해 자기에게 맞는 싸움터, 싸움 방식을 찾는 게 필요합니다. 그래야 즐겁게, 오래 싸울 수 있습니다.

저는 뒤늦게 운동권에 입문했기 때문에, 꼴통이었다는 자괴감과 헌신한 사람들에 대한 부채의식이 있었어요. 열심히 싸운 친구들을 존경했습니다. 그런데 그 친구들이 지금은 모여서 부동산 얘기, 자동차 얘기, 자식들 유학 보낸 얘기만 해요. 그런 걸 보면서 다짐합니다. 나는 가늘어도 길게 가겠다. (웃음) 그게 저의 불온함의 기술입니다.

불온한 교사 양성 과정 시즌2 중에

불온한 교사 양성 과정에 함께한 사람들

황미숙

완숙해야 할 나이(?)에 미숙함이 많은 초보 특수교사입니다. 록페스티벌을 관람하는 것, 예술 영화관에서 영화 보는 것을 좋아합니다. 특별한 우리 아이들에게 좋은 교사가 되고 싶어요. 언젠가는.

홍유지

오로지 교사가 되겠다는 일념으로 살아왔지만 사범대에 떨어지고 지금은 사범대 없는 학교에서 교직 이수를 준비하고 있는 학생입니다. 교육공동체 벗을 만나면서 날마다 체험하는 성장을 제도교육 안에서도 맛보고 싶어 나름대로 고군분투하지만 학교에 다니는 일은 여전히 재미없기만 합니다.

최은정

교육공동체 벗에서 《오늘의 교육》을 만들고 있습니다. 기자라는 이름도, 편집자라는 이름도 어쩐지 아직 제게 딱 맞는 이름인 것 같지는 않아 일단 뭐든지 마음 가는 일들을 시도해 보려 합니다. '혼자 하다 망하면 쪽팔리지만 둘이 하다 망하면 덜 쪽팔린다'가 요즘 삶의 모토.

최영락

경기도 승진 특구 파주에서 '꿋꿋이' 초등학교 5학년 아이들이랑 삽니다. 서너 해 동안 맘속에 여드름 송송 나는 극심한 사춘기를 보내고 있습니다. 올해 호를 '방긋'이라고 정했습니다. 일명 '방긋 영락샘'. 아이들한테 늘 방긋하는 선생님이 되고 싶습니다.

조형숙

초등학교에서 올해 처음 5학년 담임을 맡았습니다. 꾸준하지 못한 샘 때문에 우리 반 애들은 꾸준하게 해 본 활동이 없네요. 그럼에도 우리 반 애들의 사랑을 받고 있습니다. 하루하루 아이들의 이야기에 귀 기울이려 노력하고 있습니다.

조문경

서울의 중심에 우뚝 서 있는 중학교에서 아이들을 만나고 있으며, 이야기를 하는 것보다 듣는 것을 좋아하는, 낯을 심하게 가리는 소심한 처자입니다. 불온한 교사 양성 과정을 통해서 학교라는 울타리를 뛰쳐나가고 싶던 제 스스로를 돌아보게 되었고, 왜 이 자리에 있는지, 어떻게 이 자리를 지키고 서 있어야 할지 길을 찾아 가는 중입니다.

임덕연

나이는 마흔까지 세다가 잊어버렸습니다. 여덟 살부터 열세 살 사이의 아이들을 가르치는 일을 한다고는 하나 요즘은 가르치는 것보다 배우는 게 더 많습니다. 가끔 땅에 무엇인가 심고 가꾸어 그걸로 양식을 삼는데, 가꾸는 것보다 가꾸지 않는 것이 더 많아 그들과 이물 없이 지냅니다. 아주 가끔은 여주 여강가를 걸으면서 강물 소리를 듣습니다.

이형환

직업군인으로 전역한 후 교대를 졸업하여 초등학교 교사가 되었지만 한 달도 안 돼 사표를 썼습니다. 지금은 비정규직, 생계형 교사로 유목민처럼 현장을 떠돌고 있습니다. 4년여를 근무했던 해병대보다 학교의 시스템이 더 폐쇄적이라는 문제의식이 있고, 하루에 딱 8시간만 교사로 살겠다는 소박한 꿈을 갖고 있습니다.

이지영

그저 착하게만 자라나다가 어느 순간부터 세상이 도무지 동의할 수 없는 방향으로 흘러간다고 느꼈습니다. 《우리교육》을 통해 이계삼 선생님의 《영혼 없는 사회의 교육》을 읽고, 교육공동체 벗을 만나면서 조금씩 더 불온한 교사가 되어 가고 있습니다. 치열하게 고민하고 용기 있게 실천하는 어른이 되는 것이 꿈입니다.

이은희

경력이 이제 갓 2년을 넘어가는 초등 교사입니다. 아직도 학교에서 지내는 하루하루가 어렵고 벅차지만 아이들과 함께하는 시간 때문에 오늘도 학교 가는 길이 즐겁습니다.

이민아

14년 차 초등 교사입니다. 지금 이 순간 행복하기 위해 승진 따윈 개나 줘 버렸습니다. 그러나 여전히 소심하고 비겁하게 불온합니다. 아이들로부터 열정적인 사랑을 받는 교사를 꿈꾸며 부지런히 애쓰는 중입니다.

윤규식

경기 안산의 초등학교 특수학급에서 아이들과 지지고 볶고 올망졸망 알콩달콩 복작복작 재밌게 살아가는 특수교사입니다. 내일은 오늘보다 하루만큼 더 성장한 나이길 꿈꾸며 살아요!

오유진

노원구의 한 초등학교에서 1학년 아이들과 울고 웃으며 지내고 있는 초등 교사입니다. 늦은 나이에 임용되어 이제 4년 차랍니다. 학교 바깥에 시선을 두었다가 학교에 와서인지 조금은 다른 눈으로 학교를 바라볼 때도 많습니다. 교육공동체 벗에서 만난 사람들을 통해 불온한 교사가 될 수 있는 용기를 얻은 것 같아 감사합니다.

심동우

고등학교에서 국어를 가르치고 있습니다. 교직에 들어선 지 올해로 딱 10년째이지만 여전히 모든 일에 허둥대고, 아이들과 함께하는 시간을 좋아하지만 별로 줄 것이 없다는 생각에 늘 머뭇거리며, 아이들에게 미안한 마음에 이것저것 관심을 가지고 기웃거리지만 뭐 하나 딱히 내세울 것 없는, 그저 그런 교사입니다.

박진수

초등 교사 11년 차. 학교가 저와 우리 반 아이들 모두에게 즐겁고 행복한 곳이기를 바라는 마음으로 '신바람 박샘'이라는 별칭을 지었죠. 유쾌한 에너지가 한 풀 꺾인 대신 걱정 많고 생각만 많은 시기를 힘겹게 지나고 있습니다. 바른 생각과 꾸준한 실천만이 해답이겠지요. 배우면 배울수록 모르는 것이 더 많은 세상, 더 많이 배워서 남 주고 싶습니다. 지금은 전국초등국어교과모임 시흥 모임인 '연꽃누리'에서 함께 배우고 있습니다.

박동준

올해 4년 차인 중등 교사입니다. 애들은 좋아하지만 '어른들'을 좋아하지 않아 교직생활이 힘듭니다. 교무실에서 이면지함 정도의 존재감을 지니고 있습니다.

남현우

3년 차 국어교사. "왜 선생님은 혼자 밥 먹을 때가 많아요?"라는 말을 들으며 공고에 다니고 있습니다. 교사스럽지 않은 교사, 교사 정체성이 없는 교사라는 게 고민이었으나, 지금은 '학교에 이런 교사도 한 명쯤 있어야지' 하고 생각합니다. 원래 관계 회피형 인간이었는데 애들 덕에 구원받고 있습니다.

김혜민

시흥에서 학교 밖 청소년들을 만나고 있습니다. 부쩍 '이건 아닌데'라는 생각을 많이 하는 요즘이지만, 학교 밖과 거리의 청소년들이 사람다운 삶을 사는 데 조금이라도 도움이 되는 사람이고 싶습니다.

김푸른솔

특수교육을 전공하는 졸업반 대학생이고, 대안학교 통합 교사를 지향하고 있습니다. 특수교육을 선택할 때도, 대안교육을 선택할 때도 소수이고 좀 튀는(?) 녀석이었습니다. 교사를 공무원으로 만드는 구조에는 불량하게, 아이들에게는 '만만하게' 살고 싶습니다.

김태욱

인천에 있는 사립고등학교에서 근무하는 2년 차 기간제 교사입니다. 내년에도 지금 학교에서 근무할지, 아니면 다른 곳에서 또 다른 삶을 살지 고민하면서 정체성을 찾아 헤매고 있습니다. 아직 '벌떡 교사'가 될 자신은 없지만 학생들에게 부끄럽지 않은 교사가 되도록 노력하겠습니다.

김재민

'교육'에 대한 막연한 관심으로 교육학과에 입학했지만 대학에서 '교사' 되는 법을 배우지 못하고 방황했습니다. '교사 되기'를 갈망했지만 점점 '불온'해지면서 교사 되기를 포기하고 '예비 교사'에 머무르고 있습니다. 지금은 동네 독서실에서 총무로 빈둥대면서 앞으로 어떻게 살지 궁리 중입니다.

김소희

서울에 있는 초등학교에서 근무하고 있습니다. 교사라는 직업을 사랑하거나 좋아하지는 않지만 아이들과 함께 호흡하고 마음을 나누는 시간은 무척이나 즐겁고 행복하다 느끼는 4차원입니다. 잘하는 것은 하나도 없으면서 이것저것, 여기저기 기웃기웃거리는 호기심 많은, 성격이 좀 지랄 맞긴 하지만 의리 짱인 AB형 교사입니다.

고주연

초등 교사입니다. 올해로 교직 3년 차, 교사로서 정체성은 아직 모르겠습니다. 학교는 난파선처럼 생기 없고 불안합니다. 그럼에도 아이들에게 인간은 소중하고, 세상은 살아 볼 만하다는 믿음을 주고 싶습니다.

불온한 교사 양성 과정
사용 후기

솔직히 '불온한 교사 양성 과정'이라 해서 관리자에게 잘 대드는 법, 부장과 잘 싸우는 법을 배울 줄 알았는데 그게 아니었다. 훨씬 심원했다. 요령보다는 통찰을, 섣부른 희망보다는 정직한 절망을 일깨우는 과정이었다. 사실 대개의 교사 대상 연수는 희망을 전제로 한다. '이 수업 방법을 쓰면 애들이 좋아할 거야', '이렇게 상담하면 아이의 상처를 치유할 수 있을 거야', '학교를 혁신하려면 이렇게 해야 돼'와 같은. 반대로 불온한 교사 양성 과정은 어떤 절망을 바탕에 둔다. 세상에 그 어떤 교사 연수에서 근대교육은 이미 종언을 고했으며 그러므로 학생들에게 거짓 희망을 말하며 사기 치는 일을 멈춰야 한단 이야기를 들을 수 있겠는가.

― 잡상인

강원도 산골 마을에서 살던 어렸을 적, 밭으로 달래 캐러 갈 때면 주워 오곤 했던 삐라, 일명 북한 불온 선전물을 떠올리게 하는 '불온한 교사 양성 과정' 로고를 교육공동체 벗 카페에서 마주쳤을 때, 그것은 내게 너무도 매혹적으로 다가왔다. 이상대 선생님의 '무관의 평교사에겐 팔지 않은 영혼의 힘이 있다네' 시간에 참여자들이 돌아가며 자기 고민을 나누는 시간을 가졌다. 나는 참 많은 이야기를 눈치도 없이 길게 했다. 돌아오는 차 안에서 연수에 함께 간 선생님이 말하길, 내가 얘기하면서 울컥하더란다. 사실 그랬다. 그 짧은 순간 동안 13년간의 교직생활을 돌이켜 보면서 만감이 교차했으니 말이다. 강의를 들으면서 불온의 길로 이끌어 줄 '잘못 만난 선배'가 나에게 좀 더 일찍이 있었더라면 얼마나 좋았을까 하는 아쉬움이 많이 들었다. 그러나 무엇보다도 이야기들 속에서 내가 앞으로 어떻게 교사로서 살아가야 할지 방향을 잡을 수 있었다.

― 늘.솔.길.민.아.

– 상품 평가단의 "먼저 써 봤어요"

내가 내 생각의 관성을 버리기 위해 찾은 노력들 중에 불온한 교사 양성 과정이 있다. '불온하다'라는 말은 관성을 무시하고 튄다는 느낌, 다수가 바라보는 중심에서 벗어나 변방에서 새로운 가능성을 펼쳐 본다는 느낌을 줬다. 여러 분들이 오셔서 많은 이야깃거리를 던져 주셨고, 일부를 제외하고는 쓰윽 흘려버렸다. 그 생각들 하나하나를 담고 담아 닮아 가는 게 아니라, 흘리고 흘려서 흐려지지 않는 나만의 생각을 가지는 것이 더 중요하니까. 롯데는, 오리온 초코파이가 뜬다고 따라 만든 초코파이보다 몽쉘통통이 더 맛있는 것처럼.

– 라온수카이

예비 교사와 신규 교사를 위한 강좌라는 말이 무색하게 불온한 교사 양성 과정은 그리 만만한 내용이 아니었다. 오히려 불편하기까지 하다. 함께 강의를 듣던 신규 선생님이 마지막 강의에 빠졌다. 대충 짐작이 되어서 그날은 묻지 않고 있다가 한참 지난 후 슬쩍 물어보니 "이야기를 듣는 게 너무 힘들었어요"라고 했다. 이번 책에는 빠졌으나 근대교육의 종말을 선언하고 교사의 역할은 지켜보는 것뿐이라고 단언하던 엄기호 선생님의 이야기나, 학교를 그만두고 담담히 교육 불가능을 이야기하는 이계삼 선생님의 이야기는 경력 교사들도 감당하기 괴로운 이야기였다. 하지만 책을 읽는 내내 내 곁을 떠나지 않는 그 무거운 공기들, 그 불편함이 오히려 마음을 가볍게 하기도 했다. 위로받은 느낌이랄까. 우리는 누군가 내 마음을 아주 분명한 말로 읽어 줄 때 위로를 받는다. 알고는 있으나 직접 대면하고 싶지 않았던, 희망으로 대치하려 했던 내 마음을 적나라하게 들켰을 때 발가벗은 듯 부끄럽지만, 한편으로는 내 속에 둥둥 떠다니는 생각들이 분명하고 정확해지면서 마음이 편안해지는 것이다.

– 방긋 영락샘

교육공동체 벗

교육공동체 벗은 협동조합을 모델로 하는 작은 지식공동체입니다.
협동조합은 공통의 목적을 가진 사람들이 모여서 만든
권력과 자본으로부터 독립된 경제조직입니다.
교육공동체 벗의 모든 사업은 조합원들이 내는 출자금과 조합비로 운영됩니다.
수익을 목적으로 하지 않기에 이윤을 좇기보다
조합원들의 삶과 성장에 필요한 일들과
교육운동에 보탬이 될 수 있는 사업들을 먼저 생각합니다.
정론직필의 교육전문지, 시류에 휩쓸리지 않는 정직한 책들,
함께 배우고 나누며 성장하는 배움 공간 등
우리 교육 현실에 필요한 것들을 우리 힘으로 만들고 함께 나누고 있습니다.

조합원 참여 안내

출자금(1구좌 일반 : 2만 원, 터잡기 : 50만 원)을 낸 후 조합비(월 1만 원 이상)를 약정해 주시면 됩니다. 조합원으로 참여하시면 교육공동체 벗에서 내는 격월간 교육전문지 《오늘의 교육》과 조합 회지 〈벗마을 이야기〉를 받아 보실 수 있습니다. 출자금은 종잣돈으로 가입할 때 한 번만 내시면 됩니다. 조합을 탈퇴하거나 조합 해산 시 정관에 따라 반환합니다. 터잡기 조합원은 벗의 터전을 함께 다지는 데 의미와 보람을 두며 권리와 의무에서 일반 조합원과 차이는 없습니다. 아래 카페에서 조합 가입 신청서를 내려받아 작성하신 후 메일이나 팩스로 보내 주세요.

홈페이지 communebut.com
카페 cafe.daum.net/communebut
이메일 communebut@hanmail.net
전화 02-332-0712, 070-8250-0712
팩스 0505-115-0712

교육공동체 벗을 만드는 사람들

※ 하파타 순

후쿠시마 미노리, 황호연, 황진원, 황지영, 황정하, 황정일, 황정인, 황정원, 황경옥, 황이경, 황은복, 황윤호성, 황승옥, 황순임, 황봉희, 황미숙, 황기철, 황금희, 황규선, 황귀남, 황고운, 황경희, 홍유지, 홍용덕, 홍순성, 홍세화, 홍성은, 홍성구, 홍석근, 홍미역, 현복실, 현미열, 효효인, 허진혁, 허은실, 허수욱, 허성균, 허보영, 함점순, 합영기, 한학범, 한지희, 한정혜, 한은욱, 한영식, 한송희, 한승희, 한승모, 한소영, 한성찬, 한봉순, 한민혁, 한민준, 한남, 한기현, 한경희, 하혜영, 하정호, 하인호, 하외정, 하승우, 하승수, 하순배, 하광봉, 탁동철, 최희성, 최환근, 최현우, 최현미, 최현미b, 최탁, 최창기, 최진규, 최주연, 최종순, 최종민, 최정윤, 최정아, 최인섭, 최은조, 최은혜, 최은경, 최은아, 최은순, 최은숙, 최은숙b, 최은미, 최은경, 최윤미, 최원혜, 최용기, 최영식, 최영락, 최연희, 최연경, 최애영, 최애리, 최승훈, 최슬빈, 최선영a, 최선영b, 최봉선, 최보람, 최병우, 최미영, 최미선, 최미나, 최미경, 최문정, 최문선, 최동혁, 최대현, 최광용, 최광락, 최고봉, 최경미, 최경란, 체효정, 채현숙, 체종민, 채옥엽, 차용훈, 진현, 진주형, 진유미, 진웅용, 진영호, 진영준, 진수영, 진만현, 진낭, 지황수, 지경순, 지윤미, 지윤경, 지수연, 주윤아, 주순영, 주수원, 주경희, 조희정a, 조희정b, 조형숙, 조향미, 조해수, 조하늘, 조진희, 조진석, 조지연, 조준혁, 조주원, 조정희, 조인재, 조용현, 조용성, 조원배, 조용진, 조영현, 조영옥, 조영실, 조영선, 조영란, 조어은, 조여경, 조수진, 조성희, 조성진, 조성연, 조성실, 조성대, 조선주, 조석현, 조석영, 조상희, 조미라, 조문정, 조두형, 조경원, 조경애, 조경아, 조경삼, 제남모, 정희영, 정희선, 정흥윤, 정혜쪽, 정혜련a, 정현주b, 정현숙a, 정현숙b, 정혜레나, 정춘수, 정철성, 정진영a, 정진영b, 정진규, 정종민, 정재학, 정인영, 정인수, 장은하, 장은미, 장윤영, 장원영, 장영희, 장영경, 장시준, 장슬기, 장신영, 장신아, 장상옥, 장병학, 장도현, 장근영, 장군, 임해정, 임현숙, 임향신, 임한철, 임지영, 임종혁, 임종길, 임정은a, 임정은b, 임전수, 임양미, 임수진, 임성빈, 임성무, 임선영, 임상진, 임명택, 임동현, 임덕연, 임규록, 이희옥, 이효진, 이화현, 이화숙, 이호진, 이혜정, 이혜숙, 이혜린, 이형환, 이형빈, 이현주, 이현훈, 이현익, 이현민, 이현, 이혁규, 이향숙, 이한진, 이태영a, 이태영b, 이태구, 이충익, 이충근, 이초록, 이장진, 이진희, 이진주, 이지혁, 이지혜, 이직향, 이지영a, 이지영b, 이지연, 이준구, 이주희, 이주덕, 이주영, 이종찬, 이종은, 이정희a, 이정희b, 이정희c, 이정현, 이정유, 이정연, 이정아, 이재형, 이재두, 이인사, 이용휘, 이은희, 이은건, 이은주a, 이은주b, 이은주c, 이은옥, 이은영a, 이은영b, 이은숙, 이은경, 이윤주, 이윤엽, 이윤승, 이윤선, 이윤미a, 이윤미b, 이윤경, 이유진, 이월녀, 이원님, 이운서, 이우진, 이용환, 이용석a, 이용석b, 이용상, 이용기, 이영화a, 이영화b, 이영호a, 이영호b, 이영혜, 이영주a, 이영주b, 이영아, 이영선a, 이영선b, 이영상, 이연숙, 이연수, 이연수b, 이영상, 이아리매, 이신희, 이승희, 이승태, 이승규, 이승엽, 이슬기a, 이슬기b, 이순일, 이수정, 이수미, 이소형, 이성원, 이성숙, 이성수, 이성구, 이설희, 이선희, 이선표, 이선용, 이선영, 이선애, 이선미, 이상훈, 이상직, 이상원, 이상영, 이상미, 이상대, 이상균, 이분자, 이보선, 이보라, 이명준, 이병재, 이병준, 이범희, 이민재, 이민아, 이민숙, 이민수, 이민동, 이미옥, 이미영, 이미다, 이미연b, 이미숙a, 이미숙b, 이미라, 이미, 이명형, 이매남, 이동준, 이동철, 이동범, 이동갑, 이도충, 이도연, 이덕주, 이남숙, 이난경, 이나경, 이기영, 이가라, 이근희, 이근준, 이근영, 이균호, 이교열, 이관영, 이관형, 이계삼, 이관형, 이경숙, 이경선, 이건진, 이갑순, 윤동은, 윤종원, 윤우람, 윤영훈, 윤영인, 윤영백, 윤여강, 윤승용, 윤식, 윤상혁, 윤병일, 윤규식, 유신혜, 유효성, 유은아, 유영길, 유성희, 유성상, 윤근란, 위양자, 원지영, 원종희, 원윤희, 원성제, 우창숙, 우지영, 우완, 우수정, 우성조, 우경숙, 오혜원, 오현진, 오종근, 오정희, 오정분, 오은정, 오은경, 오윤주, 오유진, 오윤숙, 오세화, 오세란, 오세란, 오상철, 오민식, 오명환, 오동석, 오경숙, 엄정화, 엄정신, 여희영, 여태진, 엄창호, 엄지선, 엄재홍, 엄영숙, 엄기호, 엄귀영, 양희진, 양혜준, 양지선, 양은주, 양은수, 양은신, 양영희, 양영경, 양선화, 양문성, 양상진, 양동기, 안효빈, 안혜초, 故안용빈(명예조합원), 안찬원, 안지현, 안지숙, 안준철, 안정선, 안정민, 안재성, 안윤숙, 안용덕, 안옥수, 안순억, 안선영, 안상태, 안경화, 심향일, 심은보, 심승희, 심수환, 심동우, 심규광, 심경일, 신희정, 신흥식, 신혜선, 신충일, 신창호, 신장복, 신주희, 신은정, 신은숙, 신은정, 신유준, 신영숙, 신소희, 신미옥, 신귀예, 신관식, 송화원, 송호영, 송혜란, 송현주, 송현숙, 송정호, 송정옥, 송승호, 송금희, 손호민, 손민경, 손민희, 손재덕, 손은경, 손소영, 손미, 손명선, 소수영, 성현주, 성현석, 성주연, 성유진, 성용혜, 성일관, 설은주, 설원민, 선미라, 석경순, 서혜진, 서혜원, 서정오, 서인선, 서은지, 서올수, 서우철, 서예원, 서승일, 서명숙, 서금자, 서근원, 서경화, 서강선, 상형규, 복현수, 복준수, 변현숙, 변규식, 백홍기, 베렐희, 백연, 백인식, 백영호, 백승빈, 백기일, 배희철, 배희숙, 배진희, 배주영, 배정원, 배일호, 베아상헌, 배영진, 베아영, 배성호, 배기표, 배경내, 방은아, 방성억, 방득일, 반영진, 박영희, 박효영, 박효수, 박환조, 박혜숙, 박일영, 박현희, 박현숙, 박현선, 박현숙, 박재현, 박재숙, 박철호, 박진환, 박진수, 박교니, 박지희, 박지영, 박지인, 박지선, 박지나, 박준영, 박종호, 박종하, 박정현, 박정이, 박채현, 박은하, 박은아, 박은성, 박은경a, 박은경b, 박윤희, 박용빈, 박옥주, 박옥균, 박영실, 박영미, 박영대, 박신자, 박순철, 박수현, 박수진a, 박수진b, 박수연, 박소영a, 박소영b, 박성현, 박성규, 박선희, 박선혜, 박선영, 박상준, 박복선, 박범이, 박민영, 박미희, 박명희, 박명진, 박명숙, 박래훈, 박동준, 박덕수, 박대성, 박노현, 박노년, 박나실, 박광숙, 박명제도, 박경화, 박건진, 민형기, 민애경, 민병진, 민태운, 故문용빈(명예조합원), 미류, 문희영, 문진숙, 문지훈, 문용숙, 문영주, 문숭엽, 문순옥, 문수현, 문수영, 문수경, 문세이, 문성철, 문봉선, 문미경, 문명순, 문경희, 모은정, 모영화, 명수민, 마연주, 마승희, 렘보, 류형우, 류창호, 류지남, 류정희, 류재형, 류원정, 류우종, 류영에, 류명숙, 류경희, 도정철, 도인정, 데와타카유키, 노영필, 노영민, 노상경, 노미화, 노미경, 노경미, 남효숙, 남주형, 남유미, 남유경, 남원호, 남예린, 남선수, 남미자, 남동현, 남궁역, 날맹, 나규환, 김점심, 김희숙, 김재홍, 김재규, 김준태, 김진호, 김규호, 김혜영, 김형렬, 김형열, 김형묵, 김형진, 김현주, 김현조, 김현정, 김현영, 김현실, 김현선, 김현미, 김필달, 김태재, 김태숙, 김춘성, 김찬영, 김진희a, 김진숙, 김진명, 김진, 김지훈, 김지현, 김지연a, 김지연b, 김지양, 김지미, 김지광, 김중미, 김준회, 김준연, 김준산, 김주기, 김종현, 김종원, 김종옥, 김종성, 김종만, 김정희, 김정종a, 김정숙, 김정성, 김정영, 김정미, 김재형, 김재용, 김재민, 김재현, 김정훈, 김이은, 김은자, 김은미정, 김은희a, 김은희b, 김은과, 김은주, 김은아, 김은수, 김은남, 김은규, 김은경, 김윤용b, 김윤종, 김윤정, 김윤호, 김윤주, 김윤수, 김유미, 김우영, 김우, 김용훈, 김용양, 김용섭, 김용만, 김용환, 김용기, 김요한, 김영희a, 김영진a, 김영진b, 김영주a, 김영주b, 김영주주, 김영자, 김영아, 김영순, 김영삼, 김연정, 김연일, 김연오, 김연미, 김에숙, 김애령, 김시내, 김승규, 김숙희, 김순천, 김수현a, 김수현b, 김수진a, 김수진b, 김수경a, 김수정b, 김수정c, 김수정d, 김시진, 김소희, 김소영, 김성미, 김세호, 김성진, 김성주, 김성수, 김성보, 김선호, 김선산, 김선경, 김선영주, 김선규, 김상화, 김상정, 김상숙, 김상남, 김상기, 김봉석, 김보현, 김병화, 김병주, 김병섭, 김병기, 김방년, 김민희, 김민재, 김민정, 김민수a, 김민수b, 김민근, 김미향a, 김미향b, 김미숙, 김미라, 김무영, 김묘선, 김명희a, 김명희b, 김명섭, 김록성, 김동현, 김동호, 김동일, 김동이, 김도형, 김도현, 김도연, 김도석, 김대현, 김대성, 김다희, 김다영, 김남철, 김남규, 김기오, 김기연, 김규항, 김규태, 김규리, 김광명, 김고운, 김경호, 김경준, 김경미, 김경인, 김경숙, 김종, 기세라, 기형훈, 권혜영, 권현영, 권재옥, 권자영, 권이근, 권성태, 국찬석, 구희숙, 구자숙, 구원회, 구수연, 구본희, 구미숙, 괭이눈, 광흥, 곽혜영, 곽현주, 곽진경, 곽노현, 곽노근, 곽경미, 공현, 공은미, 공영아, 고효선, 고준식, 고은정, 고은미, 고영주, 고영아, 고병헌, 고명진, 고민경, 강현주, 강현정, 강태식, 강진영, 강준회, 강이진, 강은정, 강영일, 강영구, 강순원, 강수미, 강성호, 강성규, 강선희, 강석도, 강서형, 강봉구, 강병용, 강곤, 강정미, 강경모

* 2016년 4월 11일 기준 1,062명

* 이 책의 본문은 재생 용지를 사용해서 만들었습니다.
* 자원 재활용을 위해 표지 코팅을 하지 않았습니다.